Christian von Sarauw

Das russische Reich in seiner finanziellen und ökonomischen Entwicklung

Christian von Sarauw

Das russische Reich in seiner finanziellen und ökonomischen Entwicklung

ISBN/EAN: 9783741172205

Hergestellt in Europa, USA, Kanada, Australien, Japan

Cover: Foto ©Lupo / pixelio.de

Manufactured and distributed by brebook publishing software
(www.brebook.com)

Christian von Sarauw

Das russische Reich in seiner finanziellen und ökonomischen Entwicklung

Das russische Reich

in seiner

finanziellen und ökonomischen Entwickelung

seit dem Krimkriege.

Das russische Reich

in seiner

finanziellen und ökonomischen Entwickelung

seit dem Krimkriege.

Nach offiziellen Quellen

dargestellt

von

Christian von Sarauw.

—

Leipzig,
Verlag von Bernhard
1873.

Vorwort.

Die Herausgabe des grossartigen Werks „Statistische Beschreibung Russlands" durch den russischen Generalstab machte
in mir den Wunsch rege, dasselbe dem deutschen Publikum zugänglich zu machen. Von einer Uebersetzung des Werks mit
allen seinen zahllosen Details, die zum Theil nur für Russland
selbst von Interesse sein können, glaubte ich absehen zu müssen
und wählte daher die allerdings schwierigere Form der Bearbeitung, wobei ich den Vortheil erreichte, auch andere Quellen
und meine eigenen in Russland gemachten Erfahrungen benutzen
zu können.

Den militairischen Theil des Werks habe ich ganz aus-
gelassen, einmal weil ich ein selbständiges Buch über die russische Armee*) geschrieben habe, namentlich aber auch, weil die
umfassendsten Reformen in der Organisation derselben bevor-
stehen, nach deren Durchführung ich ein neues Werk über die
russische Armee zu schreiben gedenke.

Mein Hauptbestreben war es bei meiner Arbeit, die Entwickelung des russischen Reichs seit dem Krimkriege und namentlich seit der Aufhebung der Leibeigenschaft zu zeigen. Es
ist dies die grösste That, die jemals in Russland ausgeführt
worden. Nur wer die russischen Verhältnisse kennt, kann sich

---

*) „Die Heeresmacht Russlands". Berlin 1870, C. Heymons Verlag.

einen Begriff von den kolossalen Schwierigkeiten machen, die
dabei zu überwinden waren. Es konnte das gewaltig kühne
Unternehmen zu einer völligen Auflösung des Bestehenden führen,
und nur der gute Wille des besitzenden Theils der Bevölkerung
half über diese Gefahr hinweg. Ebenso wahr wie dies ist es
aber auch, dass nur ein Charakter wie der des Kaisers Alexander,
aufgeklärt, edel, fest und mild, den Gedanken fassen, festhalten
und mit unveränderlicher Energie durchführen konnte. Man hat
einem Eroberer des Alterthums, dessen ganzes Verdienst darin
bestand, sich mit dem Schwert den Weg durch bisher unbekannte
Gegenden zu bahnen, den Beinamen des Grossen gegeben; mit
viel grösserem Recht wird das russische Volk einst sich selbst
und den Herrscher, der es aus den hundertjährigen Fesseln der
Knechtschaft erlöste und dessen ganzes Bestreben darauf gerichtet ist, sein Land zu beglücken und zu verbessern, dadurch
ehren, dass es ihn Alexander den Grossen nennt.

Der Verfasser.

Inhaltsverzeichniss.

Erster Abschnitt.

Finanzwirthschaft.

Zweiter Abschnitt.

Der Landbesitz und die bäuerlichen Verhältnisse.

Dritter Abschnitt.

Die Landwirthschaft.

Vierter Abschnitt.

Der Bergbau.

Fünfter Abschnitt.

Die Manufakturindustrie.

Sechster Abschnitt.

Die Kommunikationen.

— —

Siebenter Abschnitt.

Der Handel.

Erster Abschnitt.

Finanzwirthschaft.

Wie über die meisten Zweige des öffentlichen Lebens in Russland, so haben bis in die neueste Zeit hinein, namentlich über die dortige Verwaltung und Anwendung der öffentlichen Gelder, höchst verkehrte Meinungen und Anschauungen im übrigen Europa geherrscht. Bei dem undurchdringlichen Geheimniss, welches bis vor 10 Jahren über der russischen Finanzadministration rubte, konnte dies kaum anders sein, und das Misstrauen, welches man zu den finanziellen Kräften Russlands hatte, war sonach nicht ganz ungerechtfertigt. Seitdem nun aber vom Jahre 1862 an jährlich ein umständliches Budget veröffentlicht wurde, hätte auch jenes Misstrauen schwinden müssen, denn wenn das Budget auch stets ein Defizit aufwies, so war dieses doch mit wenigen Ausnahmen nicht der Art, dass es mit der bedeutenden Unterbalance verglichen werden konnte, die sich bei den Finanzvorschlägen und namentlich den Staatsrechnungen (aus denen sich die wirklichen Bedürfnisse ergeben) verschiedener anderer Grossstaaten Europas nur oft genug einstellte. Dennoch schüttelte man über Russlands Finanzwirthschaft bedenklich den Kopf, weil die Zuverlässigkeit derselben nicht durch die Kontrolle einer Volksrepräsentation gewährleistet sei, als wenn eine solche z. B. in Frankreich das System der nachträglichen Bedürfnisse zu verhindern im Stande gewesen wäre. Seit 1866 ist nun aber auch in Russland eine Kontrolle der Finanzwirthschaft einge-

1*

führt worden, welche jährlich einen Bericht darüber herausgiebt, und die richtige Verwendung der den verschiedenen Verwaltungszweigen im Budget zugewiesenen Summen ist dadurch also zur zwingenden Nothwendigkeit geworden.

Aufzeichnungen über die Einnahmen und Ausgaben des russischen Reichs fanden sich übrigens schon zu Peter's des Grossen Zeit. Bei einer Einwohnerzahl von 14 Millionen Menschen im Jahre 1722 beliefen sich die Bedürfnisse des Staates nur auf ebensoviele Rubel. Als 40 Jahre später die Bevölkerung auf ca. 20 Millionen Menschen gestiegen war, hatte auch die Erhöhung der Staatsausgaben gleichen Schritt damit gehalten, während schon zu Anfang des 19. Jahrhunderts, als sich innerhalb 25 Jahren die Volkszahl verdoppelt hatte, die zur Bestreitung der Staatsbedürfnisse nöthige Summe um mehr als das Dreifache erhöht worden war. Gegenwärtig aber verhält sich die Zahl der Ein. wohner zum Ausgabenetat wie 1 : 6, oder mit andern Worten: während sich in den letzten 150 Jahren die Volksmenge Russlands versechsfacht hat, sind die Bedürfnisse des Staats in der selben Zeit um das Sechsunddreissigfache gestiegen.

Vom Anfang des 19. Jahrhunderts an bis 1815 kam nur einige Mal ein Defizit im Staatshaushalt vor, meistens zeigte sich ein nicht unbedeutender Ueberschuss, der im genannten Jahre auf fast 14 Millionen Rubel stieg. Indessen rührten diese Mehreinnahmen in der Regel von Anleihen und an Russland gezahlten Subsidien her und stellten also keinen Reingewinn aus dem Staatshaushalt dar. Nach 1815 fand sich bis zum Jahre 1872, ausser in diesem (d. h. im Budget), nur fünfmal ein Ueberschuss, während sich im Uebrigen jedes Jahr ein Defizit herausstellte. Im Jahre 1834 betrug dasselbe die bis dahin grösste Summe, nämlich 21,307,000 Rubel, welche erst 1840 wieder erreicht wurde. Sechs Jahre später stieg das Defizit auf 30,970,000 Rubel, um 1848 die Summe von 62,546,000 Rubel oder mehr als den vierten Theil der Staatseinnahmen zu erreichen. In den drei nächsten Jahren sank es dann wieder etwas, stellte sich dann aber in den Kriegsjahren 1854—56 auf resp. 123,218,000, 261,850,000 und 265,778,000 Rubel. Im Jahre 1855 war das

Defizit nur ganz unbedeutend geringer als die Gesammteinnahme; im nächsten Jahre war es freilich um 88 Millionen Rubel niedriger, allein dies ward durch die enorm angespannte Steuerkraft des Landes bewirkt, denn an und für sich war das Defizit noch um 4 Millionen höher, als im vorhergehenden Jahre. Schon 1857 sank die Unterbalance im Staatshaushalt auf 36½ Millionen Rubel und im Jahre darauf sogar auf ca. 5 Millionen Rubel; allein dreimal noch, nämlich 1860 (italienische Wirren), 1864 (polnischer Aufstand) und 1866 (böhmischer Krieg) ergab sich im Staatshaushalt ein Defizit von 60—60 Millionen Rubel. Seit dem letztgenannten Jahre betrug das Defizit 1867: 5,066,000 Rubel, 1868: 19,776,000, 1869: 11,301,000, 1870: 9,068,406 (nach der Staatsrechnung ergab sich kein Defizit, sondern ein Ueberschuss), 1871: 4,382,000 Rubel, und für 1872 findet sich im Budget ein Ueberschuss der Einnahmen über die Ausgaben von 384,221 Rubel. Mit Annahme der drei genannten Kriegsjahre, in denen Russland umfassende Rüstungen zu machen hatte, oder doch zu machen für nöthig hielt, betrug also das Gesammtdefizit der Zeitperiode nach dem Krimkriege 134,071,000 Rubel oder durchschnittlich für jedes der 12 Jahre: 11,172,000 Rubel. Bei einem Ausgabebudget von 350—450 Millionen Rubel kann ein so geringes Defizit sicher nicht schwer in's Gewicht fallen.

Wir wenden uns jetzt dem Detail des Staatshaushalts zu und wollen zuerst die Einnahmen betrachten.

A. Die Staatseinnahmen.

Die russischen Staatseinnahmen sind in dem Zeitraum von 1800—1872 von 65,700,000 Rubel auf 497,198,000 Rubel gestiegen, also um mehr als das Siebenfache. Bis 1815 war die Höhe der jährlichen Einnahmen eine ungemein verschiedene (so differirte sie zwischen 1809 und 1810 um nicht weniger als 54 Millionen Rubel oder fast 50%, der Einnahmen), was, wie schon oben bemerkt, von den in dieser Zeit häufig kontrahirten Anleihen und den an Russland gezahlten Subsidien herrührte. Von 1816 bis 1834 waren die Einnahmen fast immer von gleicher Grösse; ein regelmässiges Anwachsen lässt sich erst von dem letztgenannten Jahr an beobachten, und zwar erreichten sie 1846 das zweite Hundert Millionen. Ueber 250 Millionen Rubel stiegen die Einnahmen im Jahre 1853, um sich dann plötzlich 1856, wo die Steuerkraft des Landes im höchsten Grade in Anspruch genommen war, auf 353 Millionen Rubel zu stellen, wobei trotzdem noch ein Defizit von 265 Millionen Rubel erwuchs. In den 9 folgenden Jahren flossen die Einnahmen wiederum sehr unregelmässig; der niedrigste Standpunkt war im Jahre 1857 mit 309,412,000 Rubel, der höchste im Jahre 1863 mit 418,974,000 Rubel. Mit 1866 beginnt dann ein regelmässiges, zum Theil rasches Steigen der Einkünfte, die sich 1866 auf 352,695,000 Rubel, 1867 auf 419,838,000 Rubel, 1868 auf 421,560,000 Rubel, 1869 auf 457,196,000 Rubel, 1870 auf 482,542,000 Rubel, 1871

auf 484,619,000 Rubel, 1872 auf 497,198,000 Rubel*) stellten.
Seit dem Krimkriege hoben sich die Einnahmen, und zwar auf
ganz normale Weise, um 62%.

Die russischen Staatseinnahmen entspringen aus fünf verschiedenen Quellen, nämlich den direkten Steuern, den indirekten
Steuern, den Staatsregalien, den Staatsdomainen und andern Quellen,
die unter der Bezeichnung „verschiedene" zusammengefasst werden.

I. Direkte Steuern.

Dieselben zerfallen in drei Hauptklassen, nämlich die eigentliche allgemeine Kopfsteuer, die von den Kronbauern erhobene
Zuschlagssteuer und die Abgabe für das Recht Handel zu treiben

1. Die allgemeine Kopfsteuer.

Dieselbe ruht wohl auf allen der Steuer überhaupt unter-
worfenen Individuen, allein für die Aufbringung der Steuer sind
nicht diese selbst, sondern die Gemeinden verantwortlich. Zur
Feststellung der Anzahl der steuerpflichtigen Personen werden
von Zeit zu Zeit Zählungen, sogenannte Revisionen, vorgenommen. Die erste dieser Revisionen wurde durch Peter den
Grossen veranlasst und in den Jahren 1717—26 angestellt; sie
ergab eine Anzahl von 5,410,000 Individuen männlichen Ge-
schlechts, die der Steuer unterworfen waren. Bei der letzten Revision — im Jahre 1858 — war diese Zahl fast auf das Fünffache, nämlich auf 25,179,532 gestiegen, von welchen jedoch
nur 22,289,335, nämlich:

> 9,617,104 Kronbauern,
> 10,629,483 Gutsbauern,
> 1,158,692 Domainebauern,
> 555,709 Bauern der Ostseeprovinzen,
> 39,009 jüdische Bauern,
> 164,571 Kolonisten,

*) Nach dem Budget.

45,557 ackerbautreibende Verbannte,
35,872 Fremde,
53,258 sibirische Bürger
die allgemeine Kopfsteuer zu entrichten haben, während die
Uebrigen, nämlich:
173,703 Kronbauern der westlichen Provinzen,
9,613 Postbauern,
579,143 kleinrussische Kosaken,
22,203 Kolonisten und Mennoniten,
54,123 Tataren in Astrachan und auf der Krim,
493,729 Baschkiren und Tepliaren,
5,307 Bucharen in Sibirien,
226,452 fremde Nomaden,
917,949 orenburgische und sibirische Kirgisen,
407,975 Bewohner Bessarabiens
theils persönliche, theils Landsteuern, theils Naturalabgaben zu
entrichten haben.

Die Kopfsteuer wurde von Peter dem Grossen eingeführt,
um die Kosten für das stehende Heer damit zu bestreiten. Ursprünglich bestand eine, wenn auch nur temporäre Verpflichtung
der Bauern, für den Unterhalt der Soldaten zu sorgen; von Peter
aber wurde diese Verpflichtung in eine beständige Personensteuer
verwandelt und zugleich auf alle Bewohner des Reichs, die keine
Standesprivilegien hatten, ausgedehnt. Im Jahre 1724 wurden
80 Kopeken von jeder dem Bauernstande angehörigen männlichen
Person, 1 Rubel 20 Kopeken von solchen, die zum Kaufmanns-
und Bürgerstande gehörten, erhoben; im nächsten Jahre wurde die
Steuer aber schon für die Bauern auf 74, dann auf 70 Kopeken
herabgesetzt, worauf sie bis 1794 bald 70 bald 80 Kopeken betrug. Als 1775 das System der Kaufmannsgilden eingeführt
wurde, fiel für die Kaufleute die Kopfsteuer hinweg. Im Jahre
1794 wurde diese für Stadtbewohner auf 2 Rubel, für Landbewohner auf 85 Kopeken bis 1 Rubel, nebst einigen Naturalabgaben erhöht. Kaiser Paul schaffte diese letzteren im Jahre
1797 ab, erhöhte dafür aber die Kopfsteuer, welche bis 1816
nach und nach bis zu 8 Rubel für Stadt- und 3 Rubel für Land-

bewohner anwachs, und zwar theils um die Staatsschuld schneller abbezahlen zu können, theils auch wegen des sinkenden Werthes des Papiergeldes. Im Jahre 1839 ward bestimmt, dass die Steuer in Silberrubeln zu entrichten sei, und wurde sie nun dabin regulirt, dass auf den Städter 2 Rubel 38 Kopeken, auf den Landbewohner 05 Kopeken kamen; 1861 wurden diese Beträge auf bezüglich 2 Rubel 50 Kopeken und 1 Rubel erhöht, wozu dann im folgenden Jahre noch ein Zuschlag von durchschnittlich 25 Kopeken für jeden Steuerzahler kam. Im Jahre 1867 trat eine weitere Erhöhung der Kopfsteuer ein, wonach sie jetzt 3 Rubel 25 Kopeken für den Städter und Handwerker, und zwischen 1 Rubel 30¹⁄₂ Kopeken und 2 Rubel 14 Kopeken für den Bauern beträgt. Für den Bürger ist die Kopfsteuer also seit ihrer ersten Einführung fast um das Dreifache, seit dem Krimkriege aber nur um ein Viertel gewachsen, während dieselbe für den Bauern seit Peter's des Grossen Zeiten ungefähr um das Doppelte gestiegen ist. Diese Erhöhung datirt erst aus der neuesten Zeit und steht in vollem Einklang mit der Emanzipation der Bauern und dem steigenden Werth des Grundeigenthums, während die Konjunkturen den Städtern und Handwerkern überhaupt nicht so günstig gewesen sind.

Bis 1862, also dem Jahre, in welchem die erste wesentliche Erhöhung der Kopfsteuer stattfand, brachte dieselbe jährlich zwischen 14¹⁄₂ und 20¹⁄₂ Millionen Rubel ein. Der Einfluss des Krimkrieges zeigt sich dabei recht schlagend. Nachdem die Steuer nämlich noch 1852 gegen 18¹⁄₂ Millionen Rubel eingetragen hatte, sank die durch sie dem Staatshaushalt zugeführte Summe 1853 auf 16,785,000 Rubel, 1854 auf 15,959,000 Rubel, 1855 auf 14,913,000 Rubel, um dann wieder in den nächsten Jahren etwas zu steigen. Im Jahre 1862 stellte sich das Ergebniss der Steuer gegen das Vorjahr von 17,090,000 Rubel auf 28,670,000 Rubel, und die Zuschläge des Jahres 1867 liessen sie in diesem Jahre auf 40,524,000 Rubel steigen. Dann stieg sie 1868 auf 47¹⁄₂ Millionen, 1869 auf 48 Millionen, und betrug in den drei letzten Jahren etwas über 60 Millionen. Während also der Steuerzuschlag für die Bürger nur 25% und für die Bauern 100% betrug, ist der Ertrag der Steuer seit dem Krimkriege um das Vierfache gewachsen.

2. Die Zuschlagssteuer für die Kronbauern (Obrotschnaja podatj).

Fast gleichzeitig mit Einführung der Kopfsteuer, welcher alle Steuerpflichtigen unterworfen wurden, ward eine Zuschlagssteuer auf die Kronbauern gelegt; bei einer Höhe von 40 Kopeken und einer Anzahl von 1,282,695 Steuerzahlern ergab sie im Jahre 1724: 563,158 Rubel. Im Jahre 1746 wurde die Steuer um 15 Kopeken erhöht, bald darauf aber wieder zu dem früheren Belauf erhoben, um 1761 zu einem Rubel angesetzt zu werden. Schon das Jahr danach stieg sie auf 1½ Rubel, 1769 auf 2 Rubel und 1783 auf 3 Rubel. Im Jahre 1797 wurden die Steuerzahler je nach den Gouvernements in 4 Klassen getheilt, und die Steuer danach in einer Höhe von 3 Rubel 57 Kopeken bis 5 Rubel 10 Kopeken erhoben. Diese Sätze stiegen — mit dem gleichzeitigen erheblichen Sinken des Werthes der Papierrubel — in den Jahren 1810 und 1812 auf resp. 5½—8 Rubel und 7¾—10 Rubel. Im Jahre 1839 wurde die Steuer auf den Silberwerth reduzirt, und sie betrug danach in den verschiedenen Klassen 2 Rubel 15 Kopeken, 2 Rubel 29 Kopeken, 2 Rubel 58 Kopeken und 2 Rubel 86 Kopeken. Zwanzig Jahre hindurch blieb die Steuer so bestehen, bis 1859 für die drei obersten Klassen ein Zuschlag von 12—14 Kopeken erfolgte; dieser wurde zwei Jahre später noch für alle Klassen um 10—30 Kopeken erhöht, sowie zugleich eine geringe Grundsteuer von 1½—9 Kopeken (je nach den Klassen) auf jede Dessiatine kulturfähigen Bodens gelegt.

Von der Einführung der Steuer bis zum Krimkriege ist dieselbe also um das Fünf- bis Siebenfache gestiegen, während nach demselben nur ein ganz unerheblicher Zuschlag erfolgt ist.

Von 1835—1851 ergab diese Steuer jährlich im Durchschnitt 27 Millionen Rubel, 1852 erreichte sie eine Höhe von 31,070,000 Rubel und sank dann um ein Geringes während des Krimkrieges. Erst 1859 — in Folge des Zuschlags — stieg sie wieder auf

den Belauf von 1852, und hat dann sehr geschwankt, bis sie seit
1867 eine dauernd steigende Tendenz angenommen zu haben
scheint. Im Jahre 1870 belief sie sich auf 35,555,000 Rubel.
Die Kopfsteuer und die Zuschlagssteuer, die 1870 zusammen
95,561,000 Rubel ausmachten, beliefen sich nach dem Budget
für 1871 auf 96,778,812 Rubel, und für 1872 auf 96,200,190
Rubel.

3. Die Abgabe für das Recht Handel zu treiben.

Dieselbe zerfällt nach den Bestimmungen der Gesetze vom
1. Januar 1863 und 9. Februar 1865 in zwei verschiedene Abgaben, nämlich in solche für die Ausstellung von Certifikaten
für das Recht Handel zu treiben und in Abgaben für
Billete für Verkaufsstellen (Läden).

Die Certifikate betragen für die Kaufleute erster Gilde
265 Rubel, und zwar in allen Theilen des Reichs; für die Kaufleute
zweiter Gilde sind je nach der Oertlichkeit fünf Klassen gebildet,
welche resp. 25, 35, 45, 55 und 65 Rubel zahlen. Ein Gleiches
gilt von den Kleinhändlern, welche jährlich resp. 8, 10, 15, 18
und 20 Rubel entrichten. Für jeden Laden, der von Kaufleuten
etablirt ist, zahlen die Mitglieder der ersten Gilde, je nach den
Orten, resp. 10, 15, 20, 25 und 30 Rubel, die der zweiten Gilde
resp. 5, 10, 15, 17 und 20 Rubel, und die Kleinhändler resp. 2,
4, 6, 8 und 10 Rubel.

Ausserdem hat jeder Gewerbetreibende eine Abgabe von
2½ Rubel zu entrichten. Bis zum April 1870 waren von dieser
Abgabe diejenigen Landleute befreit, welche auf ihrem eigenen
oder auf gepachtetem Boden ein Handwerk trieben oder eine
Fabrik angelegt hatten, und dazu nicht über 16 Arbeiter, sowie
nicht Maschinen, oder Wasser- und Dampfkraft benutzten; jetzt
aber sind auch sie dieser Steuer unterworfen.

Bis zum Jahre 1862 zeigt die Handelssteuer eine fast ganz
regelmässige jährliche Zunahme, indem sie sich in einem Zeitraum von 30 Jahren verdoppelte und eine Höhe von über 5 Millionen Rubel erreichte. Plötzlich steigerte sich die Steuer 1863
auf fast 9 Millionen Rubel und ist seit der Zeit wiederum

fast durchaus regelmässig gewachsen, so dass sie für 1871 eine Höhe von 11,673,000 Rubel und für 1872 einen Belauf von 12,390,000 Rubel zeigt.

Wenn irgend Etwas, so ist diese Steuer ein sprechender Beweis für den stets fortschreitenden Wohlstand Russlands und dass Handel und Verkehr auf gesunden Grundlagen ruhen.

Die gesammten direkten Steuern betrugen im Jahre 1872 eine Summe von 108,680,000 Rubel, und haben sich also seit dem Krimkriege um 100 Prozent gehoben, ohne dass, wie wir dies bei den Kopfsteuern speciell nachgewiesen haben, seit jener Zeit eine irgendwie nennenswerthe Mehrbelastung der steuerzahlenden Bevölkerung stattgefunden hat. In den 25 Jahren von 1832—1856 war der Ertrag jener Steuern nur um 28 Prozent gestiegen.

II. Indirekte Steuern.

Es giebt in Russland deren zehn, wozu dann noch einige kleine Posten kommen, die unter der Bezeichnung „verschiedene" zusammengefasst sind. Jene zehn Steuern sind: die Getränksteuer, die Salzsteuer, die Accise vom Taback, die Rübenzuckersteuer, die Zölle, die Stempelabgabe, die Abgabe für Eigenthumsübertragungen, die Passabgabe, die Schifffahrtsabgabe und die Chausseesteuer.

1. Die Getränksteuer.

Dieselbe ist bei Weitem die ergiebigste aller Einnahmequellen des russischen Reichs. Seit fast 35 Jahren liefert sie ungefähr ein Drittheil der gesammten Staatseinnahmen, und sie hat regelmässig mit dem Anwachsen dieser fast ganz gleichen Schritt gehalten. Während so seit 1857 das Einnahmebudget um 90% wuchs, hat der Ertrag jener Steuer in diesem Zeitraum um 83% zugenommen. In den letzten Jahren ist sie jenem Budget gegenüber indessen einem nicht unbedeutenden Schwanken unterworfen gewesen; so machte sie 1868 33%, 1869 31% und 1870 nur 30% der gesammten Einnahmen aus, um 1871 wiederum auf 33% und 1872 gar auf 34% zu steigen. Die enorme Höhe des Ergebnisses der Getränksteuer, namentlich im Vergleich mit den Zolleinnahmen, die nur ungefähr den vierten Theil jener ausmachen, bekundet einen wunden Fleck im russischen Staatsleben. Der gemeine Mann ist theils zu arm, theils zu wenig an feinere Genüsse gewöhnt, um sich ein anderes Getränk als Branntwein zu verschaffen; man betrachtet wohl im Allgemeinen Russland als ein Thee trinkendes Land, allein dies ist ein grosser Irrthum, denn Russland konsumirt verhältnissmässig kaum den zehnten Theil des Thees, den England verbraucht. Zugleich geht aber aus dem hervorgehobenen Missverhältnisse hervor, dass das russische Steuerwesen einer gründlichen Reform bedarf, wie eine solche denn auch thatsächlich von der Regierung angestrebt wird.

Bis 1863 war die Erzeugung von Kornspiritus ein Regal, das verpachtet wurde, eine Einrichtung, die für das Volk in hohem Grade drückend war und auch die Privatindustrie beeinträchtigte. Durch den Ukas vom 4. Juni 1861 wurde daher bestimmt, dass vom 1. Januar 1863 eine Accise auf die Branntweinproduktion, die nunmehr der freien Konkurrenz überlassen wurde, gelegt werden solle. Uebrigens zerfällt die Getränksteuer in zwei Theile, nämlich 1) in die Accise für die Quantität des produzirten Getränks und 2) in eine Patentsteuer von den Brennereien und Schänken (Verkaufsstellen).

Der Accise sind unterworfen: 1) Spiritus und Wein, die aus Korn, Kartoffeln u. s. w. gewonnen werden, 2) Branntwein, der aus Traubenwein, Weintrauben, Früchten u. s. w. erzeugt wird. 3) Porter, Bier und Meth, 4) die braga, eine Art russisches Bier. Von Spiritus und Wein werden 6 Rubel für den Wedro (= 0,181 preuss. Eimer), von Branntwein 11 Kopeken für jeden Wedro des Inhalts der Gefässe der Brennereien und zwar für jeden Tag des Brennens, von Bier je nach dem Gouvernement und dem Einmaischen 9—31 Kopeken für jeden Wedro und jeden Brautag, und von Meth resp. 60 Kopeken und 1 Rubel 20 Kopeken je nach den Gouvernements erhoben.

Die Patentsteuer wird erhoben: 1) von den Branntweinbrennereien, mit 10 Rubeln für jede 540 Wedro, welche die Branntweinblasen fassen, 2) von Destillationen mit 3 Rubeln für jede 50 Wedro, welche die Destillirkessel enthalten, 3) von Bierbrauereien mit 20 Rubeln für die Benutzung von Gefässen, die bis 100 Wedro enthalten, und mit 10 Rubeln für je 50 Wedro mehr, 4) von Methbrauereien mit 20 Rubel für Kessel, die bis 30 Wedro fassen, und mit 10 Rubeln für je 15 Wedro mehr, 5) von Lack-, Firniss- und Politurfabriken, welche 10 Rubel jährlich bezahlen, und 6) von den Verkaufsstellen in folgender Weise:

	In den Residenzen.	In grösseren Städten.	In den übrigen Städten.
En-gros-Lager	150 Rubel.	80 Rubel.	50 Rubel.
Detailhandlungen	100 „	60 „	20 „
Weinkeller	2—400 „	1—200 „	35—65 „
Keller, wo Achte russische Weine geschenkt werden	25 „	15 „	5 „
Wirthshäuser	150 „	50 „	15 „
Restaurationen (Buffets) bei Theatern	15 „	15 „	15 „
Restaurationen bei den Hauptstationen der Eisenbahnen	75 „	75 „	75 „
Restaurationen bei den übrigen Stationen	15 „	15 „	15
Restaurationen in Klubs	75 „	30 „	15 „
Bierhäuser	50 „	25 „	10 „
Branntweinschenken	200 „	100 „	30 „

2. Die Salzsteuer.

Diese Steuer ist sehr alten Ursprungs und im Laufe der Zeiten mannichfachen Veränderungen unterworfen gewesen. Bis zur Zeit Peter's des Grossen war die Salzgewinnung der Privatindustrie ohne Einschränkungen überlassen, und die Regierung erhob nur eine Abgabe von dem zum Verkauf ausgebotenen Salz. Gegen das Ende des 17. Jahrhunderts aber begann die Regierung die Verkaufspreise des Salzes zu bestimmen, wodurch die Produktion beeinträchtigt und die Salzpreise in die Höhe getrieben wurden. Um diesem Uebelstand abzuhelfen, behielt die Regierung sich von 1705 an anschliesslich das Verkaufsrecht vor und bestimmte den Preis zu der doppelten Höhe der Erzeugungs- und Transportkosten. Dies scheint aber nicht zweckmässig gewesen zu sein, denn schon 1728 ging man auf eine einfache Abgabe — wie in früherer Zeit — zurück, um dann 1731 wieder den Verkauf von Staatswegen einzuführen, wobei der Preis für das Pud (= 33 Zollpfund) zu 35 Kopeken festgesetzt wurde. Dieser Preis wurde 1748 auf 50 Kopeken erhöht; weil er aber für das ganze Reich, ohne Berücksichtigung der örtlichen Verhältnisse, gleichmässig war, litten manche Gouvernements in hohem Grade darunter und es erwies sich das ganze System überhaupt als ein so grundfalsches, dass der Staat statt einer Einnahme nur Schaden davon hatte; im Jahre 1810 belief sich der Verlust sogar auf 2,700,000 Rubel. Man gab daher den Verkauf wiederum frei. Im Jahre 1818 führte man dann ein System ein, das in 44 Jahren beibehalten wurde und dem Lande eine jährliche Einnahme von 7—10 Millionen Rubeln brachte.

Die Regierung gestattete nämlich der Privatindustrie die Konkurrenz mit der Staatsproduktion, indem sie von jener eine Accise erhob. Die Privatindustrie überflügelte jene nun bald, und 1862 gab die Regierung daher die Produktion und den Verkauf von Salz ganz auf, was sofort eine nicht unerhebliche Steigerung der Einnahme zur Folge hatte, indem diese von 7,073,000 Rubel (1861) auf 9,688,000 Rubel (1862) stieg. Allerdings fiel der Ertrag der Salzsteuer dann 1863 auf 8,239,000 Rubel und 1864 auf 6,804,000 Rubel (vielleicht in Folge des polnischen Aufstandes), um dann aber wiederum rasch in die Höhe zu gehen und 1867 das höchste Mass, das sie bis jetzt gehabt hat, nämlich 12,881,000 Rubel, zu erreichen. In den beiden nächsten Jahren sank sie dann wohl etwas, betrug aber wiederum

1870—72 resp. 12,112,000, 12,329,560 und 12,623,070 Rubel, so dass der Durchschnitt der letzten fünf Jahre 11½ Millionen Rubel ergiebt, während der durchschnittliche Ertrag in den fünfziger Jahren sich auf 7,900,000 Rubel belief. Seit dem Krimkriege hat sich derselbe also um etwa 50 Prozent gehoben.

Die Salzsteuer wird erhoben:

von dem auf der Krim und in den Gouvernements Astrachan, Saratow, Perm, Nischegorod, Charkoff und Cherson gewonnenen Salz mit 30 Kopeken,

von dem Steinsalz aus den Tschaptschatschischen Bergen (Astrachan) mit 26 Kopeken,

von dem im Gouvernement Wologda produzirten Salz mit 20 Kopeken und

von dem im Gouvernement Archangel gewonnenen mit 10 Kopeken pr. Pud,

während von ausländischem Salz ein Einfuhrzoll von 30 Kopeken pr. Pud erlegt wird.

In Russland wird die Salzsteuer als eine drückende angesehen und ihrem Einfluss die nicht genügende Benutzung des Salzes bei der Landwirthschaft zugeschrieben.

3. Die Tabackssteuer.

Dieselbe wurde erst im Jahre 1838 eingeführt und trug in den ersten 8 Jahren jährlich nicht eine Million Rubel ein. Zehn Jahre vergingen wiederum, ehe die zweite Million erreicht wurde, dann dauerte es aber nur 5 Jahre, bis der Ertrag der Steuer auf 3 Millionen stieg (1861). In diesem Jahre wurde die Steuer neu geregelt und zugleich ganz bedeutend erhöht. Früher hatten die Tabacksfabriken und Tabackshandlungen nur eine jährliche Abgabe von 3—15 Rubel zu erlegen, während nun diese Abgabe für die Fabriken auf 100—150 Rubel, für die Engros-Lager auf 15—30 Rubel und für die Tabacksläden auf 5—25 Rubel erhöht wurde. Ferner wurde auf das Recht an den Buffets und in Wirthshäusern Taback und Cigarren zu verkaufen, eine Abgabe von 1—25 Rubel gelegt. Die Tabacksfabrikation selber, welche früher sehr hoch besteuert worden war, wurde gleichzeitig mit folgenden Steuersätzen belegt:

	1. Sorte.	2. Sorte.	3. Sorte.	4. Sorte.	5. Sorte.
Für 1 Pf. Schnupftaback	30 Kop.	16 Kop.	8 Kop.	4 Kop.	
Für 1 Pf. Rauchtaback	36 „	25 „	12 „	6 „	3 Kop.
Für hundert Stück Cigarren	1 Rub.	65 „	30 „	14 „	9 „
Für 1 Pf. Tabak in Karotten	38 Kop.	19 „			
Für 1 Pf. Taback in Rollen	24 „	14 „			

Seit 1861 ist der Ertrag der Steuer nun jährlich etwa um ¼ Million Rubel gestiegen; 1867 betrug der Zuwachs sogar 1,866,000 und 1872 (nach dem Budget): 1,045,000 Rubel, und nur einmal (1870) ist ein Rückschritt von 38,000 Rubel eingetreten. Seit dem Krimkriege ist das Ergebniss der Tabacksteuer ungefähr um das Fünffache gestiegen.

4. Die Rübenzuckersteuer.

Dieselbe stammt erst vom Jahre 1848 und ursprünglich wurde sie in Form einer Accise erhoben, die sich auf 30—60 Kopeken vom Pud der gewonnenen Zuckermasse belief. Gleichzeitig wurde ein sehr hoher Zoll auf ausländischen Zucker gelegt, worauf die Einfuhr desselben sehr verringert ward und den Staatseinnahmen bedeutende Verluste erwuchsen. Man führte daher im Jahre 1863 eine Patentsteuer ein, welche man nach der Menge der in einer hunderttägigen Campagne (Reib- und Pressverfahren) durch Anpressung des Saftes gewonnenen Zuckermasse ansetzte, nämlich zu 10 Rubel für je 1000 Pud dieser Masse. Ausserdem wurde die Accise beibehalten, aber auf 20 Kopeken herabgesetzt; später erhöhte man dieselbe auf 50 Kopeken, und da in den Jahren 1868 und 69 der Zuckerzoll nicht 6½ Millionen Rubel ergab, welche Summe man aus dem Zoll gewinnen wollte, um nicht genöthigt zu sein, die Accise auf den Rübenzucker zu erhöhen, so führte man vom 1. August 1870 einen Zuschlag von 20 Kopeken auf die Accise ein. Die Ergebnisse der Rübensteuer waren anfangs sehr gering, eine natürliche Folge der geringen Entwickelung der Produktion. Erst 10 Jahre nach der Einführung der Steuer stieg ihr Ertrag auf ½ Million Rubel, und auf dieser Höhe hielt sie sich in den nächsten 10 Jahren; nur 1863 ergab sie bloss 363,000 Rubel, wahrscheinlich wegen der Einführung der Patentsteuer, wodurch die Produktion momentan zurückgeschreckt wurde. Im nächsten Jahre war der Ertrag doch schon wieder mehr als ½ Million Rubel, und 1867 stieg derselbe dann plötzlich von 604,000 Rubel auf 1,568,000 Rubel und 1868 sogar auf 2,711,000 Rubel. Freilich fiel der Ertrag 1869 wiederum auf 1,857,000 Rubel herab, um dann 1870 sich auf 2,688,000 und in den beiden letzten Jahren (nach dem Budget) auf resp. 2,723,000 und 3,072,000 Rubel zu stellen.

5. Die Zölle.

Rücksichtlich seiner Einnahmen von den Zöllen ist Russland weit schlechter gestellt, als die meisten andern Länder. Während sonst die Zolleinkünfte mit der Entwickelung der Staatseinnahmen überhaupt ungefähr gleichen Schritt zu halten pflegen, ist dies in Russland so wenig der Fall, dass, während das Verhältniss zwischen beiden hier im Jahre 1832 sich wie 1 : 5₄ stellte, es sich im Laufe der letzten 40 Jahre so vermindert hat, dass es 1870 1 : 11₁ betrug. Schon 1845 erreichten die Zolleinnahmen eine Höhe (34,434,000 Rubel), die in den nächsten 20 Jahren nur einmal (1857) mit einem geringen Delauf (172,000 Rubel), und einmal (1863) mit einer bedeutenden Summe (1,720,000 Rubel) überschritten wurde, während jene Einnahmen sonst immer wenigstens um 1,400,000 Rubel und in den meisten Jahren um viele Millionen hinter dem Ergebniss von 1845 zurückblieben. Erst mit dem Jahr 1867 hat sich der Zollertrag dauernd über dem vom Jahre 1845 erhalten und zwar folgendermassen, 1867 : 36,914,000 Rubel, 1868 : 35,938,000 Rubel, 1869 : 40,002,000 Rubel, 1870 : 41,280,000 Rubel.

Sehr bedeutende Schwankungen in den Zollerträgen sind erst seit 1853 vorgekommen. Bis dahin waren sie — mit Ausnahme von 1845 und 46 — fast ganz regelmässig von 23 auf 31 Millionen Rubel angewachsen. Im Jahre 1853 aber fielen sie plötzlich auf 26,949,000 Rubel, dann 1854 auf 19,099,000 Rubel und 1855 gar auf 16,778,000 Rubel, um dann 1856 ebenso plötzlich wieder auf 28,732,000 Rubel und 1857 auf 34,606,000 Rubel zu steigen. Hier sind die Einflüsse des Krimkriegs ganz unverkennbar; dann kommt wieder eine ziemlich regelmässige Periode, wo die Einnahmen ungefähr 31—33 Millionen Rubel betragen, dann 1863 die schon erwähnte Steigerung bis zu 36,154,000 Rubel. Nun zeigt sich wiederum eine durch Friedensstörungen (Aufstand in Polen) hervorgerufene Einwirkung, indem der Betrag der Zolleinnahmen 1864 gegen das Vorjahr um 7,572,000 Rubel abnahm. Darauf kommt wieder eine allmähliche Zunahme, indem 1865: 29,728,000 Rubel und 1866 : 31,673,000 Rubel eingingen, dann folgte die schon angegebene gesteigerte Einnahme. Für 1871 waren 39,544,000 Rubel und für 1872 sind 43,815,500 Rubel berechnet.

Die Ursache der eigenthümlichen Zollverhältnisse Russlands ist natürlich auf's engste mit dem Wesen des russischen Handels verwandt, und dieser wird wiederum in erster Reihe durch die Lage des Landes, und dann durch seine Produktionsverhältnisse bedingt. Die grossen Welthandelsstrassen führen nicht über russisches Gebiet und Russland kann also nicht die Rolle eines Vermittlers übernehmen für den Austausch der Produkte verschiedener Länder und Welttheile. In Bezug auf Asien schiene dies nun doch der Fall zu sein und Russlands Lage darauf hinzudeuten. Allein die reicheren Gegenden Asiens sind so weit entfernt von Russland, durch so unwirthbares Terrain von demselben getrennt und nur mittels so schwieriger und seltener Kommunikationen zu erreichen, dass der, wenn auch noch bedeutend längere Seeweg bis jetzt zum Handelsverkehr zwischen Asien und Europa vorgezogen worden ist. Dies kann sich freilich ändern mit der weiteren Ausbreitung der russischen Macht in Asien und der da-

2*

20

mit stets verbundenen grösseren Entwickelung der Kommunikationen.

Aber nicht allein die Verbindung zwischen Asien und Russland ist schwierig und bedeutenden Hindernissen unterworfen,
sondern es gilt dies auch von der Verbindung zwischen Russland
und einem sehr grossen Theil von Europa, namentlich demjenigen
Theil, wohin es für seine Produkte Absatz findet, nämlich Preussen.
England und Holland. Der Wasserweg zu diesen Ländern ist
für Russland viele Monate des Jahres hindurch gänzlich gesperrt
und die Kommunikation zu Lande mit den Nachbarreichen entsprach bis in die neueste Zeit hinein nicht den Bedürfnissen.
Jetzt erst ist darin eine Aenderung eingetreten, dieselbe hat aber
nur erst begonnen, und die Eisenbahnverbindungen Russlands
mit Deutschland und Oesterreich müssen sich noch in ganz anderer Weise entwickeln, als dies bisher geschehen ist. Fürchte
man doch nicht, aus Rücksicht auf mögliche kriegerische Ver-
wickelungen, das Eisenbahnnetz an der russischen Westgrenze
auszudehnen, denn einmal würde doch vorzugsweise Russland
selbst daraus für seine kriegerischen Unternehmungen Vortheil
ziehen und andererseits gewähren die Eisenbahnen allerdings bei
den Anmärschen vor dem Beginn der Feldzüge und zum Debut
der Nachschübe und überhaupt zur Verbindung mit der Basis ganz
unbestreitbaren Nutzen, allein für das Fortkommen der Truppen
im feindlichen Lande sind sie, denn doch nur in beschränktem
Masse anzuwenden.

Nicht die östliche Lage Russlands aber allein erschwert die
Handelsbeziehungen mit fremden Ländern, sondern es gilt dies
auch von den Produktionsverhältnissen Russlands. Der Hauptbe-
gehr des Auslandes nach russischen Erzeugnissen beschränkt sich
auf Rohprodukte und darunter namentlich Korn, ganz natürlich
aber steht die Nachfrage danach in Verbindung mit dem Ausfall
der Ernte in jenen Ländern. Daher ergeben sich jene Schwankungen in den Zolleinnahmen, — soweit sie nicht durch Kriege
veranlasst wurden — wie man sie wohl in keinem anderen
Lande wiederfindet, und nur daraus ist eine so plötzliche Steigerung wie im Jahre 1845 zu erklären. In demselben Masze,

wie die Kornausfuhr stieg nud sank, wechselte auch der Werth
der Einfuhr und mit ihm die Höbe der Zolleinnahmen. Einem
regelmässigen Steigen derselben war schon der Umstand ungünstig, dass die Produktion wegen der unzweckmässigen Ordnung der agrarischen Verhältnisse, und weil äusserst wenig für
den Anfschwung der Bodenkultur gethan wurde, sehr konstant
blieb und der Werth derselben also nicht, wie dies in den meisten
anderen Ländern der Fall ist, von Jahr zu Jahr stieg. Jetzt
nach der Entfesselung der Arbeitskraft und wenn dieselbe erst
in den neuen Bahnen, in die sie hineingeleitet worden, sich hei-
misch und sicher fühlt, wenn namentlich erst jeder Bauer auf
eigenen Füssen steht, statt noch wie jetzt von der Gemeinde abhängig zu sein, wenn der Landwirthschaft erst die Kapitalien
zugeführt worden sind, deren sie bis jetzt hat entbehren müssen,
dann ist gegründete Aussicht vorhanden, dass sich die Produktion
rasch und stark heben und in Folge dessen auch die Ausfuhr
bedeutend steigern wird. Es ist zu hoffen, dass der höhere
Gewinn, den der Landmann dann erzielt, zurückwirken werde
auf die Verbesserung seiner Lebensweise und dass dem russischen Bauer der Genuss von Zucker, Kaffee und Thee zum Bedürfniss werde. Was dem Staate dadurch in dem Betrage der
Branntweinsteuer verloren ginge, würde ihm reichlich durch vermehrte Einfuhr und Zolleinnahme von Kolonialwaaren erstattet
werden.

Die Zollgesetzgebung hat seit 1822 viele verschiedene Sta-
dien durchlaufen. Im gedachten Jahre wurde sie ganz nach
den Grundsätzen des Merkantilsystems geordnet und fremde
Erzeugnisse solcher Industriezweige, die in Russland selbst kultivirt wurden, belegte man entweder mit enorm hohen Zöllen
oder verbot ihre Einfuhr gänzlich. Schon 1836 aber sah man
ein, dass man dadurch nicht der inländischen Industrie aufhülfe,
und man führte nun allmählich einige Erleichterungen ein, die
1841 geregelt und erweitert worden. Im Jahre 1857 ging man
dann zu den Grundsätzen des Freihandels und der finanziellen
Zölle über, während man ganz neuerdings, vom 1. Januar 1869
an, es doch wiederum für nöthig gehalten hat, die inländische

Industrie (namentlich die Maschinenfabrikation und die Erzeugung chemischer Fabrikate) in einigen Beziehungen zu beschützen, während man andererseits den Zoll auf Kaffee und Wein, welche Gegenstände man mit grossem Recht für Volksbedürfnisse ansieht, herabgesetzt hat.

6. Die Stempelabgabe.

Dieselbe betrug 1866: 5,770,000 Rubel, 1867: 6,008,000 Rubel, 1868: 6,263,000 Rubel und 1869: 5,078,000 Rubel, während für 1870: 7,096,900 Rubel, für 1871: 6,725,000 Rubel und für 1872: 7,356,000 Rubel budgettirt waren.

7. Die Abgabe für die Uebertragungen von Immobilien.

Sie machte 1866: 2,956,000 Rubel, 1867: 2,981,000 Rubel, 1868: 3,335,000 Rubel und 1869: 3,813,000 Rubel aus, und budgettirt waren für 1870: 3,300,400 Rubel, für 1871: 4,560,000 Rubel und für 1872: 4,823,000 Rubel.

8. Die Passabgabe.

Sie betrug 1866: 1,730,000 Rubel, 1867: 1,857,000 Rubel, 1868: 1,964,000 Rubel und 1869: 2,242,000 Rubel. Budgettirt waren für 1870: 2,087,000 Rubel, für 1871: 2,500,000 Rubel und für 1872: 2,410,000 Rubel.

Diese Steuer ist in hohem Grade verwerflich und sie, wie überhaupt das gesammte russische Passwesen, erfordert dringend eine Modifikation, wenn man nicht, was entschieden das Allerrichtigste wäre, alle in dieser Beziehung bestehenden Beschränkungen und Abgaben ganz aufheben wollte. Die verhältnissmässig sehr geringe Einnahme, welche noch bedeutend einschrumpft, wenn man die durch das Passwesen dem Staat verursachten bedeutenden Ausgaben in Betracht zieht, ist gar nicht in Anschlag zu bringen gegen den Schaden, den das Passwesen durch die Beschränkung der freien Bewegung Russlands mit andern Ländern, namentlich aber im Lande selbst verursacht. Stundenlang werden die Reisenden an der Grenze auf-

gehalten um der Passrevision willen, und wenn auch hier keine
Gebühr verlangt wird, so ist dieselbe um so empfindlicher in
den Städten, welche der Reisende berührt, denn überall wird der
Pass revidirt, überall ist eine Abgabe zu entrichten, wobei die
Gastwirthe, welche die Passrevision vermitteln, sich dann noch
einen erklecklichen Nebenverdienst machen. Viel schädlicher aber
und verwerflicher ist noch die Passabgabe im Lande selber von
den Einwohnern, indem jede steuerpflichtige Person, die sich
30 Werst von ihrem Wohnort entfernt, eine Abgabe zu entrichten
hat, die 85 Kopeken beträgt für eine Abwesenheit von 6 Mo-
naten, während resp. 1 Rubel 45 Kopeken, 2 Rubel 90 Kopeken
und 4 Rubel 35 Kopeken für ein-, zwei- und dreijährige Abwesenheit zu bezahlen sind. Jede Geschäftsreise über 4 Meilen, die
eine zu dieser Klasse gehörige Person zu machen gezwungen
ist, wird ihr also besteuert. Es ist zu hoffen, dass bei der
bevorstehenden allgemeinen Regulirung des Steuerwesens diesen
verderblichen Verhältnissen Abhülfe geschafft werde.

9. Die Schifffahrtsabgabe.

Auch diese Abgabe, die höchstens 800,000 Rubel betragen
hat, wäre im Interesse des Verkehrs abzuschaffen.

10. Die Chausseesteuer.

Dieselbe ist von 1866, wo sie noch 651,000 Rubel betrug,
jetzt auf die Hälfte davon herabgesunken, was ganz natürlich
mit der geringeren Benutzung der Chausseen (wegen der stets fortschreitenden Entwickelung des Eisenbahnnetzes) zusammenhängt.

Die indirekten Steuern machten nach dem Budget für 1872
zusammen eine Summe von 247 Millionen Rubel aus, während
sich die direkten auf ca. 108½ Millionen Rubel beliefen, das
Verhältniss zwischen beiden war also wie 1:2,29, während dasselbe 1852: 1:2,44 und 1832: 1:1,67 ausmachte. Seit dem
Krimkriege hat der Ertrag der indirekten Steuern um etwa
77% zugenommen, während wir sahen, dass der Zuwachs bei

den direkten Steuern 100%, betrug; für beide Steuern zusammen macht die Zunahme 86%, aus.

III. Die Einnahmen aus den Staatsregalien.

Zu diesen rechnet man in Russland den Bergbau, die Münze, das Post- und das Telegraphenwesen.

1. Das Bergwerkregal.

Dasselbe umfasst sowohl die Ausbeute aus den Staatsbergwerken, wie auch eine Abgabe von dem Gewinne aus den Privatbergwerken. Die ganze Einnahme von diesem Regal war bis zum Jahre 1868 nicht sehr bedeutend und belief sich nicht auf ½ Million. In diesem Jahre wurde aber die Bestimmung getroffen, dass die Abgabe für den Gewinn von Edelmetallen (Gold, Silber, Platina) aus den Privatbergwerken, welche bis dahin unter dem Münzregal figurirt hatte, in Zukunft unter den Einnahmen aus dem Bergwerkregal aufzuführen sei. Diese Einnahme stieg daher im Jahre 1869 von 410,000 Rubel auf 2.778,000 Rubel, während im Budget für 1870: 3,016,000 Rubel, für 1871: 2,853,000 Rubel und für 1872: 3,310,000 Rubel veranschlagt sind.

2. Das Münzregal.

In Folge der obenerwähnten Bestimmung aus dem Jahre 1868, sowie in Folge der weiteren Bestimmung, dass die Ausbeute an Edelmetallen aus den Staatsbergwerken von dem Konto des Münzregals auf das Konto der Staatsdomainen zu übertragen sei, hat die Einnahme vom Münzregal sehr bedeutend abgenommen, und während sie 1867 noch 11,775,000 Rubel betrug, war sie 1869 auf 4,798,000 Rubel gefallen; für 1870 waren 5,652,000 Rubel, für 1871: 5,612,000 Rubel und für 1872: 4,966,000 Rubel budgettirt.

3. Das Postregal.

Das Postwesen steht in Russland noch auf einer ziemlich niedrigen Entwickelungsstufe. Obgleich von Seiten des Staates und auch von Privatleuten die grössten Anstrengungen gemacht werden, um den Elementarunterricht unter das gemeine Volk zu verbreiten, so ist doch noch zur Stunde der weit überwiegende Theil der russischen Bevölkerung des Schreibens völlig unkundig und es ist in Folge dessen der Briefwechsel in Russland noch sehr beschränkt. Andererseits sind die Entfernungen kolossal, und die Kommunikationen, trotz der hierin in letzterer Zeit gemachten ungeheuren Fortschritte, noch lange nicht in genügender Weise entwickelt, so dass die Beförderung der Briefe weit mehr Kosten verursacht, als dies in anderen Ländern verhältnissmässig der Fall ist. Einen Ueberschuss giebt daher die Postverwaltung nicht, sondern im Gegentheil eine ziemlich bedeutende Unterbalance, welche nach den·Budgets für die Jahre 1871 und 1872 auf resp. 3,704,764 Rubel und 3,229,215 Rubel berechnet wurde

Die Posteinnahmen sind überhaupt nur langsam angewachsen in den letzten 40 Jahren und haben sich in dieser Zeit nur um das Vierfache vermehrt; denn während sie 1832: 2,121,000 Rubel betrugen, machten sie 1869: 8,500,000 Rubel aus, und im Budget für 1872 sind sie zu 9,012,799 Rubel angeschlagen. Von 1832—1839 wuchsen die Einnahmen ziemlich regelmässig und hoben sich in dieser Zeit etwa auf das Doppelte. In den nächsten 12 Jahren waren sie sehr bedeutenden Schwankungen unterworfen, überschritten aber nur 1852 den schon 1849 erreichten Belauf um ein Geringes Im nächsten Dezennium sehen wir mit Annahme der 3 Jahre des Krimkrieges, die Posteinnahmen fast völlig konstant, während sie sich in den gedachten Jahren durchschnittlich um eine Million höher stellten. Im letzten Dezennium erfolgte dann ein regelmässiges, aber langsames Anwachsen der Einnahmen auf diesem Konto, und dies wird voraussichtlich so auch in Zukunft, wenigstens noch in den nächsten 20 Jahren der Fall sein. Wenn dann der Volksunterricht Zeit[1] gehabt hat alle Schichten zu durchdringen und die Kommunikationen sich in einem den Anforderungen einigermassen entsprechenden Maaze entwickelt haben, so werden auch die russischen Finanzen wohl keine Zuschüsse zu der Postverwaltung mehr zu leisten haben. Aus der nachfolgenden Zusammenstellung über die Quellen der Posteinnahmen ist auch ersichtlich, dass die inländische Korrespondenz, wie sie im steten Steigen begriffen ist, so auch den Hauptertrag der Einnahmen ausmacht.

Einnahme von:	1866. Rubel	1867. Rubel	1868. Rubel	1869. Rubel
Der inländischen Korrespondenz	2,944,000	2,961,000	3,513,000,	3,948,000
Der inländischen Paketversendung	624,000	582,000	647,000	693,000
Der Versicherungsabgabe für versendete Kapitalien	2,300,000	2,329,000	2,517,000	2,494,000
Der Versicherungsabgabe für versendete Pakete	109,000	106,000	139,000	136,000
Der Korrespondenz mit dem Auslande	201,000	172,000	203,000	160,000
Der Versendung von Paketen von und nach dem Auslande	41,000	34,000	32,000	38,000
Für die Besorgung von Staffetten	285,000	236,000	216,000	210,000
Für Quittungen bei Empfang von Korrespondenzen	214,000	221,000	248,000	265,000
Für die Uebersendung periodischer Schriften	228,000	212,000	251,000	307,000
Den Stadtposten	38,000	38,000	43,000	63,000
Gestempelten Postkonverts.	33,000	34,000	38,000	64,000.
' Andere und zufällige Einnahmen	173,000	647,000	90,000	116,000
Im Ganzen:	7,192,000	7,572,000	7,946,000	8, ,000

Aus dieser Uebersicht geht hervor, dass die Posteinnahmen in den meisten Punkten in einem naturgemässen, gesunden Steigen begriffen waren. Eine um so auffallendere Ausnahme von dieser Regel macht die Korrespondenz mit dem Auslande, welche in neuerer Zeit abgenommen hat. Wir können für dies ebenso eigenthümliche wie beklagenswerthe Verhältniss nur den Erklärungsgrund darin finden, dass das Porto zwischen Russland und dem Auslande einmal meistens sehr hoch ist und zweitens in einer Skala bis zu einem gewissen Punkte steigt. Es ist zu hoffen, dass diese jetzt vollkommen antiquirte und höchst unzweckmässige Steuer baldigst mit den allgemein anerkannten Regeln über den internationalen Briefverkehr in Uebereinstimmung gebracht werde. Im Uebrigen haben wir Grund zu der Annahme, dass Russland sich der allgemeinen Einführung eines internationalen Einheitsportos bereitwillig anschliessen werde.

4. Das Telegraphenregal.

Das Telegraphenwesen hat erst seit dem Jahre 1862 in Russland Bedeutung erlangt; es hat sich aber seit der Zeit stetig, und zwar meist in ausserordentlich grossem Massstab entwickelt. Voraussichtlich wird es in der nächsten Zukunft eine noch viel weitere Ausdehnung erlangen, zumal da die Administration sich finanziell viel günstiger stellt, als beim Postwesen. Auf den Budgets für 1871 und 1872 sind die Einnahmen der Telegraphenverwaltung zu ca. 4,300,000 Rubel, die Ausgaben zu resp. 2,678,500 Rubel und 3,242,000 Rubel veranschlagt, wobei also ein Ueberschuss von resp. 1½ und 1 Million Rubel kalkulirt wurde.

IV. Die Einnahmen aus den kaiserlichen Domainen.

Zu denselben werden in Russland ausser den Ländereien, den Waldungen und den Bergwerken des Staates auch noch die auf Staatskosten angelegten Eisenbahnen gerechnet. Ferner werden auch noch die Einnahmen für den Absatz von

Freikaufquittungen für Rekruten auf diesem Konto aufgeführt werden. Mit Einführung der allgemeinen Wehrpflicht ohne Loskauf wird diese Einnahmequelle natürlich wegfallen.

1. Die Einnahmen von den Staatsländereien.

Diese betragen in den Jahren 1867—71 jährlich zwischen 4 und 5 Millionen Rubel, und für 1872 sind sie zu 5,266,598 Rubel veranschlagt. Die Einnahmen aus den in den Ostseeprovinzen liegenden Staatsländereien stellten sich im Quinquennium 1867—71 auf ungefähr 600,000 Rubel und ist bei denselben ein ganz geringes Steigen zu bemerken; für 1872 sind sie zu 646,359 Rubel angenommen worden.

2. Die Einnahmen von den Staatsforsten.

Es giebt fast keinen Theil der russischen Staatseinnahmen, welche, namentlich in letzterer Zeit, so sehr gestiegen sind, wie die aus den Staatswaldungen. Vor 40 Jahren betrugen sie nur etwas über ½ Million Rubel, erreichten 1843 die Million, um dann drei Jahre darauf wieder unter dieselbe herabzusteigen. Wohl gingen sie 1851 und 52 etwas in die Höhe, allein der Krimkrieg drückte sie wieder herab, und erst 1855 erreichten sie wiederum die Million. Nun stiegen sie fortwährend, erreichten 1859 die zweite, 1862 die dritte, 1864 die vierte, 1868 die fünfte, und das Jahr darauf fast schon die siebente Million. Für 1871 wurden die Einnahmen auf 8,340,711 Rubel, für 1872 auf 8,984,180 Rubel veranschlagt. Trotz dieses ganz enormen Fortschritts auf diesem Konto, steht hier doch noch eine weit grössere Ausbeute zu erwarten, wenn das Forstwesen in rationellerer Weise betrieben wird als bisher, und namentlich wenn erst die verbesserten Kommunikationen — hauptsächlich die Eisenbahnen — die holzreichsten Gegenden des Reichs, wohin sie jetzt erst zum Theil gedrungen sind, erreicht haben werden.

3. Die Einnahmen aus den Staatsbergwerken.

Diese waren bis 1869 ziemlich gering und überstiegen niemals eine Million. Im genannten Jahre wurde aber, wie schon oben,

beim Bergwerkregal, angedeutet, eine Umpostirung im Einnahmebudget in der Weise vorgenommen, dass die Ausbeute an Gold,
Silber und Platina, deren Ertrag früher in die Kasse der Regalien
floss, nun den Domainen zugewiesen wurde. Die Einnahmen derselben stiegen daher 1869 auf 2,710,000 Rubel, sind aber für 1872
sogar zu 4,860,882 Rubel angeschlagen.

Indem wir die Einnahmen aus den Rekrutenquittungen
übergehen, da sie in den offiziellen Quellen merkwürdiger Weise
mit dem Erlös aus dem Verkauf von Staatsdomainen zusammen-
geworfen sind, und weil, wie schon erwähnt, diese Einnahme
höchst wahrscheinlich in der nächsten Zeit wegfallen wird, gehen
wir über zu

4. den Einnahmen von den vom Staate angelegten Eisenbahnen.

Diese Einnahmen haben sich seit 1854 mehrfach verdoppelt,
gewähren dem Staate aber dennoch bis jetzt keinen Reinertrag,
da sie durch die bedeutenden, den privaten Eisenbahnbauten-
gegenüber von dem Staate übernommenen Verpflichtungen fast
vollständig absorbirt werden. Beispielsweise betrugen die Einnahmen von den Staatseisenbahnen im Jahre: 1870 26,961,000 Rubel. Davon gingen vorerst 17,710,000 Rubel zur Verzinsung und
Amortisirung der Eisenbahnanleihen ab, während den privaten
Eisenbahngesellschaften 6½ Millionen Rubel zur Ergänzung ihrer
Einnahmen, in Bezug welcher die Regierung eine bestimmte Garantie übernommen hat, auszubezahlen waren.

V. Verschiedene Einnahmen.

Dieselben fliessen aus einer ganzen Reihe von Quellen, und
ihre Höhe ist, weil auch die zufälligen Einnahmen darunter gerechnet werden, in den verschiedenen Jahren eine sehr wechselnde.
Die hauptsächlichsten Einnahmequellen sind hier aber die sogenannten Zuschüsse zu der Staatskasse, die aus den den
Landdistrikten und Städten auferlegten Steuern fliessen und

für ganz bestimmte Zwecke, die zum Ressort mehrerer Ministerien
gehören, verausgabt werden. Im Jahre 1870 betrugen diese
Steuern zusammen 21,894,000 Rubel, von denen unter Anderem
das Kriegsministerium 4,654,000 Rubel, das Finanzministerium
5,252,000 Rubel, das Ministerium des Innern 2,842,000 Rubel und
die Post- und Telegraphenverwaltung 7,088,000 Rubel erhielten.
Für 1871 und 1872 ist der Ertrag dieser Steuern auf etwas über
25 Millionen Rubel veranschlagt.

Ferner gehören hierher die Einnahmen von den transkaukasischen Distrikten, von Turkestan und aus Anlass der Rekrutirungen.

Die Einnahmen von den t r a n s k a u k a s i s c h e n D i s t r i k t e n,
welche 1866 nur noch 3,693,000 Rubel betrugen, haben sich seitdem etwas gehoben und in den Jahren 1868—72 durchschnittlich
5½ Millionen Rubel, mit sehr geringen Schwankungen in den verschiedenen Jahren, ausgemacht. Einen Reingewinn werfen jene
Distrikte allerdings noch nicht ab, denn allein die Civilverwaltung
derselben kostete in den beiden letzten Jahren etwas über 5,600,000
Rubel.

Die Einnahmen von T u r k e s t a n sind, trotz der kurzen
Zeit, in welcher dieses Land unter russischer Herrschaft gestanden
hat und geordnete Zustände in demselben hergestellt sind, schon
recht bedeutend; sie betrugen 1868: 1,308,000 Rubel, 1869: 1,650,000
Rubel und wurden für 1870 zu 1,771,000 Rubel angeschlagen.
Da gerade in Turkestan ungemein viel zur Hebung des Verkehrs
geschieht, was bedeutende Ausgaben erfordert, so ist an einen
Ueberschuss aus den Einnahmen von jener Provinz vorerst sicher
nicht zu denken. Wie hoch die Administrationskosten derselben
sich stellen, darüber haben wir keine bestimmten Aufschlüsse uns
verschaffen können.

Die R e k r u t i r u n g e n, wie sie in Russland angestellt werden, legen dem Lande grosze Opfer auf. Bis vor wenig Jahren
wurden die Rekruten distriktsweise von einem Führer den Rekru-
tirungskommissaren überliefert, und die betroffenen Kommunen
mussten für die Bekleidung der Rekruten, sowie für ihre Verpflegung bis zum Rekrutirungsorte Sorge tragen, und ihnen dann

noch schliesslich ein Zehrgeld für den Marsch nach ihrem neuen Bestimmungsort mit auf den Weg geben. Statt dessen haben die Kommunen jetzt eine bestimmte Summe für jeden Rekruten an die Militairbehörde zu entrichten, welche für die Einkleidung der Rekruten und ihre Verpflegung auf dem Marsche zur Garnison sorgt. Diese Summe erreichte für sämmtliche im Jahre 1870 ausgehobenen Rekruten eine Höhe von 1,602,000 Rubel, was ungefähr 16 Rubel für jeden Rekruten ausmacht. Eine andere Einnahme aus Anlass der Rekrutirungen hat die Regierung bisher aus den Summen gehabt, welche die schon eingestellten Rekruten erlegen, um sich vom Militairdienst zu befreien. Diese Summen dürfen nicht mit den Rekrutenquittungen verwechselt werden, die von den Wehrpflichtigen vor ihrer Einstellung in den Militairdienst erworben werden. Der Belauf für die Rekrutenquittungen wird, wie schon oben erwähnt, unter dem Konto für verkaufte Domainen aufgeführt. Von den Freikaufsummen hatte der Staat im Jahre 1870 eine Einnahme von 1,792,000 Rubel, und in den Budgets für 1871 und 72 wurde dieselbe zu resp. 1,886,749 Rubel und 2,809,774 Rubel berechnet. Nach Einführung der allgemeinen Wehrpflicht, welche den Freikauf vom Kriegsdienst ausschliesst, wird diese Einnahme natürlich in Wegfall kommen.

D. Die Staatsausgaben.

Dieselben zerfallen in 17 Hauptpunkte, welche wir hier der Reihe nach durchnehmen wollen.

1. Die Ausgaben zur Verzinsung und Tilgung der Staatsschuld.

Wir werden das Kapitel der Staatsschuld in einem besonderen Abschnitt behandeln, und uns hier auf die Angabe der durch dieselbe verursachten Kosten beschränken.

Die Ausgaben für die Staatsschulden haben sich seit 40 Jahren etwa verdreifacht, was also dem Anwachsen des Ausgabebudgets in dieser Zeit ungefähr entspricht. Von 1832 bis 1845 hielten die Ausgaben sich zwischen 20—30 Millionen Rubel, dann stiegen sie bis 1856 ziemlich ebenmässig auf 66 Millionen Rubel, während sie in den darauf folgenden Jahren einem ganz bedeutenden Wechsel unterworfen waren. So stiegen sie 1860 auf 112,067,000 Rubel, was durch die Liquidation der höchsten Kreditinstitute veranlasst wurde, dann beliefen sie sich einige Jahre hindurch auf 40—50 Millionen Rubel und waren seit 1865, wo sie 64,904,000 Rubel ausmachten, in einem ziemlich gleichmässigen Steigen begriffen, so dass sie für 1872 zu 86,381,575 Rubel veranschlagt sind.

2. Die Ausgaben für die höchsten Staatsbehörden.

Diese Behörden bestehen aus: dem Staatsrath, der Kanzlei des Ministerkomités, der speziellen Kanzlei des Kaisers, der Kanzlei des Kaukasischen Komités und der Kommission für Gesuche. Vor 40 Jahren kosteten alle diese Behörden dem Lande nur 455,000 Rubel; allein die Erfordernisse derselben wuchsen rasch, waren aber sehr wechselnd und hielten sich bis 1852 zwischen 500,000 und 900,000 Rubel. Im genannten Jahre aber stiegen die Ausgaben auf 1,019,000 Rubel, um dann in der Zeit des Krimkriegs wieder um Etwas herabzugehn. Nach 1855 gingen sie abermals in die Höhe, und erreichten 1862 einen Belauf von 3,883,000 Rubel. Seitdem aber haben sie nur einmal (1869 : 2,627,000 Rubel) drittehalb Millionen überstiegen, und in den Budgets der beiden letzten Jahre sind sie nur zu ca. 1,800,000 Rubel veranschlagt.

3. Die Ausgaben für den Synod.

Das Ministerium des Kultus, dessen Funktionen von dem „Heiligsten Synod" versehen werden, verursacht dem Lande keine unbedeutenden Kosten. Es giebt fast keinen Zweig der öffentlichen Verwaltung, für welchen die Ausgaben so konstant und in solchem Masse gestiegen wären, wie für diesen. Im Jahre 1832 kostete der Synod nur 902,000 Rubel, dann erreichten die Kosten 1835 die erste, 1843 die zweite, das Jahr darauf schon die dritte, und 1852 die vierte Million, ohne dass denn die Ausgaben während des Krimkrieges gemindert wären. Nachdem das Jahr 1863, vermuthlich aus Anlass des polnischen Aufstandes, die Ausgaben auf 3,389,000 Rubel herabgedrückt hatte, stiegen sie im nächsten Jahre fast genau um 2 Millionen, und sie haben seit 1867 jährlich um mehr als eine halbe Million Rubel zugenommen. Die Ausbreitung und Befestigung der russischen Macht in Asien hat darauf einen wesentlichen Einfluss geübt. Für 1872 sind die Ausgaben für den Synod zu 9,405,929 Rubel veranschlagt.

4. Die Ausgaben für das Ministerium des kaiserlichen Hofes.

Für diesen Posten standen uns keine speziellen Aufschlüsse zu Gebote, und wir können nur anführen, dass hier für 1871 : 8,937,178 Rubel und für 1872 : 8,953,679 Rubel budgettirt waren. Für 1870 waren die Ausgaben ziemlich genau so hoch veranwohlsagt, nämlich zu 8,954,704 Rubel; allein nach dem Bericht der Staatskontrolle betrug die wirkliche Ausgabe im gedachten Jahre 10,317,412 Rubel.

5. Die Ausgaben für das Ministerium der auswärtigen Angelegenheiten.

Dieselben sind im Laufe der letzten 40 Jahre fast durchaus konstant geblieben; der niedrigste Belauf war 1850 mit 1,741,000 Rubel, ganz bestimmt aus Anlass des Krimkrieges, der höchste 1862 mit 2,898,000 Rubel. Im Jahre 1863 sanken die Ausgaben für dieses Ministerium fast genau um eine Million, um dann das Jahr darauf wieder um eben so viel zu steigen. Für 1872 sind die Ausgaben zu 2,503,553 Rubel veranschlagt.

6. Die Ausgaben für das Kriegsministerium.

Es ist dies der wichtigste Punkt des ganzen Budgets. Seit den letzten 40 Jahren haben sich die Ausgaben für das Kriegsministerium *verdreifacht und sind also ungefähr in demselben Verhältnis wie die Ausgaben für die Staatsschuld und wie das Ausgabenbudget überhaupt gewachsen, obgleich nicht zu verkennen ist, dass das Verhältnis zwischen dem Armee- und dem Gesammtbudget jetzt sich günstiger stellt als früher. Im Jahre 1832 betrugen die Ausgaben für die Armee 38,6 Prozent der Gesammtausgabe, 1842: 37,6 Prozent, 1852 nur 32,7 Prozent (es war gerade in diesem Jahre das Heerbudget ausnahmsweise sehr niedrig), dann 1862: 36,2 Prozent und 1869: 33 Prozent, während sie für 1872 zu 31,5 Prozent veranschlagt sind. Plötzliche Steigerungen im Armeebudget traten, selbstverständlich aus Anlass ausserordentlicher Rüstungen und durch Kriege hervorgerufener grösserer Bedürfnisse, ein: 1848, wo die Ausgaben von 74,277,000 Rubel auf 97,269,000 Rubel stiegen, 1853 mit einer Steigerung von 82,540,000 Rubel auf 103,479,000 Rubel, worauf 1854: 178,693,000 Rubel, 1855: 239,823,000 Rubel und 1856: 233,154,000 Rubel erforderlich waren, oder fast soviel wie das Gesammtbudget der vorhergehenden Jahre. Im Jahre 1859 (italienischer Krieg) stieg das Armeebudget von 80,154,000 Rubel auf 100,601,000

Rubel, 1863 von 114,184,000 Rubel auf 124,916,000 Rubel und im
nächsten Jahre auf 151,887,000 Rubel. Das Jahr 1866 brachte
statt einer Steigerung der Heeresausgaben eine Verminderung von
134,094,000 Rubel zu 129,687,000, und 1867 waren sogar nur
127,250,000 Rubel oder 30,8 Prozent der Gesammtausgaben (der
niedrigste Bedarf, der seit 40 Jahren vorgekommen ist), erforderlich. Seitdem sind die Ausgaben für die Armee, hauptsächlich
aus Anlass der Neubewaffnung, der besseren Verpflegung der
Mannschaften und der Gehaltszulagen der Offiziere (welche in
diesem Jahre eingetreten ist und eine Ausgabe von 3½ Millionen
Rubel verursacht) wiederum etwas gestiegen. Bei einem Ausgabebudget von ca. 500 Millionen Rubeln, wie Russland es nunmehr
hat, kann aber ein Aufwand von ca. 160 Millionen Rubel für das
Heer keineswegs als zu hoch angesehen werden.

7. Die Ausgaben für das Marineministerium.

Das russische Marinebudget ist seit 40 Jahren nur um etwa
100% gewachsen, indem es 1832: 8,624,000 Rubel, 1870: 17,420,000
Rubel betrug; für 1872 ist es jedoch zu 20,769,268 Rubel veranschlagt. Nachdem die Ausgaben für die Marine sich bis 1848
innerhalb 15 Millionen Rubel gehalten hatten, überstiegen dieselben
in den nächsten 5 Jahren diesen Belauf nicht unbedeutend, worauf sie von 1853 bis 1863 sich auf über 20 Millionen beliefen;
im Jahre 1855 stiegen sie aus Anlass des Krimkrieges sogar auf
30,262,000 Rubel und machten das Jahr darauf 26,728,000 Rubel aus. Der polnische Aufstand bewirkte keine Erhöhung des
Marinebudgets, sondern vielmehr eine Herabsetzung gegen das
Vorjahr um ca. 9 Millionen Rubel, indem es nur 18,245,000 Rubel ausmachte. Dann stieg es 1864 wiederum auf 25,029,000
Rubel und hielt sich in den beiden folgenden Jahren ungefähr
auf dieser Höhe, um dann 1867 plötzlich von 24,012,000 Rubel
auf 18,183,000 Rubel zu sinken. Fast völlig konstant hat das
Marinebudget nun in dem Quinquennium von 1867—71 eine Höhe
von ca. 18 Millionen beibehalten, während es, wie schon oben bemerkt, für 1872 zu fast 21 Millionen Rubeln veranschlagt ist, und
zwar wesentlich aus demselben Grunde, der die Steigerung des

Armeebudgets gegen das Vorjahr veranlasste, nämlich um die materielle Lage des Flottenpersonals zu verbessern. Uebrigens haben auch die Erweiterung der Marine-Etablissements am Schwarzen Meere und die Vergrösserung der dortigen Flotte grosse Ausgaben nöthig gemacht.

8. Die Ausgaben für das Ministerium des Innern.

Bei diesem Ministerium zeigt sich die Eigenthümlichkeit, dass während die Ausgaben für dasselbe von 1832 — 1850 ganz allmählich und stetig von 6,210,000 Rubel auf 11,263,000 Rubel, also ungefähr auf das Doppelte wachsen, dieselben im Zeitraum von 1851 — 1863 fast ebenso regelmässig abnahmen und sich in diesem Jahre nur auf 8,742,000 Rubel beliefen. Dann aber stiegen die Ausgaben in dem darauf folgenden Quinquennium resp. auf 11,511,000, 12,059,000, 15,587,000, 15,440,000 und 17,915,000 Rubel. Im Jahre 1869 wurde dem Ministerium die Verwaltung des Post- und Telegraphenwesens übertragen, und das Budget desselben wuchs dadurch auf 36,392,000 Rubel, während es für 1872 zu 42,496,038 Rubel veranschlagt ist.

9. Die Ausgaben für die Administration des Post- und Telegraphenwesens.

Im Jahre 1832 machten diese Ausgaben, die sich damals auf das Postwesen beschränkten, nur 835,000 Rubel aus, und stiegen im Lauf der folgenden 30 Jahre auf das Fünf- bis Sechsfache, wobei die Höhe derselben in den einzelnen Jahren eine sehr abwechselnde und unregelmässige war. Mit dem Jahre 1863 wurde dem Telegraphenwesen eine erhöhte Aufmerksamkeit geschenkt und die Administration desselben mit der des Postwesens vereinigt, so dass die Ausgaben für diesen Verwaltungszweig gegen das Vorjahr von 3,440,000 auf 8,855,000 Rubel stiegen. In den beiden nächsten Jahren stiegen die Ausgaben auf resp. 12,007,000 und 15,222,000 Rubel. Dieses ist die höchste Summe, die auf diesem Konto bis jetzt zur Ausgabe gelangt ist, denn im Quinquennium von 1867—71 stellte sie sich auf durchschnittlich 14 Millionen, während für 1872 wiederum eine bedeutendere Summe, nämlich

15,994,806 Rubel budgettirt ist. Einen Ueberschuss hat die russische Finanzverwaltung bisher aus dem Post- und Telegraphenwesen nicht erzielen können, denn die Einnahmen aus demselben betrugen im Quinquennium 1867—71 durchschnittlich nur 11 Millionen, und ergab sich daher ein Ausfall von 3 Millionen im Vergleich mit der Ausgabe. Da die Einnahmen für 1872 zu 13,312,971 Rubel berechnet sind, hat man auch für dieses Jahr einen Ausfall von über 2½ Millionen Rubeln in Aussicht genommen. Dieses Missverhältniss zwischen Einnahmen und Ausgaben beim Post- und Telegraphenwesen, welches wohl in keinem andern Lande so stark hervortritt wie in Russland, ist einmal in den natürlichen Verhältnissen begründet, nämlich in der ungeheuren Ausdehnung des Reichs und in der an den meisten Stellen noch geringen Dichtigkeit der Bevölkerung. Ein fernerer Grund dafür, dass die Einnahmen nicht die Ausgaben decken, ist der niedrige Bildungsgrad, auf welchem der grösste Theil der Bevölkerung noch gegenwärtig steht. Wenn erst die Schulbildung die untersten Schichten der Volksmassen durchdrungen hat — was von der Regierung und von Privatleuten mit allem Ernste angestrebt wird —, dann werden auch die Postanstalten zum Briefverkehr in einer jetzt ungeahnten Weise benutzt werden. Uebrigens ist auch die Administration namentlich beim Postwesen noch eine sehr kostbare, und es könnte wohl ohne Schaden eine Verminderung des Personals bei einer verhältnissmässigen Steigerung der Ansprüche an dasselbe vorgenommen werden. Das Postwesen steht in Russland überhaupt noch in der Kindheit, allein es ist alle Aussicht vorhanden, dass es sich mit der Zeit enorm entwickeln werde.

10. Die Ausgaben für das Ministerium der öffentlichen Kommunikationen.

Das Budget dieses Ministeriums betrug im Jahre 1832 nur 3,312,000 Rubel, stieg aber in der folgenden Zeit rasch, so dass es 1839 schon eine Höhe von 7,094,000 Rubel erreichte; dann war es eine kurze Zeit hindurch wiederum etwas niedriger, bis der Bau der Petersburg-Moskauer Eisenbahn im Jahre 1843 begann und dadurch für dieses Jahr auf dem Konto des Ministeriums 10,209,000 Rubel erforderlich wurden; 1844 stieg der Bedarf auf 17,161,000 Rubel und in den vier folgenden Jahren auf resp. 17,809,000 Rubel, 22,307,000 Rubel, 22,718,000 Rubel und 21,592,000 Rubel. Dann fielen die Ausgaben für 1849 plötzlich auf 14,362,000 Rubel, um in den nächsten vier Jahren eine durchschnittliche Höhe von 20 Millionen Rubel zu erreichen. Der Krimkrieg hatte auf die weitere Entwickelung der Kommunikationen eine sehr schädliche Einwirkung, und das Budget für dieselben musste im Jahre 1854 auf 12,213,000 Rubel und 1855 auf 11,929,000 Rubel herabgesetzt werden; dann stiegen die Ausgaben 1856 wohl auf 16,705,000 Rubel, allein im nächsten Quinquennium von 1857—61 erreichten sie durchschnittlich nur eine Höhe von 11,700,000 Rubel, weil die bedeutenden Erfordernisse für den immer mehr zunehmenden Eisenbahnbau theils durch besondere und ausserordentliche Hülfsmittel gedeckt wurden, während andererseits auch die Privatindustrie sich mit der Anlage von Eisenbahnen zu befassen begann. Dennoch stieg vom Jahre 1862 an das Ausgabebudget für die Kommunikationen ganz bedeutend, weil demselben nun die Kouponzahlung und die Amortisation rücksichtlich der für den Bau der Staatsbahnen angewandten fremden Kapitalien zur Last fiel. So stieg dieses Budget im Jahre 1862 auf 17,473,000, 1863 auf 24,720,000 und 1864 auf 30,321,000 Rubel, um dann im nächsten Quinquennium wiederum auf durchschnittlich 24 Millionen herabzusteigen. Für 1872 sind die Ausgaben zu 22,426,718 Rubel berechnet.

11. Die Ausgaben des Ministeriums für die Volksaufklärung oder für den öffentlichen Unterricht.

Dass es in Russland in dieser Beziehung bis in die neueste Zeit hinein sehr im Argen lag, wird durch die auf diesem Konto verausgabten Summen am klarsten bewiesen. Im Jahre 1832 wurde für den öffentlichen Unterricht die Summe von 1,389,000 Rubel verwendet, während der Kultus gleichzeitig nur 900,000 Rubel in Anspruch nahm; 7 Jahre darauf hatten sich die Ausgaben für den Unterricht verdoppelt, während der Aufwand für

des Kultus nur um 200,000 Rubel gewachsen war. Jetzt aber
trat in den nächsten zwanzig Jahren ein völliger Stillstand ein
auf dem Gebiet des Unterrichtswesens, und 1853 erforderte es
nur 234,000 Rubel mehr als 1639, während gleichzeitig das Budget des Kultus auf fast 5 Millionen Rubel angewachsen war und
sich seit 1832 verfünffacht hatte. Als die Wehen des Krimkrieges
verwunden waren und die russische Regierung zu der vollen Er-
kenntniss gekommen war, von welch' hoher Bedeutung die Förderung des Unterrichtswesens für das Land sei, wurde auch das
Budget desselben wesentlich und stetig vergrössert. Schon 1859
wurde ½ Million Rubel mehr darauf verwendet, als im Vorjahr.
Im Jahre 1863 erreichte das Unterrichtsbudget 4, im nächsten
Jahre 5, im folgenden 6 Millionen; dann stieg es von 1867 an
jährlich ungefähr um eine Million und für 1872 sind die Ausgaben
zu 11,255,601 Rubel berechnet. Das Unterrichtsbudget übertrifft
demnach das des Kultus jetzt nicht unbedeutend, während dieses
noch 1868 doppelt so hoch war wie jenes. Allein trotz alledem
ist es nicht zu läugnen, dass noch lange nicht genug geschehen
ist für das Unterrichtswesen. Die Regierung kann hier nicht
Alles thun und sie muss sowohl von den örtlichen Behörden als
auch von Privatpersonen wirksam unterstützt werden. Dies ist
beides in der neuesten Zeit in wahrhaft grossartiger Weise geschehen und kann nicht rühmend genug hervorgehoben werden.
Dennoch aber scheint es, dass die Regierung in Zukunft auch
selber noch bei Weitem grössere Anstrengungen machen müsse
als zuvor, um das Unterrichtswesen auf eine gebührend hohe
Stufe zu heben. Es will uns scheinen, dass der fünfzigste Theil
des Budgets, der für die Volksaufklärung verwendet wird, ein zu
kleiner Bruchtheil sei bei einer so hochwichtigen Angelegenheit.
Das Doppelte schiene hier nicht zu viel zu sein.

12. Die Ausgaben für das Finanzministerium.

Die Ausgaben für dasselbe zerfallen in drei Haupttheile,
nämlich diejenigen für die Verwaltung des Ministeriums, für die
Hebung der Steuern und für das Pensionswesen. Seit 40 Jahren
hat sich das Budget des Finanzministeriums ungefähr vervier-

facht und hat überhaupt mit dem Anwachsen des Gesammtbudgets gleichen Schritt gehalten, indem es stets etwa den sechsten bis siebenten Theil desselben ausmachte. Für 1872 sind die Ausgaben für das Finanzministerium zu 77,554,811 Rubel angeschlagen, wovon 25½ Millionen Rubel auf die Kosten für die Erhebung der Steuern, ca. 20 Millionen auf das Pensionswesen und ca. 32 Millionen auf die Verwaltung des Ministeriums kommen. Diese Summe scheint auf den ersten Blick eine ungemein hohe zu sein, allein es steckt in derselben eine Menge von Ausgaben, die streng genommen nicht unter das Finanzministerium fallen; so finden wir z. B. in dem Budget für 1870 für dieses Ministerium 2,688,244 Rubel aufgeführt für Geschütze und Munition für das Marine- und das Kriegsministerium, ferner 558,000 Rubel an Ausgaben, die durch die Rekrutirung veranlasst sind, und 2,004,700 Rubel für die Ansiedelung von Soldaten auf Staatsländereien. Auf der Staatsrechnung für 1870 figurirt ein Posten von 14,388,000 Rubeln an „ausserordentlichen Ausgaben der Staatskasse und extraordinairen Bedürfnissen der Gouvernements". Auf diese Weise wird die für die Finanzverwaltung selbst beanspruchte Summe allerdings ganz bedeutend niedriger. Nach der Staatsrechnung für 1870 erforderten: die Zentraladministration 1,673,582 Rubel, die Lokaladministration 3,445,000 Rubel und die technischen Abtheilungen des Ministeriums 353,243 Rubel. Die Versendung der Gelder und die Dienstreisen des Personals des Finanzministeriums kosteten 1,883,400 Rubel. Wenn auf diesem Konto auch die „verschiedenen Ausgaben" aufgeführt sind, muss jene Summe doch ungemein hoch erscheinen, und unwillkürlich drängt sich die Frage auf, ob hier nicht Ersparungen zu machen wären? — Das Pensionswesen bildet, wie schon oben bemerkt, einen ganz wesentlichen Theil des finanzministeriellen Budgets, und es gehört zu denjenigen Kontos, die jährlich eine stets vergrösserte Ausgabe verursachen; so ist denn die Summe der Pensionen seit 40 Jahren um das Sechsfache angewachsen. Bis zum Jahre 1857 betrug die Steigerung des Pensionskontos von einem Jahre zum andern meistens 2—300,000 Rubel, dann wuchs es bis 1861 jährlich um ungefähr 600,000 Rubel, und in

der letzten Zeit ist es mehrfach um mehr als eine Million Rubel
gestiegen.

13. Die Ausgaben für das Domaineministerium.

Dieselben haben sich seit 1832 ungefähr in demselben Maasse
vermehrt, wie die Ausgabe für das Finanzministerium. Für 1870
waren sie zu 8,881,570 Rubel veranschlagt, während doch nur
8,438,628 Rubel wirklich verausgabt worden. Im Budget für
1871 sind sie zu 9,024,853 Rubel, und für 1872 zu 9,588,853 Rubel
berechnet, davon kamen 95% auf die Centralverwaltung, 36%
auf die Administration des Forstwesens und 5% auf die
Kosten für die Erhebung der Kopfsteuer von den Kronbauern.

14. Die Ausgaben für das Justizministerium.

Im Jahre 1832 betrugen dieselben 1,964,000 Rubel und erst
1859 hatten sie sich etwa verdoppelt; von da ab wuchsen sie
rasch, und schon 1860 hatten sie eine Höhe von 10 Millionen
Rubel erreicht; für 1872 ist das Budget des Justizministeriums
zu 10,583,977 Rubel angesetzt. Von demselben gilt dasselbe wie
vom Budget des Unterrichtswesens. Wenn die Regierung auch
in der letzten Zeit nach besten Kräften bestrebt gewesen ist,
den Anforderungen, die an eine den modernen Anschauungen entsprechende Rechtspflege gemacht werden, in dem ganzen ungeheuren Reiche Genüge zu leisten, so hat dies doch noch bei Weitem
nicht in dem Maasse, wie dies nöthig ist, geschehen können und
sehr viel bleibt noch zu thun übrig. Ein verstärktes Anwachsen
des Budgets des Justizministeriums wird man daher nur mit
Freuden begrüssen können.

15. Die Ausgaben für die Staatskontrolle.

Die Staatskontrolle hat seit ihrer Einrichtung im Jahre 1866
jährlich eine Ausgabe von ungefähr zwei Millionen Rubel erfordert. Wenn diese Summe auch nicht gering ist, so ist doch
der Nutzen, der durch jenes Institut gestiftet wird, ein so grosser
und vielseitiger, dass eine solche Ausgabe dagegen nicht in Anschlag zu bringen ist. Im Budget für 1870 waren die Kosten

zu 1,898,009 Rubel berechnet, während die Staatsrechnung einen wirklichen Kostenaufwand von 1,947,360 Rubel, oder 2,5 Prozent mehr als veranschlagt worden, aufweist. Für 1871 und 1872 waren für die Staatskontrolle resp. 1,911,949 Rubel und 2,000,661 Rubel in Rechnung gebracht.

16. Die Ausgaben für die Staatsgestüte.

Die Administration der Staatsgestüte bildet in Russland einen selbständigen Verwaltungszweig und erfordert einen verhältnissmässig sehr hohen Kostenaufwand. Im Jahre 1870 betrug derselbe 640,884 Rubel, oder 21,528 Rubel weniger, als im Budget für diesen Posten bestimmt war. Für die beiden nächsten Jahre waren resp. 661,123 Rubel und 692,629 Rubel veranschlagt. Für den Bedarf der Armee sind die Staatsgestüte bei Weitem nicht ausreichend und der grösste Theil der vorzüglichen russischen Kavalleriepferde wird von Privatpferdezüchtern angekauft. Es könnte daher fraglich erscheinen, ob es nicht richtig wäre, die Pferdezucht ganz der Privatindustrie zu überlassen, und vom rein finanziellen Standpunkt aus könnte es vielleicht gerechtfertigt sein, die Staatsgestüte eingehen zu lassen. Allein es ist eine Thatsache, dass die Privatpferdezucht in der letzten Zeit in der Abnahme begriffen ist, und es wäre deshalb wohl gewagt, das Staatsinstitut aufzuheben und dem Heere so eine wesentliche Hülfsquelle für seinen Bedarf zu entziehen.

17. Die Ausgaben für die Zivilverwaltung des transkaukasischen Landes.

Wir sahen schon oben bei Besprechung der vom Kaukasus fliessenden Einnahmen, dass die Zivilverwaltung des Landes einen grösseren Aufwand erfordert, als die Summe der Einnahmen von dem Lande ausmacht. Die Ausgaben betragen 1870: 6,998,929 Rubel, oder 542,152 Rubel mehr als wozu sie veranschlagt waren. Für die beiden folgenden Jahre hat man die Ausgaben bedeutend niedriger ansetzen zu können geglaubt, nämlich zu resp. 5,600,503 Rubel und 5,620,678 Rubel, während die Einnahmen gleichzeitig zu resp. 5,272,767 Rubel und

5,480,700 Rubel berechnet sind, so dass also auf diese Weise
beinahe ein Gleichgewicht erzielt worden wäre. Wenn sich nun
auch ein so günstiger Stand faktisch nicht ergeben sollte, so ist
doch vorauszusehen, dass die Anstrengungen, welche von der
russischen Regierung zur Hebung des materiellen Wohlstandes
jenes reichen Landes und zur Entwickelung seiner natürlichen
Hülfsquellen gemacht werden, bald ihre Früchte tragen, und dass
so der Kaukasus dem Reich nicht länger zur Bürde, sondern
vielmehr zur Stütze gereichen werde.

C. Ausserordentliche Einnahmen und Ausgaben.

In Russland haben die verschiedenen Ministerien, namentlich das Kriegs- und Marineministerium, kein ordentliches und ausserordentliches Budget, sondern alle für die Ministerien nöthigen Ausgaben werden in einem Gesammtbudget aufgeführt. Von ausserordentlichen Einnahmen und Ausgaben ist daher nur ausnahmsweise die Rede, und zwar in letzterer Zeit ausschliesslich nur für den Bau von Eisenbahnen. So kamen auf diese Weise im Jahre 1870 nicht weniger als 78,414,425 Rubel zur Ausgabe, während man im Budget nur den zehnten Theil dieser Summe in Aussicht genommen hatte. Für 1871 und 1872 waren die ausserordentlichen Einnahmen und Ausgaben behufs der Anlage von Staatsbahnen zu resp. 10,347,591 Rubel und 6,925,326 Rubel veranschlagt. Diese ausserordentlichen Einnahmen werden auch als „spezielle Ressourcen" bezeichnet und natürlich durch Anleihen aufgebracht.

D. Die Kommunallasten.

Diese Steuern, welche unter verschiedenen Bezeichnungen erhoben werden, sind keineswegs ausschliesslich zu Kommunalzwecken bestimmt, sondern ein grosser Theil derselben wird gradezu zur Bestreitung allgemeiner Staatsbedürfnisse verwendet. Die Kommunalsteuern sind ebenso alten Ursprungs wie die landesherrlichen Steuern, und sie wurden schon zu Peter's des Grossen Zeit erhoben, ohne dass man sie jedoch in ein bestimmtes System gebracht hätte. Daraus gingen grosse Uebelstände hervor, indem jene Lasten höchst ungleich auf die Bewohner vertheilt und auch wohl von den Behörden denselben ganz willkürlich auferlegt wurden. Erst im Jahre 1802 wurde die Nothwendigkeit erkannt, hierin eine Aenderung zu treffen, und im Jahre 1805 wurde eine vorläufige Bestimmung über die Erhebung der Kommunallasten gegeben. Dann wurde im Jahre 1851 ein definitives Regulativ erlassen, wonach alle Kommunalsteuern der Kontrolle seitens der Regierung unterworfen und dieselben in zwei Hauptkategorien, nämlich die allgemeine Landsteuer und die örtliche oder Gouvernementsteuer getheilt wurden, wozu dann noch als dritte Kategorie die städtischen Steuern hinzutreten.

1. Die allgemeine oder landesherrliche Landsteuer.

Dieselbe wird in zwiefacher Weise erhoben, nämlich einmal von den Personen, die das Recht erworben haben, Handel zu treiben, und zweitens von allen Personen, die der Kopfsteuer

unterworfen sind. Von den Kaufleuten erster Gilde wird überall im ganzen Reiche eine gleiche Abgabe von 39 Rubeln erhoben; für die Kaufleute zweiter Gilde beträgt die Abgabe je
nach der Oertlichkeit resp. 14, 12, 9½, 7½ und 5½ Rubel.
Für die kopfsteuerpflichtigen Personen ist die Steuer je
nach der Oertlichkeit verschieden angesetzt und ist das ganze
Reich zu diesem Behuf in 7 Gruppen eingetheilt. In der Saratow'schen Gruppe beträgt die Steuer pr. Kopf 1 Rubel 7 Kopeken,
in der Petersburg'schen 88 Kopeken, in der Cherson'schen 70 Kopeken, in der Wilna'schen 56 Kopeken, in der Minskischen
43 Kopeken, in der Mohilew'schen 30 Kopeken und in der Archangel'schen 23 Kopeken, was durchschnittlich für das ganze
Reich 78 Kopeken pr. Kopf ausmacht und in den Jahren 1870—72
durchschnittlich einen Ertrag von 19,247,000 Rubel ergab, während die Abgabe von den Kaufleuten 711,000 Rubel brachte.
Die Ausgaben, welche die allgemeine Landsteuer decken sollte,
beliefen sich indessen in den genannten drei Jahren durchschnittlich auf 22,909,000 Rubel, so dass sich hier also ein Deficit
hätte ergeben müssen. Dem war aber in der That nicht so,
weil von früheren Jahren her ein ganz bedeutender Ueberschuss,
der sich auf 16 Millionen Rubel belief, vorhanden war. Aus
diesem Grunde war die Steuer, die von 1866—69 zu 98 Kopeken
pr. Kopf angesetzt war, auch für die drei folgenden Jahre um
20 Kopeken herabgesetzt und sollten von jenen 16 Millionen
Rubeln zur Deckung der Differenz zwischen Einnahme und Ausgabe in jenem Zeitraum 7 Millionen verwandt werden. Die
übrigen 9 Millionen Rubel gedenkt man in gleicher Weise in
der nächsten Zukunft zu verwenden.

Die Ergebnisse der Landsteuer werden in sehr verschiedener
Weise vorausgabt und kommen, wie schon oben bemerkt, meh-
reren Ministerien zu Gute. Hervorheben wollen wir hier die
Ausgaben:

a) für das Postwesen, für den Unterhalt der Postpferde
und die Einrichtung und Instandhaltung von Poststationen;

b) für das Wegewesen, zur Anlage und Instandhaltung
der Chausseen;

c) für die Lokaladministration, zur Erleuchtung
und Erwärmung der Häuser der Gouvernementschefs, zur Instandhaltung der Gefängnisse, zur Besoldung von Polizeibeamten
u. s. w.;

d) für den Transport von Verbrechern und die Unterbringung derselben, sowie des sie begleitenden Aufseherpersonals, auf den Etappen, und

e) für den Militairetat, zum Bau und zur Instandhaltung
von Militairgebäuden, zur Verpflegung der Truppentheile mit
Stroh, zur Unterstützung der Städte bei Aufbringung der Quartiergelder, zur Miethe für das von den Truppen zu benutzende
Lagerterrain u. s. w.

2. Die Gouvernementslandsteuer.

Dieselbe wird in ganz ähnlicher Weise erhoben, wie die allgemeine Landsteuer, nur dass die Gouvernementslandsteuer auch
von den Ländereien erhoben wird. Die Kaufleute erster Gilde
haben 26½ Rubel, die zweiter Gilde je nach ihrem Wohnort
3 Rubel 60 Kopeken bis 9 Rubel 30 Kopeken zu bezahlen. Von
der steuerpflichtigen Bevölkerung ward im Jahre 1869 eine Abgabe von durchschnittlich 64½ Kopeken pr. Kopf erhoben. Im
Ganzen brachte die Steuer in jenem Jahre die Summe von
12,842,000 Rubel ein.

Schon der Name der Steuer deutet an, dass ihr Ergebniss
in jedem Gouvernement zum Nutzen und Frommen desselben
verwendet werden soll. Im Uebrigen dient die Steuer in sehr
vielen Fällen zur Aushülfe bei der allgemeinen Landsteuer, wenn
die aus dieser zu einem Zweck angewiesene Summe dazu nicht
ausreichend erscheint. So ist es mit der Einrichtung von Lokalitäten für die verschiedenen Behörden, mit dem Unterhalt des
Polizeipersonals und mit der Beschaffung von Lagerplätzen für
die Truppen der Fall.

3. Die städtischen Steuern.

Bis gegen das Ende des vorigen Jahrhunderts waren die
Einnahmen der russischen Städte im höchsten Grade unbedeutend

und selbst das Budget von St. Petersburg belief sich im Jahre
1797 nur auf 36,000 Rubel. Erst im Anfange des jetzigen Jahrhunderts trug die Regierung dafür Sorge, den Städten aus der
Accise, von den Kaufleuten und von den Schankwirthschaften
grössere Einnahmen zu verschaffen. Weil ihnen aber gleichzeitig
die Verpflichtung auferlegt wurde, ein Polizeipersonal, sowie
städtische Architekten, Aerzte und Hebammen u. s. w. zu
unterhalten, so erwiesen sich jene Einnahmen doch bald unzu-
länglich, und es mussten den Städten nach und nach besondere
Einnahmequellen verschafft werden. Dabei wurde für jede Stadt
ein Normalbudget entworfen. Im Jahre 1842 wurde den Stadtländereien eine erhöhte Aufmerksamkeit geschenkt; sie wurden
vermessen und es wurde dafür Sorge getragen, dass sie durch
eine bessere Benutzung den Städten grössere Einkünfte brachten.
Im Jahre 1848 wurden seitens der Regierung genau detaillirte
Vorschriften für die städtische Finanzverwaltung gegeben, eine
Massregel, welche die heilsamsten Folgen hatte: die Einkünfte
stiegen, das Defizit verschwand, die Zuschüsse, welche der Staat
den Städten hatte leisten müssen und die sich jährlich auf eine
Million Rubel beliefen, wurden unnöthig und es konnten sogar
von den städtischen Einnahmen Summen dem Staatshaushalt
überwiesen werden. Durch die Städteordnung vom 16. Juli 1870
wurden jene Vorschriften definitiv geregelt. Es ist jene Städteordnung schon in 45 Gouvernements eingeführt worden und sie
wird binnen Kurzem über das ganze Reich ausgedehnt sein.

Die Hauptquelle der Einnahmen bilden jetzt die städtischen
Ländereien und die Abgabe für das Recht Handel zu treiben;
eine Immobiliensteuer, welche den Bewohnern auferlegt ist, bringt
fast ein Fünftel der Einnahmen und der Rest wird durch in-
direkte Steuern beschafft.

Von den Ausgaben fällt der grösste Theil, nämlich 41%,
auf die städtische Administration; die zufälligen und kleinen
Ausgaben machen 23%, aus, zur Verschönerung und besseren
Einrichtung der Städte, sowie zu gemeinnützigen Anlagen wer-
12% verwendet, zur Bezahlung der kontrahirten Schulden 9%,
die Stadtländereien erfordern 6%, die Wohlthätigkeitsanstalten

,5%, die Militairlasten 4% der Ausgaben. Ein Defizit im städtischen Budget kommt nur äusserst selten vor, und die Gesammtschulden aller russischen Städte beliefen sich im Jahre 1869 nur auf 1,802,000 Rubel, wohingegen das Gesammtkapital derselben 6,820,000 Rubel ausmachte. Es muss freilich die städtische Verwaltung in Russland noch als sehr wenig entwickelt erscheinen, indem das Einnahmebudget aller Städte zusammen im Jahre 1869 sich nur auf 16,115,000 Rubel, und das Ausgabebudget auf 16,065,000 Rubel belief. Nur 16 von den russischen Städten, welche vorzugsweise zugleich Handelsplätze sind, hatten im gedachten Jahre ein Budget von 100,000 Rubeln und darüber, und zwar hatte Petersburg eine Einnahme von 3,225,000 Rubeln ohne Ueberschuss gegen die Ausgaben, Moskau eine Einnahme von 2,842,000 Rubeln, gleichfalls ohne Ueberschuss, Riga eine Einnahme von 974,000 Rubeln mit einem Ueberschuss von 50,000 Rubeln, Odessa eine Einnahme von 608,000 Rubeln, Kiew 286,000 Rubel mit einem Ueberschuss von 84,000 Rubeln, Charkoff 243,000 Rubel, Saratow 235,000 Rubel mit einer Unterbalance von 16,000 Rubeln, Astrachan 221,000 Rubel, Rostow 199,000 Rubel mit einem Ueberschuss von 33,000 Rubeln, Nischnei-Nowgorod 143,000 Rubel mit einer Unterbalance von 3000 Rubeln, Taganrog 123,000 Rubel mit einem Ueberschuss von 9000 Rubeln, Archangel 113,000 Rubel mit einem Ueberschuss von 24,000 Rubeln, Orenburg 114,000 Rubel mit einem Ueberschuss von 102,000 Rubeln, Berdjansk 112,000 Rubel mit einem Ueberschuss von 2000 Rubeln und Pollawa 100,000 Rubel mit einem Ueberschuss von 17,000 Rubeln. Ferner hatten 26 Städte ein Budget von über 50,000 Rubel, 39 ein solches von über 25,000 Rubel, 136 ein Budget von über 10,000 Rubel und 428 ein geringeres. Von den Städten im Königreich Polen erreichten 78 nicht eine Einnahme von 250 Rubeln, 118 hatten eine Einnahme von 250—500 Rubeln, 81 eine solche von 500—1000 Rubeln, 24 eine Einnahme von 1—2000 Rubeln, 41 eine Einnahme von 2—3000 Rubeln, 15 eine solche von 3—4000 Rubeln und nur 50 eine Einnahme von mehr als 4000 Rubeln. Warschau hatte eine Einnahme und Ausgabe von 1,877,000 Rubeln, dann folgte

Radom mit einem Budget von 19,600 Rubeln. Warschau hatte, also von allen Städten des russischen Reichs verhältnissmässig bei Weitem das grösste Budget, und zwar im Verhältniss zur Einwohnerzahl ein 2½ Mal so grosses wie Moskau und ein 4 Mal so grosses wie Petersburg. Es kann denn aber auch nicht verkannt werden, dass Warschau sich in vielfacher Beziehung, namentlich in architektonischer und sanitärer, in der letzten Zeit ganz ungemein gehoben hat, was namentlich den unermüdlichen Bestrebungen des Statthalters Grafen Berg zugeschrieben werden muss.

E. Die russische Staatsschuld.

Dieselbe besteht aus der unverzinslichen und der verzinslichen Staatschuld, welche letztere in mehrere Abtheilungen zerfällt.

I. Die unverzinsliche Staatsschuld.

Die unverzinsliche Staatschuld stammt aus der Regierungszeit der Kaiserin Katharina der Zweiten, und zwar begann sie mit der Ausgabe von Assignaten. Zu diesem Behuf wurden im Jahre 1769 zwei Assignatenbanken, jede mit einem Kapital von 1 Million Rubel, gegründet und mit der Ermächtigung, Bankscheine im Werth von 10 und 25 Rubeln auszustellen. Erst 17 Jahre später begann auch die Ausgabe kleiner Zettel. Die Assignate sollten bei den Banken einlösbar sein, allein dies erwies sich bald als ungemein schwierig, da die Masse der Noten sehr schnell bedeutend stieg, und der zum Einwechseln derselben bestimmte Fonds lediglich aus Kupfermünzen bestand. Dies veranlasste ein Sinken des Werthes der Assignaten, was indessen nicht in dem Masse eintrat, wie man es eigentlich hätte voraussetzen sollen.

Die Ausgabe der Noten begann im Jahre 1769, und bis 1785 belief sich die Menge der in Umlauf gebrachten Assignate

auf 40 Millionen Rubel, welche vollständig den Werth der Silberrubel hatten. Im nächsten Jahre geschah aber eine neue Emis-
sion von 60 Millionen Rubel und nun sank der Werth der Assignate gegen die Silberrubel um 2 Kopeken.

In der nachstehenden Tabelle geben wir eine Uebersicht
über die allmählich in gewaltigen Verhältnissen anwachsende
Fluth der ausgestellten Assignate und ihr dadurch bedingtes
Fallen im Werth.

Vorhanden waren im Jahre:				Der Kurs der Silberrubel:			
1790	111	Millionen	Assig.	1	Rubel	15	Kopeken.
1791	117	„	„	1	„	23	„
1792	120	„	„	1	„	26	„
1793	124	„	„	1	„	35	„
1794	145	„	„	1	„	41	„
1795	150	„	„	1	„	40	„
1797	158	„	„	1	„	47	„
1800	213	„	„	1	„	53	„
1802	230	„	„	1	„	40	„
1803	248	„	„	1	„	25	„
1804	261	„	„	1	„	26	„
1805	292	„	„	1	„	30	„
1806	319	„	„	1	„	37	„
1807	382	„	„	1	„	48	„
1808	477	„	„	1	„	96	„
1809	533	„	„	2	„	24	„
1810	577	„	„	3	„	—	„

Im Jahre 1811 wurden durch Ukas vom 2. Februar die Assignate als Staatsschuld anerkannt und zugleich das Versprechen
gegeben, dass keine neuen Noten ausgestellt werden sollten. Obgleich dies nun in der That auch in den ersten 5 Jahren nicht
geschah, so fielen dennoch merkwürdigerweise die Assignate
sofort ganz bedeutend im Werth, und zwar stieg der Kurs des
Silberrubels im Laufe von zwei Jahren von 3 Rubeln auf 3 Rubel
97 Kopeken und in den beiden nächsten Jahren sogar auf 4 Rubel 18 Kopeken.

Schon im Jahre 1817 aber sah sich die Regierung außer Stande ihr Versprechen, die Assignate nicht zu vermehren, zu halten und es wurden in demselben Jahre nicht weniger als 259 Millionen Rubel an neuen Noten ausgegeben. Trotz dieser gewaltigen Menge von Papier, das so auf einmal in Cirkulation gesetzt wurde, hob sich der Werth der Assignate gleichzeitig nicht unbedeutend, indem der Kurs der Silberrubel von 4 Rubel 18 Kopeken auf 3 Rubel 83 Kopeken herabstieg. Diese eigenthümliche Erscheinung hatte übrigens einen ganz natürlichen Grund. Es wurde nämlich im Jahre 1817 eine sechsprozentige Anleihe im Inlande kontrahirt, deren Ergebniss zur Einziehung eines Theils der Assignate verwandt werden sollte, wie denn Solches auch in der That geschah. Dadurch kehrte das Vertrauen des Publikums zu den öffentlichen Werthpapieren zurück, und dieses Vertrauen stieg, als in den nächsten Jahren noch drei solcher Anleihen kontrahirt wurden. Es wurden auf diese Weise nicht weniger als 240,233,000 Rubel Assignate eingelöst und es blieben deren im Jahre 1824 nur für 597,776,310 Rubel in der Cirkulation, so dass sich der Kurs des Silberrubels jetzt auf 3 Rubel 50 Kopeken Papiergeld stellte.

Bis zum Jahre 1839 blieb dies Verhältniss ungefähr unverändert, allein mit immer grösserer Stärke machte sich die Nothwendigkeit geltend, das russische Geldwesen auf festeren Grundlagen zu ordnen. Dazu war es erforderlich, dass man den Assignaten die Eigenschaft von Papiergeld nahm und sie in Kreditscheine verwandelte, welche gegen baares Geld einlösbar seien. Man begann damit, im Jahre 1840 bei der Kommerzbank eine Depositenkasse zu gründen, zur Annahme von gemünztem Metall und später auch von Barren, wofür Depositenbillets ausgestellt wurden. Im Jahre 1843 hatte die Summe der Depositen und der dafür ausgestellten Scheine die Höhe von 49,130,136 Rubel erreicht. Durch die Errichtung dieser Bank wollte man zunächst dem Publikum die Ueberzeugung beibringen, dass es Papiergeld geben könne, welches den vollen Werth des Betrages habe, für welchen es ausgestellt sei. Als das Publikum wiederum Vertrauen zum Papiergeld gewonnen hatte, begann man damit, aus den Depositenkasson Darlehen zu verabreichen; diese bestanden in Kassenanweisungen zu Appoints von 50 Rubeln, und es musste ein Sechstel des ausgeliehenen Betrages in klingender Münze bei der Bank deponirt werden.

Endlich that man im Jahre 1844 den letzten entscheidenden Schritt, der durch die andern Maasregeln nur vorbereitet worden war. Es waren um diese Zeit noch die obenerwähnten 597,776,310 Rubel im Umlauf; nach dem Kurs, wonach 3½ Rubel auf einem Silberrubel kamen, machte dies eine Summe von 170,221,802 Rubeln aus, und für diese Summe wurden nun Kreditbillets ausgestellt, welche gegen die im Umlauf vorhandenen Assignate umgetauscht wurden. Diese gewaltige Finanzoperation vollzog sich also ohne die mindeste Schädigung des Publikums und ohne neue Lasten für die Regierung, während sie doch einen thatsächlichen Gewinn von 427,545,000 Rubeln brachte. Gleichzeitig wurden nun auch die alten Depositenscheine in Kreditbillets verwandelt. Allerdings hatten letztere nicht den reellen Werth, wie jene ihn in früherer Zeit hatten, wo sie eben nur für baares Geld ausgestellt waren. Dies war aber, wie erwähnt, nur geschehen, um nur erst das Vertrauen des Publikums zu befestigen, und als nun die Darlehen aus den Depositenkassen gewährt wurden, veränderte sich allerdings das Werthverhältniss der Depositenscheine, ohne jedoch ihrem Werth in den Augen des Publikums den geringsten Abbruch zu thun. Ebenso war es nun mit den neuen Kreditbillets, obgleich ihre Anzahl bedeutend höher war, als der zu ihrer Deckung bestimmte Fonds. Im Jahre 1845 betrug dieser letztere nämlich 86,812,362 Rubel, während die Kreditbillets eine Summe von 189,414,576 Rubeln ausmachten. Im Uebrigen muss ein solches Verhältniss noch immer als sehr günstig bezeichnet werden; leider aber konnte es sich auf die Dauer nicht behaupten, und im Jahre 1855 trat hierin eine folgenschwere Aenderung ein.

Im Jahre 1847 wurden in dem zur Sicherung der Kreditbillets bestimmten Fonds ausser klingender Münze und Barren auch noch zinsentragende Staatspapiere aufgenommen, und zwar zunächst fremde, später aber auch russische. Das Verhältniss zwischen dem Belauf dieser Papiere und dem des edlen Metalls hielt sich bis 1857 zwischen 1:4 und 1:6, dann betrug einige Jahre

hindurch der Werth der deponirten Staatspapiere plötzlich nur etwa ein Zehntel des Fonds, um im Jahre 1861 mit einem Schlage
auf die doppelte Höhe des Metallvorraths zu steigen. Später hat
das Verhältniss sehr gewechselt und in neuester Zeit hat der Baar-
vorrath bedeutend zugenommen, während das deponirte Papiergeld
sich gleichzeitig dem entsprechend vermindert hat. Im Jahre 1870
betrug der Gesammtfonds 149,721,565 Rubel, wovon 141,835,794
Rubel in Metall und 7,885,771 Rubel in Staatspapieren.

Die Zahl der ausgestellten Kreditbillets wuchs anfangs ganz
allmählich und entsprach so sicher dem Bedürfniss; während die
Kreditbillets bis 1854 nach und nach eine Höhe von 356,337,021
Rubel erreichten, stieg auch der Fonds, der zu ihrer Deckung
bestimmt war, verhältnissmässig, und er bestand im gedachten
Jahre aus 123,170,554 Rubel in klingender Münze oder Barren
und 28,620,452 Rubel an Obligationen. Nun aber kam der Krimkrieg mit seinen ungeheuren Forderungen an Russlands Finanz-
kräfte, und auf die Stellung der Bank hatte dies einen sehr unheilvollen Einfluss. Schon im Jahre 1855 stellte sich die Masse
der cirkulirenden Kreditbillets auf 509,181,397 Rubel, während zu
ihrer Deckung nur 138,017,329 Rubel vorhanden waren, und bis
dahin hatte der Fonds doch wenigstens stets 32% der umlaufenden
Werthzeichen betragen. Allein das war nur der Anfang zum
Schlechten, denn es stieg in den beiden nächsten Jahren die
Masse der ausgegebenen Kreditbillets auf resp. 689,279,844 Rubel
und 735,297,006 Rubel (beiläufig die höchste Summe, die überhaupt erreicht worden ist), während der Fonds gleichzeitig nur
über resp. 146,552,335 Rubel und 141,460,771 Rubel verfügte.
Wohl sank die Anzahl der Kreditbillets im Jahre 1859 auf
731,318,805 Rubel, allein der Fonds enthielt in diesem Jahre nur
95,674,981 Rubel, was also einem Verhältniss wie 9:1 entspricht, und noch schlechter war dasselbe im Jahre 1863, denn
damals enthielt der Fonds nicht den zehnten Theil der cirkulirenden Kreditbillets. Dies war denn aber auch der Höhenpunkt
des Missverhältnisses, und wie in den nächsten drei Jahren die
Menge der Kreditbillets ganz bedeutend eingeschränkt wurde,
stieg gleichzeitig andererseits der Fonds. Freilich wurde in den

Jahren 1867 und 68 wiederum eine grössere Menge von Billets ausgegeben, allein im letztgenannten Jahre wurde auch der Fonds sehr ansehnlich vermehrt, so dass nun das Verhältniss zwischen diesem und den umlaufenden Werthzeichen ungefähr wie 1:6 war, ein Verhältniss, welches sich bis zur neuesten Zeit erhalten hat. Wie schon erwähnt, besteht gegenwärtig nur ein verschwindend kleiner Theil des Fonds aus Werthpapieren, während das im Fonds befindliche Edelmetall $^{19}/_{20}$ desselben ausmacht. Im Jahre 1870 betrug nämlich die Masse der cirkulirenden Kreditbillets 715,807,961 Rubel, zu deren Deckung 141,835,794 Rubel in klingender Münze oder Barren und 7,885,771 Rubel in Obligationen vorhanden waren.

Wir sahen oben, dass die Masse der cirkulirenden Kreditbillets sich während des Krimkrieges von 370,960,000 Rubel auf ca. 735 Millionen Rubel steigerte. Freilich hatte die Regierung am 10. Januar 1855 die Erklärung abgegeben, dass drei Jahre nach erfolgtem Friedensschluss Maszregeln zur allmählichen Einziehung der Kreditbillets ergriffen werden sollten; allein dies Versprechen wurde nur in einem sehr geringen Umfange eingelöst. Es wurde allerdings zum Behuf der Einlösung von Kreditbillets im Jahre 1857 eine dreiprozentige Anleihe zu 12 Millionen Pf. St. mit den Häusern Thomson, Bonard und Magnus abgeschlossen, allein die Anleihe wurde erst um die Zeit des Ausbruchs des italienischen Krieges realisirt, und die Rüstungen, welche Russland zu machen für erforderlich hielt, absorbirten grösstentheils die durch die Anleihe beschafften Mittel, so dass nur etwa 22 Millionen Rubel zur Einziehung von Kreditbillets verwandt wurden. Im Jahre 1862 wurde abermals eine Anleihe zu demselben Zweck abgeschlossen, nämlich mit dem Hause Rothschild, und zwar zu 15 Millionen Pf. St. Am 1. Mai 1862 begann nun bei der kaiserlichen Bank der Umtausch der Kreditbillets gegen klingende Münze. Anfangs wurde der halbe Imperial zu 5 Rubel 70 Kopeken berechnet und der Silberrubel zu 1 Rubel 10 Kopeken. Diese Maszregel hatte einen vorzüglich guten Einfluss auf den Kurs der Kreditbillets, und im Juli 1863 hatte derselbe sich so weit gebessert, dass für den halben Imperial nur 5 Rubel 30 Kopeken

57

und für den Silberrubel 1 Rubel 3 Kopeken gegeben wurden. Unglücklicherweise brach aber nun der polnische Aufstand aus, und jene Operation gerieth in's Stocken. Der Andrang zum Umtausch der Kreditbillets nahm ungeheure Dimensionen an, so dass am 7. August 1863 die Einlösung gegen Gold und dann am 1. November auch die Einlösung gegen Silber sistirt werden musste. Im Ganzen hatte in jener Zeit die Menge des Papiergeldes nur um 73 Millionen Rubel abgenommen, während die Anleihe von 15 Millionen Pf. St. doch eine Summe von 107 Millionen Rubeln repräsentirte; dennoch hatte man schon einen ziemlich bedeutenden Theil des zur Deckung der Kreditbillets bestimmten Fonds zu Hülfe nehmen müssen. Wie wenig ernstlich übrigens die ganze Operation gemeint war, geht daraus hervor, dass man, statt die eingelösten Kreditbillets sämmtlich zu vernichten, nur für 45 Millionen Rubel von demselben verbrannte, den Rest aber — also 28 Millionen Rubel — in der Folge wiederum verausgabte.

Diese Unsicherheit der Geldverhältnisse hatte auf den russischen Wechselkurs dem Auslande gegenüber einen höchst unheilvollen Einfluss. Während der Rubel auf der St. Petersburger Börse noch im Mai 1857 zu 400 Centimes berechnet war, sank er schon im Dezember auf 365 Centimes, hatte aber im ganzen nächsten Jahre — vermuthlich wegen der Bestrebungen, eine Anleihe zur Verbesserung der Geldverhältnisse zu kontrahiren, einen etwas höheren, sehr konstanten Kurs. Als aber die durch jene Anleihe beschafften Mittel grösstentheils zu Rüstungen aus Anlass des italienischen Krieges verwendet wurden, sank der Kurs des Rubels bis unter 350 Centimes. Allmählich hob sich der Kurs wieder, namentlich als im Jahre 1862 die von uns oben erwähnte Einlösung der Kreditbillets gegen klingende Münze ihren Anfang nahm. Fast jeden Monat wurde der Rubel höher notirt, und im Oktober 1863 erreichte er das Maximum seit Juli 1857, nämlich 398 Centimes. Gerade um dieselbe Zeit war es aber auch, dass die Einlösung der Kreditbillets bei der kaiserlichen Bank wiederum gänzlich sistirt wurde, und es konnte eine Rückwirkung auf den Kurs um so weniger ausbleiben, als mittlerweile auch der polnische Aufstand ausgebrochen war. Nach

Beendigung desselben hob sich der Kurs freilich wiederum etwas, allein er sank dafür beim Ausbruch des Krieges im Jahre 1866 nur um so tiefer, und zwar im Juni bis auf 271 Centimes, den niedrigsten Standpunkt, den der Rubel überhaupt gehabt hat. In den Jahren 1867 und 1868 war der Kurs wiederum bedeutend besser und äusserst konstant, in den beiden nächsten Jahren aber niedriger und schwankend. In der neuesten Zeit hat sich der Kurs des Rubels abermals gehoben, und zwar mit Recht, denn das Verhältniss der cirkulirenden Zettelmasse zu dem deponirten Metall ist ein gesundes, indem es 4—5 : 1 ausmacht. Der Werth des Papierrubels ist darum auch nur ca. 15 Prozent unter dem nominellen Werth, und es ist alle Aussicht vorhanden, dass, wenn der Friede gesichert bleibt, sich das Verhältniss in Zukunft noch günstiger gestalten werde.

II. Die verzinsliche Staatsschuld.

Dieselbe zerfällt in fünf Hauptkategorien, nämlich die zur Abmachung älterer Verpflichtungen kontrahirte Schuld, die zur Vergrösserung der Staatsmittel kontrahirte Schuld, die bei den Kreditanstalten gestiftete Schuld, die zur Förderung des Ankaufs von Ländereien durch die Bauern kontrahirte Schuld und die Eisenbahnschuld.

1. Die zur Abmachung älterer Verpflichtungen kontrahirte Schuld.

Die älteste russischerseits im Auslande kontrahirte Anleihe stammt vom Jahre 1773, und fünf Jahre später wurde eine ähnliche abgeschlossen, während gleichzeitig auch inländische Anleihen kontrahirt wurden. Um diese Schuldverpflichtungen auf einer Stelle zu sammeln, schloss man mit dem holländischen Bankierhause Hope eine fünfprozentige Anleihe von 50 Millionen Rubeln ab. In den Jahren 1817 und 18 wurden zwei inländische Anleihen von zusammen 93,500,000 Rubeln zu sechs Prozent ab-

geschlossen, um einen Theil der cirkulirenden Assignate einzu-
lösen. Die für diese Anleihe angestellten Obligationen, die für
83½ und 85 Prozent ausgegeben waren, stiegen bald sehr bedeutend, weshalb die Regierung in den Jahren 1820 und 22 zwei
neue inländische Anleihen von resp. 40 und 43 Millionen Rubel
zu 5 Prozent abschloss, und dafür sechsprozentige Obligationen
einlöste. Ein Gleiches geschah im Jahre 1860, indem ein Theil
der bei den Bankiers Bering und Hope gestifteten viereinhalbpro-
zentigen Anleihe von 6½ Millionen Pf. St. zur Einlösung sechs-
prozentiger Obligationen verwendet wurde.

Von diesen verschiedenen Schuldverpflichtungen war am 1.
Januar 1870 zusammen ein Rest von 143,647,487 Rubel übrig.

2. Die zur Vergrösserung der Staatsmittel kon-
trahirte Schuld.

Zu diesem Behuf wurden aus sehr verschiedenen Anlässen,
hauptsächlich aber, um der Regierung zu ihren Rüstungen die
nöthigen Mittel zu verschaffen, 9 Anleihen kontrahirt, nämlich:

1828 von	24 Millionen Rubeln			zu 5 Prozent,	
1831 von	20	„	„	zu 5	„
1832 von	20	„	„	zu 5	„
1840 von	24	„	„	zu 4	„
1854 von	50	„	„	zu 5	„
1855 von	50	„	„	zu 5	„
1864 von	100	„	„	zu 5	„
1866 von	42	„	„	zu 5	„
1869 von	15	„	„	zu 5	„

wozu dann noch 62 Serien kaiserliche Kassenbillets von zusammen 186 Millionen Rubeln kommen.

Am 1. Januar 1870 war von diesen Schulden noch eine
Summe von 202,901,400 Rubeln nicht berichtigt.

3. Die bei den Kreditanstalten gestiftete Schuld.

Gegen das Ende der Regierung der Kaiserin Katharina II.
begann die Regierung aus den damals bestehenden Kreditinstituten und von den Administrationen der Pupillengelder Kapitalien

leihweise zu entnehmen, wofür Immobilien zum Pfand gegeben wurden. Da die Regierung bald in sehr ausgedehntem Masse von diesem Hülfsmittel Gebrauch machte, so wuchs diese Schuld schnell. Nicht selten waren die Anforderungen, welche die Regierung an die Kreditinstitute stellte, so umfassend, dass diese ihre sonstige Thätigkeit einstellen mussten. So geschah es zum Beispiel 1812 mit der Leihbank, welche damals alle ihre Kapitalien der kaiserlichen Kasse abtreten musste. Die Höhe der auf diese Weise kontrahirten Schulden betrug im Jahre 1817: 20 Millionen Rubel, 1827: 24 Millionen Rubel, 1837: 127 Millionen Rubel, 1847: 266 Millionen Rubel und 1857: 320 Millionen Rubel, während sie 1867 auf 37,119,000 Rubel und 1870 auf 3,257,000 Rubel herabgesunken waren. Mit dieser bedeutenden Abnahme der Schuld hatte es folgende Bewandtniss. Im Jahre 1860 wurde mit den bisherigen Kreditinstituten eine grosse Veränderung vorgenommen, namentlich wurde die Leihbank aufgehoben und die Kommerzbank in die kaiserliche Bank verwandelt. Statt der an jene Kreditanstalten ausgestellten Schuldscheine wurden 5prozentige Bankbillets zu einem Belauf von 277 Millionen Rubel ausgegeben, die in 37 Jahren durch Ziehungen getilgt werden sollten, und es wurden ferner für 13 Millionen Rubel vierprocentige Billets ausgestellt, für deren Einlösung kein Termin festgesetzt war und die daher Billets mit ununterbrochenem Einkommen genannt wurden. Diese Summen erwiesen sich aber zur Liquidirung der alten Verpflichtungen der Regierung und zur Thätigkeit der neuen Bank ungenügend. Es wurde deshalb ein Theil der dreiprozentigen ausländischen Anleibe von 50 Millionen Rubel, die 1859 abgeschlossen war, zu diesem Zweck verwendet, sowie ferner 5 Serien kaiserlicher Kassenbillets, zusammen 15 Millionen Rubel ausgegeben, und endlich wurde es der Bank gestattet, für 100 Millionen Rubel vierprozentige Metalliques auszustellen. Auf diese Weise wurde die Schuld der Regierung bei den früheren Kreditinstituten schnell in dem oben angeführten Umfange vermindert.

4. Die zur Förderung des Ankaufs von Ländereien durch die Bauern kontrahirte Schuld.

Um die Bauernemancipation und die damit verbundene Uebertragung von Grundbesitz an die Bauern möglichst zu fördern, verband die Regierung sich dazu, den Bauern die Mittel zu schaffen, um sich die Ländereien, welche die Gutsherren ihnen abtreten sollten, käuflich zu erwerben. Es handelte sich dabei um gewaltige Summen, und um so grössere Anerkennung verdient die russische Regierung, dass sie neben ihren anderen höchst bedeutenden Verpflichtungen, denen sie stets in der gewissenhaftesten Weise nachgekommen ist, nun auch diese neue grosse Bürde übernahm, um ein wahrhaft humanes Werk zu fördern. Freilich wird mit der Zeit die Regierung auch den direkten Vortheil davon haben. Zum Behuf des Ankaufs der Ländereien durch die Bauern stellte die Regierung drei verschiedene Arten von Obligationen aus, mit denen die Forderungen der Gutsherren befriedigt wurden, nämlich fünfprozentige kaiserliche Bankbillets, ferner fünfprozentige Kaufscheine, die in drei Terminen von resp. 5, 10 und 15 Jahren, jedes Mal zu einem Drittel, gegen Bankbillets amortisirbar sind, und fünfeinhalbprozentige Kaufscheine ohne die Bestimmung jener Einlösung. Von diesen drei Arten von Obligationen wurden von 1861 bis zum 20. April 1870 ausgegeben:

an fünfprozentigen Bankbillets	. .	58,453,750 Rubel,
an fünfprozentigen Kaufscheinen	. . .	104,969,350 „
an fünfeinhalbprozentigen Kaufscheinen		105,860,674 „
		268,683,774 Rubel.

Ueberdies übernahm die Regierung an Verpflichtungen der Gutsherren bei den früheren Kreditinstituten . . . . . . 235,032,183 Rubel.

5. Die aus Anlass der Anlage der Staatsbahnen kontrahirte Schuld.

Zur Anlage der Nikolausbahn zwischen Petersburg und Moskau wurden mit dem Baron Stieglitz von 1842—47 vier Anleihen von zusammen 42 Millionen Rubel zu 4 Prozent abgeschlossen,

wozu dann noch im Jahre 1849 für den gleichen Zweck eine vier-
einhalbprozentige englische Anleihe von 35,750,000 Rubeln hinzu-
kam. Als dann der Bau der Warschauer und der Nischneinow-
goroder Bahn begonnen wurde, gab die Regierung im Jahre 1861
zur Beschleunigung der Anlage 10 Serien Bankbillets, zusammen
im Belauf von 30 Millionen Rubel aus. Von der inländischen,
im Jahre 1864 kontrahirten Lotterieanleihe von 100 Millionen
Rubel wurden 27,075,650 Rubel zur Tilgung einer aus Anlass
von Eisenbahnbauten bei der Bank kontrahirten Schuld, und
44,887,959 Rubel direkt zum Bau neuer Eisenbahnen unter der
Bezeichnung von speziellen Ressourcen verwendet. Ein Theil der
im Jahre 1866 kontrahirten fünfprozentigen, englisch-holländischen
Anleibe von 42 Millionen Rubel wurde in ähnlicher Weise gebraucht.

Am 9. Januar 1870 wurden zur Bildung eines Eisenbahn-
fonds für 83 Millionen Rubel konsolidirte Obligationen ausgegeben.

III. Der gegenwärtige Stand der Staats-schuld.

Im Zeitraum von 1798—1870 hat die russische Regierung im
Ganzen für 2,251,586,570 Rubel Anleihen gestiftet und zinsentragende Kassenbillets ausgegeben. Davon wurden bis zum 1. Januar 1871: 450,214,163 Rubel abgetragen, so dass an jenem Tage
der Rest der verzinslichen Schuld noch 1,801,372,407 Rubel betrug. Die Masse der cirkulirenden Kreditscheine machte gleichzeitig 715,807,961 Rubel oder nach Abrechnung des zu ihrer
Deckung bestimmten Fonds 566,086,426 Rubel aus, so dass danach die russische Staatsschuld im Ganzen sich auf
2,817,672,996 Rubel belief. Zur Verzinsung und Amortisation der
Staatsschuld wurden im Jahre 1870: 78,375,495 Rubel verausgabt.

F. Die Kreditinstitute Russlands.

1. Die Staatsinstitute.

Die ersten Bankoperationen in Russland wurden während der Regierung Peter's II. und der Kaiserin Anna Iwanowna vorgenommen. Dieselben wurden im Münzkontoir abgeschlossen und bestanden aus Anleihen zu 8 Prozent, wobei ungemünztes Gold und Silber zum Pfand gegeben wurde. Unter der Kaiserin Elisabeth wurden die ersten Banken gegründet, nämlich eine für den Adel in Petersburg und Moskau, eine zweite für die beim Petersburger Seehandel betheiligte Kaufmannschaft, eine dritte für den Umtausch von Kupfergeld und eine vierte für das Artillerie- und Ingenieurkorps. Von allen diesen Instituten konnte indessen nur das erste sich behaupten, weil es durch Darlehen auf Grundstücke wirklichen Nutzen stiftete. Die Kaiserin Katharina II. erweiterte den Wirkungskreis der Banken, führte die allmähliche Amortisation der Darlehen durch die Zinsenzahlung ein und verlängerte die Fristen für die Dauer derselben. Im Jahre 1769 wurden, bei Gelegenheit der Einführung des Papiergeldes, in Petersburg und Moskau kaiserliche Assignationsbanken gegründet, bei denen in der Folge Kontoire für Darlehen auf Wechsel und Waaren eingerichtet wurden. Die Adelsbank wurde im Jahre 1796 zu einer kaiserlichen Leihbank umgebildet, welche Einschüsse von Privatpersonen und Staatsinstituten annahm und Darlehen gab auf Hypotheken und auf besonderen kaiserlichen Befehl, wofür der Bank an Gewinn ein Prozent eingeräumt wurde.

Sowohl die Assignationsbanken wie die Leihbank dienten dazu, der Regierung bei ihren Bedürfnissen auszuhelfen. Unter dem Kaiser Paul wurde im Jahre 1797 eine sogenannte Hülfsbank zum Behufe der Gewährung von Darlehen auf Landgüter gestiftet. Diese Darlehen wurden in besonderen Bankbillets entrichtet und auf 25 Jahre gegen stufenweise Abträge gegeben. Schon 5 Jahre darauf aber wurde dies Institut mit der Leibbank unter der Bezeichnung der 25jährigen Expedition vereinigt. Nach Beendigung der Kriege unter Alexander I. wurde, um die russischen Geld- und Kreditverhältnisse in eine bessere Ordnung zu bringen, im Jahre 1817 der Rath der kaiserlichen Kreditinstitute gegründet. Derselbe bestand aus dem Präsidenten und 8 Mitgliedern des kaiserlichen Raths, dem Finanzminister, einem kaiserlichen Kontrolleur und je 6 Mitgliedern des Adels und der Kaufmannschaft. Der Rath sollte die Aufsicht führen über: die kaiserliche Kommission für die Amortisation der Schulden, die Assignationsbanken, die Leibbank und die neu gegründete Kommerzbank.

Zu diesen Kreditinstituten kamen im Jahre 1842 noch die Sparkassen für kleine Einschüsse hinzu. Die Bevölkerung hatte ein unbegrenztes Vertrauen zu diesen Instituten und die demselben zur Verfügung gestellten Kapitalien wuchsen schnell; allein der Industrie und dem Handel waren sie im Grunde wenig förderlich und sie wurden hauptsächlich von den Gutsbesitzern und auch von der Regierung zu unproduktiven Zwecken gebraucht. Die nachstehende Tabelle giebt einen Ueberblick über die Thätigkeit der Kreditinstitute im Zeitraum von 1820 bis 1858:

Die kaiserliche	1820	1830	1840	1850	1858
Leihbank enthielt an	1000 R.	1000 R.	1000 R.	1000 R.	1000 R.
Einschüssen	33,897	78,790	160,771	292,703	412,757
hatte ausgeliehen gegen					
Hypothek	9,639	35,490	46,885	49,018	370,368
auf kaiserlichen Befehl					
ausgeliehen	2,337	43,847	110,087	234,203	—

	1820	1830	1840	1850	1858
Die Kommerzbank enthielt an Einschüssen	1000 R.	1000 R.	1000 R.	1000 R.	1000 R.
	17,165	44,658	95,766	174,998	241,118

erwarb durch Transaktionen und durch Diskontirung von Wechseln 55,527 38,645 37,609 48,163 45,292

Die Sparkassen enthielten an Einschüssen 1840: 300 Millionen, 1850: 400 Millionen und 1858 gegen 500 Millionen, und die von ihnen gewährten Darlehen beliefen sich ungefähr zu denselben Summen.

Die Leihbank bewilligte bis 1830 für die gemachten Einschüsse 5%, und nahm für die ausgeliebenen Summen 6%. Von jenem Jahre an wurden diese Prozente resp. auf 4 und 5 herabgesetzt. Die Kommerzbank diskontirte Wechsel für 7 und 8%, während das Diskonto bis dahin in Petersburg 12, in Moskau 15, und in Odessa sogar 36% betragen hatte.

Die Hauptthätigkeit der Sparkassen bestand in der Gewährung von Darleben gegen Hypotheken, die fast ausschliesslich aus den von leibeigenen Bauern bewohnten Ländereien bestanden, so dass zuletzt im Jahre 1858 gegen 5½ Millionen Bauern verpfändet waren.

Dadurch dass die Regierung, um sich während des Krimkrieges die nöthigen Mittel zu verschaffen, zu den Kreditinstituten ihre Zuflucht nehmen musste, kamen diese selbst in eine höchst kritische Lage. Es war ihnen von Privatleuten fast eine Milliarde Rubel anvertraut worden, und zwar auf unbestimmte Zeit, und diese Summen waren entweder auf lange Zeitfristen ausgeliehen oder der Regierung ausgehändigt worden. Es lag auf der Hand, dass der Kredit andere, korrektere Grundlagen erforderte, welche den Thätigkeitstrieb der Bevölkerung anzuregen geeignet waren, dem Handel und der Industrie zu grösserer Stütze dienten und nicht die Banken selber in eine gefährliche Lage bringen konnten. Es wurde deshalb sofort nach dem Krimkriege eine Reform mit den Kreditinstituten vorgenommen, welche freilich von einer ganzen Reihe von Missgriffen begleitet war, deren Wirkung man noch lange nachher spüren konnte. Vor allen Dingen setzte man, um den Zufluss der Einschüsse seitens des Publikums zu hindern, die Zinsen für dieselben auf 3 und dann sogar auf 2% herab. Die Berechnung von Zins auf Zins wurde abgeschafft, und im März 1859 wurde dem Publikum der Vorschlag gemacht, seine Einschüsse in vierprozentige uneinlösbare Schuldscheine (sogenannte Billets mit ununterbrochener Einnahme) zu verwandeln. Durch diese Maszregeln wurde mit einem Male ein enormer Andrang des Publikums an die Banken zur Zurückforderung ihrer Einschüsse hervorgerufen. Damit die Banken alle die an sie gestellten Forderungen befriedigen könnten, musste man zur Ausgabe von Kreditbillets seine Zuflucht nehmen, ferner den Banken einen Theil der eben abgeschlossenen ausländischen Anleihe zur Verfügung stellen und fünfprozentige kaiserliche Billets zum Umtausch gegen die früher für die empfangenen Einschüsse ausgestellten vierprozentigen Schuldscheine ausgeben. Gleichzeitig wurden die Darlehen auf Immobilien gänzlich eingestellt und es wurde nur der Kommerzbank gestattet, Einschüsse von Privatpersonen anzunehmen. Endlich wurde im Jahre 1860 die Leihbank gänzlich aufgehoben, die Sparkassen wurden dem Ressort des Finanzministeriums zugewiesen, und die Kommerzbank wurde nach ganz neuen Regeln geordnet, wobei ihr der Name „kaiserliche Bank" ertheilt ward. Alle bei den früheren Kreditinstituten stehenden Einschüsse, nebst allen von denselben übernommenen Verpflichtungen wurden der neuen Bank zugewiesen und mit ihr auch die Expeditionen der kaiserlichen Kreditbillets vereinigt. Die der Bank auf unbestimmte Zeit anvertrauten Einschüsse wurden in das Staatsschuldenprotokoll aufgenommen und der inländischen Staatsschuld ohne Rückzahlungstermin zugezählt. Die von den früheren Kreditinstituten der kaiserlichen Kasse gemachten Darlehen wurden in die allgemeine Schuld der Staatskasse aufgenommen, von welcher nun der Bank jährlich eine entsprechende Zahlung dafür geleistet wird.

Für Rechnung der Staatskasse hat die Bank folgende Obliegenheiten:

1. die Zahlung von Prozenten für die bei den früheren Kredit-

instituten gemachten Einschüsse, und die Rückzahlung derselben, wenn solches verlangt wird,

2. die Couponszahlung für die fünfprozentigen Bankbillets, die Veranstaltung der Ziehungen behufs ihrer Einlösung und die Auszahlung von Kapitalien aus diesem Anlass,

3. den Umtausch von Kreditbillets gegen klingende Münze, und die Annahme von solcher und von Barren gegen Kreditbillets.

Die sonstigen Geschäfte der Bank bestehen in:

1. der Diskontirung von Wechseln und anderen zinseintragenden Papieren, sowie von fremden Tratten,

2. dem Ein- und Verkauf von Gold und Silber,

3. dem Empfang der Bezahlung für Wechsel auf Rechnung der Gläubiger,

4. der Annahme von Depositen und laufenden Rechnungen,

5. der Gewährung von Darlehen, und

6. dem Ein- und Verkauf von Staatspapieren.

Die kaiserliche Bank hat ein Grundkapital von 15 Millionen Rubel und ein Reservekapital von 1 Million Rubel, welche ihr bei ihrer Errichtung von den Kapitalien der Leihbank zugewiesen wurden. Der von ihr erzielte Gewinn wird einerseits zur Einlösung fünfprozentiger Bankbillets und zur Tilgung der Schulden der Staatskasse bei den früheren Kreditinstituten, andererseits zur Bildung eines Reservefonds, der aus 3 Millionen Rubel bestehen soll, angewendet.

Die kaiserliche Bank hat jetzt 8 Kontoire und 39 Abtheilungen. Ihr Umsatz betrug an Millionen Rubeln:

1860 1861 1862 1863 1864 1865 1866 1867 1868 1869
1246 1422 1374 1319 1337 1334 1337 1427 1462 1388

und ihr Reingewinn an Tausend Rubeln:
1039 2714 2178 878 1730 4462 1768 4059 4214 4069

2. Die städtischen Banken.

Gleichzeitig mit der Gründung der kaiserlichen Bank wurde auch der Impuls zur Stiftung städtischer Banken gegeben. Im Jahre 1860 existirten 19 solcher Banken, deren Zahl bis 1870 auf 189 angewachsen war. Das Grundkapital einer städtischen Bank darf bei ihrer Gründung nicht weniger als 10,000 Rubel betragen. Der städtische Magistrat hat die Aufsicht über dieselben und trägt die Verantwortung für ihre Wirksamkeit. Die Funktionen der Banken bestehen:

1. In der Annahme von Einschüssen, die nicht unter 50 Rubel betragen dürfen und für einen Zeitraum von 3—12 Jahren der Bank anvertraut werden; auch können Einschüsse geleistet werden, wobei man auf Zurückzahlung verzichtet und sich mit den Zinsen begnügt,

2. In der Diskontirung von Wechseln,

3. In Darlehen auf Waaren, Werthsachen und Immobilien, und

4. im Einkauf und Verkauf von zinsentragenden Papieren und Aktien, wofür die Bank indessen nicht über den dritten Theil der bei ihr gemachten Einschüsse anwenden darf.

Das Grundkapital von 161 städtischen Banken, über welche das Finanzministerium im Jahre 1869 Bericht erstattete, betrug im Ganzen 6,595,000 Rubel, und ihr Reservekapital 1,123,000 Rubel, ihr gesammter Umsatz machte 190,552,000 Rubel aus, an Einschüssen wurden ihnen 44,071,000 Rubel anvertraut, Wechsel wurden diskontirt für 33,183,000 Rubel, ausgeliehen wurden von ihnen gegen Werthpapiere 5,696,000 Rubel, gegen Werthsachen 226,000 Rubel und auf Immobilien 9,896,000 Rubel.

3. Die Privataktiengesellschaften.

Im Jahre 1779 wurde in Russland die erste Aktiengesellschaft gegründet, nämlich die Amerikanische Kompagnie. Erst 40 Jahre später kamen zwei ähnliche Gesellschaften hinzu, allein schon ein Dezennium später hatte sich ihre Zahl verzehnfacht; in der Mitte der fünfziger Jahre bestanden schon gegen hundert Aktiengesellschaften, zehn Jahre darauf gegen zweihundert und 1870 zählte man deren 258. Darunter befanden sich:

45 Gesellschaften für		Eisenbahnunternehmen,
34	„	„ Dampfschifffahrt,
16	„	„ Versicherungen,
4	„	„ Handelszwecke,
23	„	„ Baumwollenspinnerei,

6 Gesellschaften für Hanfspinnerei,
7 „ „ Wollfabrikation,
8 „ „ Licht- und Seifefabrikation,
19 „ „ Zuckerfabrikation,
8 „ „ Eisenfabrikation,
7 „ „ Bierbrauerei,
8 „ „ Holzkultur u. s. w.

Die Eisenbahngesellschaften waren folgende:

Die Zarskoeclosche	mit einem Kapital von			1,762,000	Rubel.
„ Peterhofsche	„	„	„	„ 3,800,000	„
„ Hauptgesellschaft für Eisenbahnen	„	„	„	„ 187,359,000	„
„ Warschau-Bromberger	„	„	„	„ 5,886,000	„
„ Warschau-Wiener	„	„	„	„ 11,200,000	„
„ Riga-Dünaburger	„	„	„	„ 11,500,000	„
„ Wolga-Donische	„	„	„	„ 4,800,000	„
„ Moskau-Rjasausche	„	„	„	„ 15,000,000	„
„ Moskau-Jaroslawler	„	„	„	„ 15,275,000	„
„ Dünaburg-Witebsksche	„	„	„	„ 16,250,000	„
„ Warschau-Terespolsche	„	„	„	„ 10,200,000	„
„ Riasau-Kosloffsche	„	„	„	„ 14,965,000	„
„ Riasch-Morschauskische	„	„	„	„ 7,091,000	„
„ Kursk-Kiewsche	„	„	„	„ 4,500,000	„
„ Kosloff-Woronescher	„	„	„	„ 12,495,000	„
„ Lodsinsche	„	„	„	„ 1,181,000	„
„ Orel-Jeletzer	„	„	„	„ 7,857,000	„*
				und 1,925,000 Pf. St.	
„ Schuisk-Iwanowsche	„	„	„	„ 760,000	Rubel.
„ Orel-Witebsksche	„	„	„	„ 6,000,000	„
„ Riga-Mitausche	„	„	„	„ 2,652.000	„
„ Poti-Tiflissche	„	„	„	„ 17,650,000	„
„ Grias-Borisogläbsche	„	„	„	„ 13,440,000	„

die Koslof-Tambowiche mit einem Kapital von				5,596,000	Rubel.
„ Rybinsk-Bologowsche	„	„	„	„	19,320,000	„
„ Kursk-Charkoffsche	„	„	„	„	15,640,000	Pf. St.
„ Gruschow-Donische	„	„	„	„	2,921,000	Rubel.
„ Charkoff-Krementschuger	„	„	„	„	14,981,000	„
„ Charkoff-Asowsche	„	„	„	„	36,244,000	„
„ Moskau-Smolensker	„	„	„	„	21,156,000	„
„ Smolensk-Brester	„	„	„	„	26,040,000	„
„ Kiow-Drester	„	„	„	„	45,650,000	„
„ Tambow-Saratowsche	„	„	„	„	27,734,000	„
„ Grias-Zarizynsche	„	„	„	„	23,400,000	„
„ Odessasschen	„	„	„	„	77,858,000	„
„ Baltische	„	„	„	„	26,390,000	„
„ Libausche	„	„	„	„	12,789,000	„
„ Iwanow-Kineschewsche	„	„	„	„	3,840,000	„
„ Woronesch-Rostowsche	„	„	„	„	31,479,000	„
„ Nowotorsche	„	„	„	„	1,080,000	„
„ Skopinsche	„	„	„	„	1,584,000	„
„ Konstantinowsche	„	„	„	„	6,355,000	„

Ueber das Kapital der Brest-Grajewschen und der Nowgorod-schen fehlen die Angaben.

G. Die Finanzen des Grossherzogthums Finnland.

Das Grossherzogthum Finnland ist in finanzieller Beziehung völlig selbständig gestellt, und die alten Eigenthümlichkeiten des Landes in dieser Beziehung sind fast ganz erhalten.

Die Einnahmen fliessen:

1. aus der Landsteuer, indem jeder Landbesitz nach dem sogenannten Erdbuche zu einem bestimmten Werth angesetzt ist, nach welchem die Steuer entrichtet wird; ausserdem ist von den bei den Ländereien befindlichen Waldungen, Wiesen, Seen u. s. w. eine Abgabe zu bezahlen, die nach dem Ertrage von diesen Gegenständen bemessen wird;

2. aus der Abgabe von den industriellen Anlagen;

3. aus der Kopfsteuer, oder den sogenannten Mantalsgeldern, die von jedem Finnen von seinem 16. bis zu seinem 64. Jahre erhoben werden, und zwar haben Mannspersonen zwei Mark (½ Rubel), Frauenspersonen die Hälfte zu entrichten; Handwerker auf dem Lande zahlen ausserdem noch eine Abgabe von 48 Kopeken;

4. aus den indirekten Steuern, von denen die wichtigsten die Zölle und die Branntweinsteuer sind. Früher hatte jeder Grundbesitzer das Recht zum Branntweinbrennen, wofür er eine bestimmte Abgabe zu leisten hatte. Im Jahre 1864 wurde dies dahin verändert, dass von dem Quantum des erzeugten Branntweins eine Steuer, und zwar 50 Mark für die Kanne, erhoben wird;

5. von dem Milizwesen; in früherer Zeit lag einer An-

zahl von Bauerhöfen — wie dies noch in Schweden der Fall ist — die Verpflichtung ob, einen Soldaten zu halten. Diese Verpflichtung ist jetzt gegen eine bestimmte jährliche Abgabe abgelöst. Ferner ist eine Anzahl von Höfen vorhanden, die den höheren Chargen der finnischen Miliz zum Niessbrauch überlassen wurden, jetzt aber an Privatpersonen gegen eine jährliche Abgabe verpachtet sind.

Bei dem finnischen Ausgabebudget waltet die Eigenthümlichkeit ob, dass weit mehr, als dies in andern Ländern der Fall ist, für gemeinnützige Zwecke und für Volksbildung, weit weniger aber für das Militairwesen und die Staatsschuld verausgabt wird. Der Milizfonds, in den die unter 5. angeführten Einnahmen fliessen, und aus welchem früher die ziemlich bedeutenden Kosten für die angesiedelten Schützenbataillone gedeckt wurden, wird jetzt nach Aufhebung dieser Bataillone grossentheils zur Tilgung der Staatsschuld und der Eisenbahnanleihen benutzt.

Die Einnahmen betrugen an

	1862	1863	1864	1865	1866	1867	1868	1869	1870
1000 Rubeln:									
1. von der Landsteuer	624	626	638	640	605	574	569	553	542
2. von industriellen Anlagen:	23	26	25	27	26	25	25	23	21
3. von der Kopfsteuer	305	310	313	316	329	342	342	344	334
4. von den indirekten Steuern:	1827	1859	1944	1947	1958	1931	1854	1907	2044
5. Sonstige Einnahmen	336	341	447	445	449	815	782	799	606
Zusammen	3115	3162	3367	3375	3367	3687	3572	3626	3547
Dazu kommen die Einnahmen für den Milizfonds	656	665	701	706	707	690	702	696	713
Ges.-Einn.	3771	3827	4068	4081	4074	4377	4274	4322	4260

Verausgabt wurde an

1000 Rubeln:	1862	1863	1864	1865	1866	1867	1868	1869	1870
für das Gerichtswesen	108	112	113	111	114	123	122	120	128
für Kirchen- und Schulwesen	327	367	400	423	425	429	431	434	441
für wohlthätige Stiftungen	268	287	299	308	312	313	317	329	330
zur Unterstützung von Handel und Industrie	297	315	481	469	471	437	403	403	378
für das finnländische Gardeschützenbataillon	117	104	139	139	99	98	97	99	99
zur speziellen Verfügung des Kaisers	297	308	320	323	320	323	322	322	318

Zweiter Abschnitt.

Der Landbesitz und die bäuerlichen Verhältnisse.

I. Die vormaligen gutsherrlichen Bauern.

Bis zum 16. Jahrhundert kannte man in Russland die Leibeigenschaft nicht. Erst mit dem genannten Jahrhundert und namentlich im 17. entwickelte sich jenes Institut, das über 300 Jahre hindurch den grössten Theil der Bevölkerung zu Sklaven machte und wie ein Alp auf der Entwickelung Russlands gelastet hat. Fast alles Land kam nach und nach in den Besitz der Krone, der Domainen und des Adels. Die Kaufleute, die Bürger und die wenigen freien Landleute, die es gab, besassen nur einen verhältnissmässig sehr geringen Theil von dem Lande. Die sehr zahlreiche bäuerliche Bevölkerung war entweder ganz oder halb leibeigen und hatte durchaus kein gesetzliches Eigenthumsrecht, ja sie war nicht einmal des auf historischen Grundlagen beruhenden Rechts am Niessbrauch des Bodens sicher.

Der Krimkrieg hatte die Kräfte des Landes auf's äusserste angegriffen. Wie gross auch die Hülfsquellen desselben sein mochten, so stellte sich doch die Nothwendigkeit heraus, dass Aussergewöhnliches versucht werden müsse, um sie zu verstärken und dem erschöpften Lande wieder aufzuhelfen. Es war einleuchtend, dass hier vor Allem die Vermehrung menschlicher

Kräfte Noth thue, dass es das Volk sei, welches zu grösserer Selbstthätigkeit erweckt werden müsse. Und wie ein halbes Jahrhundert vorher Preussens geniale Staatsmänner Volk und Boden entfesselten, um die Kräfte der Nation zu vervielfältigen, so würde der edle Monarch, der auf Russlands Thron sitzt, von einem gleichen Gedanken erfasst, und er erkannte, dass nur die Befreiung des leibeigenen Bauern und seine Erhebung zum Landbesitzer, wodurch er ein Interesse gewann, den Boden möglichst gut zu bestellen, dem Lande einen solchen Kraftzuwachs zuführen könne, wie es ihn so dringend bedürfte.

Es war nicht mehr als natürlich, dass sich seitens der bisher Privilegirten, der ausschliesslich Besitzenden, eine Opposition geltend machte gegen die von der Regierung vorgeschlagenen Reformen, allein zur Ehre des russischen Adels sei es gesagt, dass diese Opposition weder eine langwierige noch hartnäckige war und dass er sich voll Patriotismus in die Neuerungen fand, obgleich diese ihm zum Theil sehr schwere Opfer auferlegten. Wie oft haben nicht die privilegirten Stände anderer Länder der Regierung ganz andere Schwierigkeiten bereitet, wenn es sich blos darum handelte, ein Weniges von ihren Standesrechten, die oft nur imaginäre Grössen waren, zu opfern!

So erschien nun in Russland das Gesetz vom 19. Februar 1861, welches in Gross-, Neu-, Weiss- und Kleinrussland, in den nord- und südwestlichen Landstrichen, im Land der Donischen Kosaken, in Sibirien, im Stawropol'schen Gouvernement und Bessarabien die Leibeigenschaft aufhob. Das Gesetz bestimmte zugleich, dass jedem Bauern ein Stück Land mit einem Hause zugewiesen werden sollte; das Haus sollte sich der Bauer unbedingt, das Land aber nur mit Zustimmung des Gutsherrn kaufen können. Wieviel Land nebst Holz, Weide u. s. w. dem Bauern zuzutheilen war, sollte entweder auf der gütlichen Uebereinkunft zwischen ihm und dem Gutsherrn beruhen, oder nach den darüber für die verschiedenen Gouvernements aufgestellten Regeln geordnet werden. Auch bezüglich der Gegenleistungen der Bauern hatte man die Wahl zwischen jenen beiden Arten der Abmachung.

Die Regeln, nach denen die Abfindung zwischen Gutsherrn

und Bauern gesetzlich bestimmt werden sollten, konnten unmög-
lich identisch sein für das ganze grosse Reich. Die Bodenbe-
schaffenheit, das Klima und eine Menge von lokalen Verhältnissen,
welche in den verschiedenen Gegenden Russlands verschieden
sind, machten es nöthig, das Reich in Gruppen einzutheilen und
für jede derselben besondere Bestimmungen zu erlassen.

1. Die von den 35 Gouvernements Gross-, Neu- und
   Weissrusslands gebildete Gruppe.

Diese Gruppe zerfällt nach der verschiedenen Bodenbeschaffen-
heit wiederum in drei Unterabtheilungen, nämlich das Gebiet der
schwarzen Erde, das Gebiet, wo keine solche vorhanden ist, und
das Gebiet der Steppe. Jedes dieser Gebiete ist dann noch in
eine Reihe von Distrikten getheilt, wobei man namentlich auf die
Lage derselben und den dadurch bedingten Absatz der Bodenerzeugnisse Rücksicht genommen hat.

Das Gebiet der schwarzen Erde umfasst die Gouvernements
Woronesch, Kursk, Ufa, Simbirsk, Charkoff und Theile der
Gouvernements Wiatka, Kasan, Orel, Pensa, Perm, Rjasan, Samara, Tambow und Tula. Die Durchschnittszahl der auf jede
Person entfallenden Dessiatinen beträgt in diesem Gebiet drei
derselben, und die jährlich dafür zu entrichtende Abgabe beläuft
sich auf 9 Rubel oder 3 Rubel für die Dessiatine. Ganz ausnahmsweise sind in dem Slobod'schen Distrikt des Gouvernements
Wiatka 7 Dessiatinen pr. Kopf angesetzt.

Das Steppengebiet umfasst einen Theil von Samara und die
Gouvernements Astrachan, Jekaterinoslaw, Taurien und Cherson.
In den drei letztgenannten Gouvernements beträgt der auf den
Kopf der ländlichen Bevölkerung entfallende Antheil an Land
durchschnittlich 4 Dessiatinen, wofür gleichfalls jährlich 9 Rubel
an den Gutsherrn zu zahlen sind. In Samara und Astrachan
hingegen beträgt jener Antheil 10—12 Dessiatinen, die Abgabe
ist aber ebenso hoch wie an den andern Orten.

Das dritte Gebiet, wo die schwarze Erde nicht vorherrscht,
umfasst alle übrigen Gouvernements der genannten Gruppe. Die
Landportionen, welche hier für jede Person des Bauernstandes

gesetzlich bestimmt sind, variiren zwischen 3 und 7 Dessiatinen.
Die Abgabe beträgt auch hier meistens 9 Rubel, allein es sind
doch auch manche Orte, wo nur 8 zu entrichten sind; dahingegen
ist sie in den Gouvernements Moskau und Jaroslaw, sowie dem
grössten Theil des Gouvernements St. Petersburg zu 10, und in
der nächsten Umgebung der Hauptstadt zu 12 Rubeln angesetzt.
Wo die Gemeindewirthschaft besteht, d. h. in dem grössten
Theile Russlands, haften alle Bauern in solidum für die richtige
Erlegung dieser jährlichen Abgabe. Für die nächsten zwanzig
Jahre nach Erlass des Gesetzes vom 19. Februar 1861 soll die
Abgabe unverändert bleiben, dann aber für die folgenden zwanzig
Jahre eine neue Festsetzung derselben stattfinden. Die Bauern,
welche in diesem Verhältniss zum Gutsherrn stehen, nennt man, im
Gegensatz zu denjenigen, die sich durch Kauf ein Eigenthumsrecht an dem ihnen zugewiesenen Lande erworben haben: „zeit-
weilig Verpflichtete." Mit Einwilligung des Gutsherrn
kann der Bauer jeder Zeit seine Landportion sich käuflich erwerben. Zu diesem Ende wird die oben besprochene Abgabe auf
Grundlage eines Zinsfusses von 6 Prozent kapitalisirt, d. h. mit
16^{2}, multiplizirt, wodurch also in den allermeisten Fällen in den
gedachten 35 Gouvernements eine Summe von 120 Rubeln für
das Grundstück oder 40 Rubel für die Dessiatine zu entrichten
ist. Da eine Dessiatine gleich 4,$_{11}$ preuss. Morgen ist, kann man
jene Summe — wenigstens nach westeuropäischen Begriffen —
sicherlich nicht als zu hoch bezeichnen. Jene Kaufsumme nun
wird von der Regierung vorgeschossen und ist durch jährliche
Abträge in 49 Jahren zu amortisiren. Da diese Abträge nur
etwa den dritten Theil der von den Bauern sonst zu entrichtenden
Abgabe ausmachen, so muss jene Bestimmung der Regierung
als im höchsten Grade liberal erscheinen, und es ist den Bauern
allerdings nahe genug gelegt, die ihnen zugewiesenen Landstücke
sich zu kaufen, wenn nur die Gutsherren sich darauf einlassen
wollen.

2. Die kleinrussische Gruppe.

Dieselbe besteht aus den Gouvernements Tschernigoff, Poltawa und Charkoff, deren jedes wiederum in 2—4 Distrikte getheilt ist. Hier hat man die von den Bauern für den Niessbrauch des ihnen zugetheilten Landes zu entrichtende Abgabe dessiatinenweise berechnet. Dieselbe beträgt:

Gouv. Tschernigoff.	Grösse der Landportion.	Höhe der Abgabe pr. Dessiatine.
1. Distrikt	4 Dess.	2 R. 50 Kop.
2. „	6 „	1 „ 60 „
3. „	7 „	1 „ 40 „
Gouv. Poltawa.		
1. Distrikt	4 „	2 „ 50 „
2. „	5 „	2 „
Gouv. Charkoff.		
1. Distrikt	4½ „	2 „ 60 „
2. „	5 „	2 „ 40 „
3. „	6 „	2 „ 10 „
4. „	7 „	1 „ 80 „

Rücksichtlich der Grösse der Landportionen ist zu bemerken, dass in jedem Distrikt ein höchstes und ein kleinstes Maas dafür bestimmt ist; auf vorstehender Tabelle ist das höchste Maas angegeben, das andere macht immer die Hälfte von jenem aus. Die Abgabe für die grösste Landportion ist durchgehend etwas höher, als in der ersten Gruppe. In Kleinrussland haben die Bauern ausser ihrem Antheil am Gemeindelande in der Regel auch ein ziemlich bedeutendes zu ihrem Hause gehöriges Stück Land, welches sie selbständig bewirthschaften und dessen Grösse meistens ca. ⅔ der Grösse des Antheils am Gemeindelande beträgt. Zum Behuf des Ankaufs jenes Landes durch den Bauern ist der Preis einer Dessiatine zu 102 Rubeln angesetzt; in Städten und Flecken aber, wo der Absatz der Bodenerzeugnisse leichter und einträglicher ist, wird das Land je nach seinem Werth zu 120—240 Rubel pr. Dessiatine taxirt. Die jährliche Abgabe von solchem Lande beträgt 5% des taxirten Werthes, während von dem zu

102 Rubel pr. Dessiatine augesetzten Lande die jährliche Abgabe
5 Rubel 10 Kopeken ausmacht.

3. Die südwestliche Gruppe.

Sie besteht aus den Gouvernements Kiew, Volhynien und
Podolien, und die Verhältnisse haben hier sehr viele Aehnlichkeit
mit denen in Kleinrussland. Die Bauern haben des Niessbrauch
von zwei verschiedenen Grundstücken, von denen das eine der
ursprüngliche, das andere der Ergänzungstheil heisst.
Zu jenem gehört das Haus und alles Land, das vom Bauer selbst
bewirthschaftet wird, während die letztere Bezeichnung sich auf
des Bauern Antheil am Gemeindelande bezieht. Dieser Ergänzungstheil ist schon nach den in den Jahren 1847 und 48 gegebenen Regeln festgesetzt worden und diese Regeln haben auch
nach dem Gesetz von 1861 ihre Gültigkeit behalten. Die Bauern
haben demnach ein auch auf ihre Erben übergehendes, unablös-
bares Recht des Niessbrauchs an den Ergänzungsländereien. Für
jede Dessiatine desselben entrichten sie eine jährliche Abgabe an
den Gutsherrn, die durchschnittlich etwas höher ist als in Kleinrussland; die Landportionen sind ungefähr ebenso grosz wie in
jenem.

An den ursprünglichen Theilen, oder den Ländereien, welche
beim Hause des Bauern liegen, kann dieser das Eigenthumsrecht
erwerben, und gelten darüber sowie über die jährliche Abgabe
vollkommen dieselben Regeln, wie in Kleinrussland.

4. Die nordwestlichen Gouvernements.

Hier wurde der Grundsatz aufgestellt, dass alle Bauern in
dem beständigen Niessbrauch aller Ländereien nebst den dazu
gehörigen Gebäuden bleiben sollten, welche ihnen zur Zeit der
Emanation des Gesetzes vom 19. Februar 1861 zur Bearbeitung übertragen waren. Die Ländereien, welche von der gesammten Bauerngemeinschaft bewirthschaftet wurden, sollten unter keiner Bedingung um mehr als den sechsten Theil verringert
werden, und die übrigen 5% sollten beständig und unabänderlich
der Gemeinde belassen bleiben, um ihre Existenz sicher zu stellen.

Die den einzelnen Bauern zum Niessbrauch übertragenen Grundstücke werden in der Familie des Bauern vererbt. Wenn sie so auf einen andern Inhaber durch Erbschaft übergeben, oder wenn der zeitweilige Besitzer sein Grundstück durch Kauf zu seinem Eigenthum machen will, so kann das Grundstück getheilt werden, jedoch unter Befolgung des Grundsatzes, dass kein Theil weniger enthält als 10 Dessiatinen. Kein Bauer darf innerhalb einer Bauerngemeinde mehr als drei von diesen abgesonderten Grundstücken inne haben, auch können diese niemals zu einem untheilbaren Ganzen zusammengelegt werden, so dass sich also ihre Zahl wohl vergrössern aber nie verkleinern kann.

Die Kaufsumme für diese isolirten Grundstücke beträgt je nach den lokalen Verhältnissen 120, 180 oder 240 Rubel pr. Dessiatine; bei Grundstücken, welche in der Nähe von Ortschaften liegen, wo Handel und Gewerbe betrieben werden, kommen noch besondere Regeln zur Anwendung.

Die Abgabe des Bauern für den Niessbrauch des ihm selbständig überlassenen Grundstücks beträgt nur 3 Rubel für die Dessiatine. Für den Bauern ist daher die Versuchung nicht gross, sich durch Kauf zum Eigenthümer des Grundstücks zu machen, da er für eine höchst geringe Abgabe des Besitzes desselben sicher ist.

Das Gesetz vom 19. Februar 1861 enthielt dann noch verschiedene Bestimmungen für besondere Fälle und für gewisse Landstriche des Reichs. Davon wollen wir folgende hervorheben:

1. Die Bestimmungen für die Bauern der sogenannten „kleinen Gutsbesitzer."

Die Bezeichnung „kleine Gutsbesitzer" erhielten diejenigen, welche auf ihrem Lande weniger als 21 Seelen hatten und ausserdem nicht im Besitz einer genügenden Menge kulturfähigen Landes waren, von welchem den Bauern Grundstücke hätten gebildet werden können. Es wurden für die verschiedenen Gegenden verschiedene Bestimmungen für das Maass dieses Landes gegeben.

Die Bauern nun, die vor der Emanirung des Gesetzes von 1861 schon Grundstücke zum eigenen Niessbrauch hatten, sollten dieselben zum beständigen Gebrauch, gegen die für jeden Distrikt besonders festgesetzte Abgabe, behalten. Wenn die Bauern aber keinen solchen Landbesitz hatten, so sollten die kleinen Gutsbesitzer auch nicht verpflichtet sein, ihnen einen solchen anzukehren, wie es denn auch nicht von ihnen verlangt werden sollte, den Bauern diejenigen Grundstücke zu vergrössern, welche sie von früher her in Besitz hatten und die an Umfang nicht das Mass erreichten, welches für die Landportionen, die von den grossen Gutsbesitzern den Bauern zu überweisen waren, festgesetzt wurde.

Um diesen Bauern, die so ohne eigenen Landbesitz hätten verbleiben müssen, auch die Wohlthaten des Gesetzes von 1861 zu Gute kommen zu lassen, wurde es denselben angeboten, nach Kronländereien überzusiedeln und hier ein Grundstück zu erhalten. Die Bauern, die auf dem Gebiet der kleinen Gutsbesitzer verblieben, konnten, falls sie im Besitz eines Grundstücks waren, das nicht das für den betreffenden Distrikt bestimmte Mass der bäuerlichen Landportionen übertraf, auf den Wunsch des Gutsbesitzers zu Kronbauern gemacht werden. Der Gutsbesitzer erhielt dann für das an die Krone abgetretene Land eine Entschädigung, welche nach der in dem Distrikt festgesetzten Höhe der Abgabe des Bauern an den Gutsherrn bemessen und dann nach dem sechsprozentigen Zinsfuss kapitalisirt, d. h. mit 16$\frac{2}{3}$ multiplizirt wurde.

2. Die Bestimmungen für die früheren Leibeigenen im Land der Donischen Kosaken.

Behufs der Versorgung der freigegebenen Bauern mit Land wurde das ganze Gebiet der Donischen Kosaken in drei Steppendistrikte getheilt, deren jeder wiederum in 4 Abtheilungen zerfiel. Die für jede Seele bestimmte Landportion betrug in diesen Abtheilungen resp. 3, 3$\frac{1}{2}$, 4 und 4$\frac{1}{2}$ Dessiatinen. Für den Niessbrauch einer solchen Landportion hat der Bauer in allen Distrikten und deren Unterabtheilungen eine gleiche Abgabe, nämlich 8 Rubel, zu entrichten, oder dem Werth dieser Abgabe entsprechende Frohnarbeit zu thun.

3. Die Bestimmungen für die früheren Leibeigenen in Sibirien.

Auch hier wurden drei Steppendistrikte festgesetzt, und die Landportion je nach den Oertlichkeiten zu 8—15 Dessiatinen für den Kopf der freigegebenen Bevölkerung bestimmt. Die von den Bauern zu leistende Abgabe beträgt auch hier 8 Rubel für jede Portion. Behufs Lösung des gutsherrlichen Bandes von diesen Ländereien ist den Gutsbesitzern die Wahl freigestellt, ob sie die Grundstücke an den Bauern oder an den Staat verkaufen wollen. Wenn der Bauer seinen im Kaufkontrakt festgesetzten Verpflichtungen nicht nachkommt, übernimmt der Staat die volle Entschädigung der Gutsherren; die Ländereien fallen dann an den Staat, und die Bauern treten in das Verhältniss von Kronbauern über. Die Gutsherren können entweder nur das den Bauern zugewiesene Land, oder die sämmtlichen ihnen selbst zugehörigen Grundstücke an den Staat verkaufen. Der Preis hängt von der Uebereinkunft zwischen der Regierung und dem Gutsherrn ab; er darf aber nie höher sein, als die nach dem sechsprozentigen Zinsfuss kapitalisirte bäuerliche Abgabe.

4. Die Bestimmungen für die aus der Leibeigenschaft befreiten Bauern in Bessarabien.

Diese Bauern erhalten dieselben Rechte wie die freien Zaranen, welche auf den Gütern der Adligen und der Klöster wohnen. Diejenigen Bauern, die vor Emanirung des Gesetzes schon den Niessbrauch von Ländereien hatten, erhalten nicht das Recht der fortwährenden Benutzung derselben, sondern es bleibt der freien Abmachung zwischen Bauern und Gutsherren überlassen, wieviel Land der Bauer behalten soll und welche Leistungen er dafür zu übernehmen hat.

Das sind die Hauptbestimmungen des Gesetzes vom 19. Februar 1861. Wir haben sie so tief in's Detail gehend geschildert, um zu zeigen, welch' kolossale Arbeit dies wahrhaft grossartige Werk gekostet hat, und wie menschenfreundlich und nach allen Seiten hin rücksichtsvoll die Prinzipien waren, von denen die Regierung sich leiten liess. Es giebt kein Land, dessen Gesetzgebung der letzten 50 Jahre ein der russischen Bauernemanzipation auch nur entfernt zu vergleichendes Werk hervorgebracht hätte.

Durch das Gesetz vom 19. Februar 1861 wurden mehr als 22 Millionen Menschen bäuerlichen Standes aus der Leibeigenschaft befreit. Es gab damals in Russland 103,158 Gutsherren, welche zusammengenommen 105,200,108 Dessiatinen Land besassen. Von diesem Lande waren 35,779,014 Dessiatinen den Bauern, deren Anzahl sich auf 9,795,163 belief, zur Benutzung überlassen; es blieben mithin jedem Gutsherrn im Durchschnitt noch 673 Dessiatinen zum Selbstgebrauch, während auf jeden Bauern nur 3‚6 Dessiatinen durchschnittlich kamen.

Die grössten Gutsbesitzer waren in:

Gouvernement	Anzahl der Gutsbesitzer.	Anzahl der ihnen gehörigen Dess.	Durchschnittl. für jeden Gutsbesitzer.	
Perm	33	5,770,195	174,854	Dess.
Taurien	303	1,079,741	3563	„
Minsk	1878	4,429,725	2356	„
Olonetz	208	379,331	1826	„
Volhynien	2275	3,629,703	1595	„
Kiew	1388	2,158,758	1553	„
Podolien	1454	2,237,963	1540	„
Samara	852	1,228,304	1442	„
Orenburg	706	919,222	1302	„
Cherson	2591	3,329,364	1285	„
Kowno	1542	1,921,005	1248	„
Witebsk	1529	1,704,029	1185	„
Mohilew	2023	2,308,011	1142	„
Petersburg	1339	1,514,003	1130	„
Jekaterinoslaw	2297	2,558,989	1114	„
Astrachan	36	36,008	1000	„

wobingegen die am wenigsten begüterten Gutsbesitzer waren in:

Gonvernement.	Anzahl der Gutsbesitzer.	Anzahl der ihnen gehörigen Dess.	Durchschnittl. für jeden Gutsbesitzer.
Woronesch	2475	1,151,803	465 Dess.
Charkoff	3017	1,295,008	429 „
Tambow	3164	1,352,223	427 „
Pensa	1969	796,119	404 „
Twer	3470	1,359,825	392 „
Kaluga	2418	870,825	360 „
Wladimir	2635	916,801	347 „
Jaroslaw	2793	948,733	340 „
Smolensk	5209	1,560,152	300 „
Orel	3732	1,112,391	298 „
Tschernigoff	4238	1,190,545	281 „
Tula	3860	958,929	248 „
Kursk	5363	916,425	171 „

Die Anzahl der den Bauern überlassenen Dessiatinen variirte von 1,84 (Podolien) bis zu 10,84 (Stawropol).

Von jenen 103,158 Gutsbesitzern hatten:

1000 Seelen und darüber:		1396	oder	1,35 %
500—1000 Seelen		2462	„	2,31 „
100—500	„	20,162	„	19,54 „
22—100	„	36,179	„	35,07 „
Unter 22	„	42,959	„	41,63 „

Zu den drei ersten Klassen gehören demnach 23% aller Gutsherren, von denen also der grössere Grundbesitz in Russland vertreten wird.

Von den 9,795,163 Bauern, welche am 19. Februar 1861 emanzipirt wurden, hatten 1870 im Ganzen 6,757,844 oder 69,2 % das Eigenthumsrecht an ihrem Lande erworben, und zwar war dies bei 5,830,005 Bauern mit Hülfe der Regierung geschoben, während 552,052 Bauern ohne Beistand der Regierung den Kauf abschlossen; die übrigen 375,787 sind Bauern aus den westlichen Gouvernements, für welche keine Kaufkontrakte noch abgeschlossen sind, die aber trotzdem als Eigenthümer betrachtet werden.

Am 1. April 1870 war das Resultat der bis dahin abgeschlossenen Kaufkontrakte in den verschiedenen Gouvernements folgendes:

Gouvernement.	Prozentzahl der Bauern, die Eigenthümer waren.	Von diesen hatten die Hülfe der Regierung in An- spruch genom- men.	nicht in Anspruch genom- men.	Durchschnitt- liche Höhe der Kaufsumme pr. Dessiatine.
Witebsk	100	100%	0_{20}%	19 K. 57 R.
Grodno	100	100 „	0_{40} „	11 „ 39 „
Mohilew	100	98 „	1_{16} „	20 „ 98 „
Podolien	100	100 „	0_{00} „	30 „ 11 „
Kiew	100	99_{99} „	0_{01} „	27 „ 82 „
Wolhynien	100	100 „	0_{00} „	14 „ 6 „
Wilna	100	100 „	0_{00} „	12 „ 43 „
Kowno	100	100 „	0_{00} „	24 „ 87 „
Minsk	100	99_{99} „	0_{11} „	7 „ 73 „
Orenburg	100	26_{14} „	73_{76} „	18 „ 40 „
Jekaterinoslaw	96_{81}	63_{2} „	32_{17} „	31 „ 10 „
Charkoff	92_{24}	87_{90} „	5_{14} „	37 „ 22 „
Taurien	67_{91}	52_{86} „	34_{13} „	11 „ 43 „
Cherson	85_{79}	73_{90} „	12_{70} „	26 „ 31 „
Tschernigoff	80_{15}	76_{16} „	3_{84} „	26 „ 48 „
Kasan	78_{11}	51_{86} „	26_{78} „	32 „ 17 „
Uphim	74_{16}	39_{14} „	35_{71} „	25 „ 61 „
Saratow	74_{15}	44_{74} „	30_{31} „	28 „ 8 „
Pensa	74_{71}	60_{66} „	13_{14} „	35 „ 82 „
Woronesch	73_{54}	57_{76} „	15_{76} „	38 „ 48 „
Stawropol	71_{6}	71_{90} „	0_{13} „	17 „ 47 „
Land der Don.				
Kosaken	69_{14}	54_{77} „	15_{11} „	31 „ — „
Simbirsk	69_{73}	52_{90} „	16_{74} „	33 „ 93 „
Poltawa	68_{77}	66_{71} „	2_{76} „	34 „ 94 „
Wiatka	67_{16}	35_{77} „	31_{48} „	29 „ 21 „
Knrsk	66_{14}	64_{90} „	1_{16} „	43 „ 39 „

Gouvernement.	Prozentzahl der Bauern, die Eigenthümer waren.	Von diesen hatten die Hülfe der Regierung		Durchschnittliche Höhe der Kaufsumme pr. Dessiatine.
		in Anspruch genommen.	nicht in Anspruch genommen.	
Samara	$63_{,2}$	$37_{,8}\%$	$25_{,7}\%$	24 R. 62 K.
Nowgorod	$59_{,0}$	$58_{,9}$ „	$0_{,1}$ „	20 „ 74 „
Smolensk	$57_{,4}$	$57_{,0}$ „	$0_{,4}$ „	26 „ 84 „
Olonetz	$57_{,2}$	$56_{,7}$ „	$0_{,5}$ „	14 „ 19 „
St. Petersburg	$57_{,1}$	$57_{,0}$ „	$0_{,1}$ „	26 „ 59 „
Tambow	$56_{,0}$	$49_{,9}$ „	$6_{,1}$ „	37 „ 64 „
Twer	$54_{,1}$	$54_{,0}$ „	$0_{,1}$ „	28 „ 64 „
Pskow	$49_{,4}$	$48_{,0}$ „	$0_{,3}$ „	22 „ 1 „
Moskau	$47_{,4}$	$47_{,4}$ „	$0_{,1}$ „	41 „ 73 „
Kaluga	$45_{,7}$	$44_{,1}$ „	$0_{,5}$ „	33 „ 86 „
Riasan	$41_{,4}$	$39_{,4}$ „	$2_{,0}$ „	36 „ 72 „
Kostroma	$41_{,4}$	$41_{,0}$ „	$0_{,4}$ „	23 „ 43 „
Wladimir	$38_{,7}$	$38_{,6}$ „	$0_{,1}$ „	30 „ 89 „
Perm	$37_{,1}$	$36_{,4}$ „	$0_{,7}$ „	21 „ 53 „
Tula	$35_{,4}$	$35_{,4}$ „	$0{,}0_{1}$ „	41 „ 24 „
Astrachan	$34_{,7}$	$33_{,4}$ „	$1_{,3}$ „	10 „ 30 „
Orel	$34_{,0}$	$34_{,4}$ „	$0_{,0}$ „	34 „ 41 „
Wologda	$31_{,3}$	$31_{,0}$ „	$0_{,4}$ „	22 „ 28 „
Jaroslaw	$31_{,1}$	$31_{,4}$ „	$0{,}0_{4}$ „	33 „ 68 „
Nischegorod	$31_{,4}$	$27_{,4}$ „	$3_{,4}$ „	31 „ 49 „
Im Durchschnitt	$68_{,4}$	$59_{,1}\%$	$8_{,4}\%$	26 R. 29 K.

Im Ganzen hatte die Regierung am 1. April 1870 aus Anlass jener Ankäufe von Ländereien durch die Bauern eine Schuldenlast von 505,652,107 Rubel kontrahirt, für welche Summe ihr die Grundstücke der Bauern zum Pfand gestellt waren.

II. Die Bauern auf den kaiserlichen Hof-
gütern und Domainen.

Auf Grundlage des kaiserlichen Reskripts vom 26. Juni 1863 traten alle diese Bauern, nach Ablauf von 2 Jahren vom Tage der Anstellung jenes Reskripts, in das Verhältniss von freien Eigenthümern des Landes, das ihnen bis dahin gegen eine Abgabe zur Nutzniessung überlassen war. Es wurde ihnen dafür die Verpflichtung auferlegt, im Laufe von 49 Jahren die Kaufsumme für jene Ländereien zu bezahlen, welche aber in nichts Anderem bestand, als eben in der Abgabe, die sie stets entrichtet hatten. Es wurden den Bauern also durchaus keine grösseren Lasten als vorher auferlegt, und sie gelangten mithin auf die denkbar leichteste Weise — wenn man von einer Schenkung absieht — in den Besitz ihrer Grundstücke. Ein Theil dieser von den Bauern jährlich gezahlten Gelder fliesst in das Domainenkapital, das auf eine solche Höhe gebracht werden soll, dass die Zinsen davon den Domainen die von den Bauern bezogenen Einkünfte ersetzen können.

Die Anzahl der zu dieser Kategorie gehörigen Bauern beträgt im Ganzen 862,740 und das unter sie vertheilte Land macht 4,336,454 Dessiatinen aus. Dasselbe ist in folgender Weise in den Gouvernements vertheilt:

Gouvernement.	Anzahl der Grundstücke.	Durchschnittliche Grösse derselben.	Anzahl der im bäuerlichen Besitz befindlichen Dess.	Anzahl der bei den Domainen verbliebenen Dess.
Archangel	24,785	4⁴⁄₃ Dess.	116,726¹⁄₂	1,572,202
Astrachan	835	13⁴⁄₅ „	11,416¹⁄₄	3,376⁴⁄₇
Wladimir	39,225	4³⁄₁₀ „	170,095¹⁄₂	143,153
Wologda	37,624	7¹⁄₃ „	273,843³⁄₄	1,117,091¹⁄₇
Wiatka	49,642	5³⁄₄ „	284,641	173,039
Jekaterinoslaw	—	—	—	15,600¹⁄₄

Gouvernement.	Anzahl der Grundstücke.	Durchschnittliche Grösse derselben.	Anzahl der im bäuerlichen Besitz befindlichen Dess.	Anzahl der bei den Domainen verbliebenen Dess.
Kasan	15,658	8 1/4 Dess.	66,572	11,583 1/2
Kostroma	63,292	4 1/2 „	308,317	475,790
Moskau	36,239	2 1/4 „	82,307 3/4	55,657
Nischegorod	29,405	3 1/8 „	116,519	97,693
Nowgorod	25,862	6 2/8 „	164,563	609,199
Olonetz	1,248	7 „	8,736	19,562
Orenburg	1,036	6 1/4 „	6,479 1/4	17,861 1/7
Orel	36,536	4 „	146,118	88,841
Perm	39,893	2 1/4 „	89,677 1/8	100,696 3/4
Poltawa	—	—	—	17,760
Samara	118,073	7 1/4 „	885,246 1/2	867,864 1/7
St. Petersburg	25,470	4 „	101,311 3/4	137,033
Saratow	29,131	6 1/4 „	181,699 1/8	95,316 1/2
Simbirsk	236,482	4 1/8 „	1,065,437 1/2	1,014,840 1/4
Taurien	—	—	—	3,171 1/4
Twer	27,525	6 1/2 „	155,822	200805 1/8
Upha	24,779	3 7/8 „	100,514 1/8	93,860 1/8
Jaroslaw	—	—	333 3/4	3,103
	862,740	5 3/4 Dess.	4,336,154	7,055,800 7/4

III. Die Kronbauern.

Durch das Reskript vom 24. November 1866 wurden die hauptsächlichsten Bestimmungen des Gesetzes vom 19. Februar 1861 auch auf die Bauern, die auf den Staatsländereien in den 36 Gouvernements Gross-, Klein- und Neu-Russlands ansässig waren, ausgedehnt. Es wurde danach verfügt, dass die Bauergemeinden auf den Kronländereien alle die den einzelnen Bauern und den ganzen Gemeinden zur Benutzung überlassenen Grundstücke behalten sollten und wurden darüber jeder Gemeinde Besitzurkunden ausgestellt. In den drei ersten Jahren nach Ausstellung dieser Urkunden waren die Bauern verpflichtet, diese Grundstücke nicht an Personen zu verkaufen, die nicht zur Gemeinde gehörten; nach Ablauf dieser 3 Jahre aber sollten die Gemeinden berechtigt sein, Theile der ihnen zugewiesenen Ländereien zu verkaufen, wobei die Kaufsumme nach den oben entwickelten Grundsätzen zu bestimmen und selbige der Staatskasse zu übermitteln sei; die jährliche Abgabe aber, welche die Gemeinde der Staatskasse zu leisten verpflichtet ist, sollte um 5 Kopeken für jeden Rubel, der so in die Staatskasse geflossen, vermindert werden. Wenn ein einzelner Bauer das von ihm benutzte Grundstück verkaufte, so sollte die Verpflichtung, die bestimmte jährliche Abgabe zu bezahlen, an den Käufer übergehen. Man sieht also, dass das Bestreben der Regierung darauf gerichtet war, die Grundstücke in die Hände von Leuten zu bringen, welche sich für die Landwirthschaft interessirten, was man von dem russischen Bauern im Allgemeinen nicht sagen kann. Natürlich können auch die Bauergemeinden und die einzelnen Besitzer an den von ihnen benutzten Ländereien das volle Eigenthumsrecht erwerben, sie haben dann an die Staatskasse in zinsentragenden Staatspapieren ein Kapital einzuzahlen, dessen Zinsen gleich sind der jährlichen Abgabe, welche sie für die benutzten Ländereien zu leisten haben.

Die folgende Tabelle zeigt die Vertheilung der Kronländereien über alle Gouvernements des europäischen Russlands und giebt den Umfang der Ländereien an, die im Jahre 1868 im faktischen Besitz der Bauern waren. Die Nachrichten über die von den Bauern käuflich erworbenen Grundstücke reichen nur bis zum Jahre 1863 und war bis zu jenem Jahr allerdings nur ein kleiner Theil der Kronländereien in das Eigenthum der Bauern übergegangen.

Gouvernement	Anzahl der Revisionsseelen.	Den siednen Landes im Besitz der Bauern.	Anzahl der Bauern, die Eigenthümer waren.	Die der Krone gehörigen Ländereien und Waldungen in Dess.
Archangel	81,074	291,400	—	60,661,896
Astrachan	79,564	2,656,834	33,934	3,993,020'
do. in den Distrikten der Kalmücken				
Bessarabien	6,709	534,666	—	8,033,906
	32,791	279,633	—	318,452 und 443,256 Kolonistenländereien.
Wilna	91,736	519,344	—	973,241
				19,577 in fremden Händen.
Witebsk	71,019	324,986	50,964	782,627
Wladimir	140,166	861,100	32,862	1,116,669
Wologda	251,023	3,618,925	67,515	31,465,811
Wolhynien	70,846	325,146	394	1,232,032
Woronesch	550,406	3,302,563	200,481	3,454,030
Wiatka	814,736	7,170,513	15,694	11,780,420
Grodno	103,323	565,335	378	1,258,334

Gouverne-ment.	Anzahl der Revisions-seelen.	Desiatinen Landes im Besitz der Bauern.	Anzahl der Bauern, die Eigenthümer waren.	Die der Krone gehörigen Ländereien und Waldungen in Dess.
				3,734 in den Händen von Fremden.
				0,473 in den Händen von Fremden.
				31,400 zu den Krainischen Gütern gehörig.
Jekaterinoslaw	230,898	1,680,082	21,202	1,656,295
do. Militairkolonisten	8,359	45,726	—	67,496 Ländereien der Militairkolonisten.
				135,390 Ländereien anderer Kolonisten.
Kasan	543,319	3,457,526	4,544	4,574,624
Kaluga	87,388	463,392	38,088	543,135
Kiew	95,310	310,663	3,258	660,651
do. Militairkolonisten	20,041	110,418	—	135,414

				in den Händen von Fremden.
Kowno	98,077	611,027	2,632	988,353
Kostroms	79,277	657,990	68,103	1,811,644
Kurland	63,838	384,892	—	796,255
Kursk	405,346	1,887,435	31,673	1,911,830
Livland	52,837	330,985	—	652,340
Minsk	49,058	242,963	17	1,062,609
Mohilew	43,392	205,317	—	418,185
Moskau	167,244	818,037	29,104	856,716
Nischegorod	136,143	847,625	8,716	1,368,497
Nowgorod	108,639	1,146,319	134,645	2,401,391
Olonetz	86,500	776,861	9,021	10,488,100
Orenburg	155,535	2,143,753	222,081	3,086,393
				93,167 in fremden Händen.
Orel	234,000	—	26,324	1,252,634
Pensa	235,021	1,112,516	4,794	1,478,139
Perm	476,280	4,408,454	29,246	16,116,383
Podolien	65,515	228,584	—	417,020
do. Militairkolonisten	32,624	130,000		200,333
				33,092 in fremden Händen.

Gouvernement	Anzahl der Revisions-seelen.	Dessiatinen Landes im Besitz der Bauern.	Anzahl der Bauern, die Eigenthümer waren.	Die der Krone gehörigen Ländereien und Waldungen in Dess.
Poltawa	456,384	369,405	—	1,332,220
Land der Donischen Kosaken	—	—	—	—
Pskow	112,407	942,277	63,408	799,252 38,11 in fremden Händen.
Riasan	200,976	932,489	65,799	1,031,518
Samara	387,133	4,743,303	134,605	6,520,613 276,006 Kolonisten-Ländereien.
St. Petersburg	32,420	358,446	87,210	691,489
Saratow	269,761	2,263,073	89,652	2,599,382 477,648 Kolonisten-Ländereien.
Simbirsk	39,958	190,175	38,883	287,744
Smolensk	90,714	548,854	—	671,489
Taurien	118,110	1,246,357	164,101	2,229,759

			Koloniatenländereien.
			152,050 Koloniatenländereien.
Tambow	425,892	2,255,983	90,050	2,749,494
Twer	227,618	1,228,036	101,673	1,418,660
Tula	88,190	894,058	9,690	438,308
Charkoff	337,107	1,723,679	108,694	1,851,694
do. Militairkolonisten	97,234	512,741	—	679,480
Cherson	49,847	358,460	—	533,105
do. Militairkolonisten	132,410	884,146	—	1,239,052
				385,637 Koloniatenländereien.
Tschernigoff	320,266	776,057	—	1,040,465
Esthland	980	5,088	—	9,167
Jaroslaw	106,619	561,765	81,753	664,141
Im ganzen Reich:	9,257,092.	64,973,113.	2,003,365.	207,136,337.

IV. Die freien Ansiedler oder Zaranen in Bessarabien.

Die Stellung der Zaranen wurde durch die Statute vom 14. Juli 1868 und 4. März 1870 bestimmt. Danach sollten die Ansiedler, welche sich auf den Ländereien von Privatleuten (Gutsbesitzern), von Klöstern oder anderen geistlichen Stiftungen angebaut hatten, das ihnen also überwiesene Land zur beständigen Benutzung behalten. Es sollte den Bauern und den Eigenthümern freistehen, über das Maaz des den Bauern einzuräumenden Landes zu einem gütlichen Vergleich zu kommen. Wenn ein solcher aber nicht zu Stande zu bringen war, sollten die Bauern einfach das behalten, was sie bei der Erlassung des Statuts im Besitz hatten. Diejenigen Bauern, die bis dahin kein Land oder doch weniger als das nach den verschiedenen Lokalitäten zu 8—13½ Dessiatinen angesetzte Normalmaaz besessen hatten, sollten berechtigt sein, sich von den Eigenthümern so viel Land anweisen zu lassen, dass sie ein Grundstück von dem gedachten Umfang erhielten, wenn nur dem Eigenthümer selbst wenigstens ein Drittel von dem brauchbaren Lande, das zu seinen Besitzungen gehörte, übrig blieb.

Dagegen sollten die Ansiedler dem Eigenthümer gegenüber zu den festgesetzten Leistungen, mochten diese in einer Geldabgabe oder Handdiensten bestehen, verpflichtet sein. Diese Geldabgabe wurde je nach der Oertlichkeit zu 1 Rubel 20 Kopeken bis zu 2 Rubel 50 Kopeken für jede Dessiatine brauchbaren Landes festgesetzt. Was über die sonstigen Leistungen zwischen Gutsherrn und Ansiedler bis zur Emanation des Statuts abgemacht war, sollte bestehen bleiben, jedoch mit Ausnahme der Fuhrleistungen und der Abgabe des Zehnten von der Ernte.

Das Eigenthumsrecht an dem von ihnen benutzten Lande können die Zaranen nach den im Gesetz vom 19. Februar 1861 festgesetzten Regeln erwerben, und zwar entweder mit oder ohne Vermittelung der Regierung. Dabei ist es den Bauern freigestellt, nur einen Theil des von ihnen benutzten Landes zu kaufen, und es fällt dann der Rest dem Gutsherrn zu, oder er wird, wenn es Kronland war, anderen Ansiedlern zur Benutzung überlassen.

Die Zahl der Zaranen in Bessarabien betrug bei der zehnten Revision: 349,346 Seelen, von denen 61,233 auf städtischen, 32,331 auf den der Krone gehörigen und 255,782 auf gutsherrlichen und klösterlichen Ländereien angesiedelt waren. Ueber die Grösse der zu jeder Kategorie gehörigen Ländereien fehlen genaue Angaben. In der statistischen Beschreibung Bessarabiens von Saschtschnik werden die städtischen Ländereien zu 21,300 Dessiatinen, die Ländereien der Kronbauern und Kolonisten zu 761,708 Dessiatinen, die Besitzungen adeliger Gutsherren und anderer freien Eigenthümer zu 2,271,360 Dessiatinen und die Klosterländereien zu 241,970 Dessiatinen berechnet.

V. Die Kosaken.

Für alle Kosaken, welche in 12 verschiedenen Landstrichen leben, gilt die gleiche Bestimmung, dass von der männlichen Jugend jedes Individuum, welches dazu tanglich ist, zum Kriegsdienst verpflichtet ist, wofür einem jeden Stamm ein so grosses Gebiet eingeräumt ist, dass dadurch der Unterhalt der ganzen Bevölkerung und ihrer Heerden sowie die Kriegsausrüstung für die zum Dienst einberufenen Kosaken sicher gestellt sein kann. Normalmässig soll jeder General 1600, jeder Stabsoffizier 400, jeder Oberoffizier 200, jeder Unteroffizier 100 Dessiatinen Land besitzen, und für jeden Kosaken sollen innerhalb des Gemeindebesitzes 30 Dessiatinen Land berechnet werden.

Das der Kosakenbevölkerung eingeräumte Land nimmt ein sehr bedeutendes Areal ein und vertheilt sich unter den verschiedenen Kosakenstämmen wie folgt:

Stamm.	Grösse der Bevölkerung.	Davon männlichen Geschlechts.	Anzahl der Offiziere.	Anzahl der Kosaken.	Dessiatinen kulturfähigen Landes.	Dessiatinen unbrauchbaren Landes.
Donischer	990,619	485,857	1,955	81,325	12,788,962	1,728,052
Kubauscher	470,258	244,101	1,047	55,225	annähernd zusammen	9,508,000
Terekscher	120,165	60,809	282	12,620	1,639,718	331,282
Neurussischer	12,999	6,723	56	1,765	54,838	1,062
Astrachanscher	21,001	10,273	98	2,316	311,154	211,619
Orenburgischer	241,654	118,901	339	33,390	8,857,388	840,816
Uralscher	113,066	59,234	256	13,838	9,627,811	1,623,814
Sibirischer	99,142	49,820	907	12,699	3,304,483	1,715,000
Transbaikalischer	124,163	63,903	188	28,393	1,997,946	5,816,200
Amurscher	18,583	10,161	44	4,497	537,341	69,068
Irkutzkischer und Jeneseischer	28,485	15,439	46	6,563	104,415	6,544
Zusammen: 2,240,135.	1,125,321.	4612	252,646.		Im Ganzen 53,175,543.

Die Kosaken haben demnach, obgleich sie nur eine Bevölkerung von etwas über 2¼ Millionen ausmachen, doch 2¼ Mal mehr Land im Besitz als die 22 Millionen früherer leibeigenen Bauern und nur um ein Geringes weniger als alle Kronbauern.

In der letzten Zeit sind einige der Kosakenstämme als solche aufgehoben worden, wobei alle Chargen die von ihnen benutzten Ländereien zum erblichen Eigenthum erhielten und das von den Kosaken besessene Land in den erblichen Besitz der Gemeinde überging. So wurden im Jahre 1865 der asowsche und im Jahre 1868 der neurussische Kosakenstamm aufgelöst und das Land in der angegebenen Weise vertheilt.

VI. Der Landbesitz im Kaukasus.

Im Kaukasus bestanden und bestehen zum Theil noch in den verschiedenen Distrikten höchst verschiedene Formen des Verhältnisses zwischen der niederen ländlichen Bevölkerung und den Gutsbesitzern. Eine eigentliche Leibeigenschaft, wie sie früher in Russland herrschte, bestand aber nur in zwei Gouvernements, nämlich in Tiflis und Kutais, sowie ferner in den jetzt mit Kutais vereinigten Distrikten des früheren Mingrelien. Ursprünglich lagen auch in den genannten Gouvernements die Verhältnisse anders, allein nach der Vereinigung mit Russland entwickelte sich dort die Leibeigenschaft ganz wie in diesem Lande.

Zur Zeit der Durchführung der bäuerlichen Reformen in Russland war die Anzahl der Gutsbesitzer und Leibeigenen in den Gouvernements Kutais und Tiflis wie folgt:

Grundstücke	Kutais.		Tiflis.	
	Gutsbes.	Leibeig.	Gutsbes.	Leibeig.
mit höchstens 21 Seelen . . .	5,524	21,557	766	5,651
„ 21—100 „ . . .	1,952	34,962	609	20,705
„ 100—600 „ . . .	264	21,010	226	36,481
„ 600—1000 „ . . .	10	7,684	13	5,720
„ über 1000 „ . . .	—	—	2	2,601
Zusammen:	7750.	85,213.	1616.	71,159.

Ausserdem gab es aber noch andere Leibeigene, die z. B. den Kirchengütern gehörten, und es belief sich ihre Gesammtzahl vor 10 Jahren auf:

	Leibeigene männlichen Geschlechts.	Leibeigene weiblichen Geschlechts.	Zusammen.
Kutais	103,451	98,627	202,078
Mingrelien	90,288	75,289	165,577
Tiflis	76,226	62,656	138,882
Zusammen:	269,966.	236,572.	506,637.

· Durch kaiserliche Verfügung vom 13. Oktober 1864 wurden nun die Bestimmungen des Gesetzes vom 19. Februar 1861 auch auf die Gouvernements Tiflis und Kutais im Kaukasus zur Anwendung gebracht. Es sollte danach den aus der Leibeigenschaft befreiten Bauern zum erblichen Besitz ein zur Sicherung ihrer Existenz hinreichend grosses Stück Land überlassen werden, wofür sie bestimmte Leistungen zu machen haben. Die Grösse des zu überlassenden Grundstückes wird in der Regel der gütlichen Uebereinkunft zwischen Bauer und Gutsbesitzer überlassen, jedoch unter Beobachtung der Bedingung, dass der Bauer nicht weniger als die Hälfte des Landes erhält, welches das höchste Normalmaaz eines Grundstückes ausmacht. Dieses höchste Normalmaaz ist für feuchten Boden zu einem Areal angesetzt, welches in 10 Tagen, und für trocknen Boden zu einem Areal, welches in 20 Tagen gepflügt werden kann; ein Tag Pflugarbeit wird aber gleich $\frac{1}{8}$ Dessiatine gerechnet. Die Leistungen der Bauern werden auch durch gütliche Uebereinkunft bestimmt.

Ist keine gütliche Uebereinkunft zu erreichen, so wird die gesetzmässige Abgabe entrichtet, welche für einen Pflugtag ($\frac{1}{8}$ Dessiatine) zu 3 Rubel angesetzt ist. Jedoch stellt sich die Abgabe in der Nachbarschaft von Handels- und Industrieplätzen höher; hier wird der Werth der halben Dessiatine zu 120 Rubeln angeschlagen, wovon jährlich 5 Prozent zu entrichten sind. Für Weingärten haben die Bauern eine Abgabe in natura zu

leisten, welche dem vierten Theil des Ertrages entspricht, ebenso
verhält es sich bei Ueberlassung anderen Gartenlandes.

Für die Erwerbung des Eigenthumsrechts durch die Bauern
an dem ihnen zur Benutzung überlassenen Lande gelten ungefähr
dieselben Regeln wie im übrigen Russland und die Kaufsumme
ergiebt sich durch Kapitalisirung der jährlichen Abgabe nach
sechsprozentigem Zinsfuss, d. h. die Abgabe wird mit $16^2/_3$ mul-
tiplicirt; es darf aber die Kaufsumme in keinem Fall 350 Rubel
übersteigen.

Was die Stellung der Bauern in den übrigen kaukasischen
Distrikten betrifft, so sind hier die beabsichtigten Reformen noch
nicht zur Durchführung gelangt. Es sind in den drei transkau-
sischen Gouvernements sogenannte Bek'sche Kommissionen (aus
Beks oder Häuptlingen bestehend) eingesetzt, deren Arbeiten jetzt
der Statthalterschaft zur Revision vorliegen.

VII. Der Landbesitz im Weichselgebiet oder dem früheren Königreich Polen.

Solange das Königreich Polen sich einer politischen Selb-
ständigkeit erfreute, waren die Verhältnisse der Bauern, die von
dem hohen und niedern Adel vollständig ausgesogen wurden, so
kümmerlich und elend wie nur möglich, und erst nach der Thei-
lung Polens kam einige Ordnung in die des Rechtschutzes völlig
entbehrenden ländlichen Institutionen, wenn sich überall das Verhältniss zwischen dem polnischen Edelmann und den auf seinen
Besitzungen wohnenden Bauern also bezeichnen lässt. Als im
Jahre 1807 das Grossherzogthum Warschau gebildet wurde und
dieses unter preussische Oberherrschaft gelangte, wurde die persönliche Freiheit der Bauern als Prinzip aufgestellt. Als dann
das Land an Russland kam, wurde es 1818 verboten die Arbeit
der Bauern zu verpachten und überhaupt danach den Werth
eines Grundstückes zu bestimmen, während vielmehr dieses selbst
zu taxiren sein sollte. Dann erschien schon 1846 ein Gesetz,
das als Vorläufer des Gesetzes vom 19. Februar 1861 betrachtet
werden kann, indem es bestimmte, dass die Bauern im unge-

störten Besitz des von ihnen bebauten Landes bleiben sollten, so lange sie die Leistungen, zu welchen sie dem Gutsherrn gegenüber verpflichtet waren, pünktlich erfüllten. Allein der Adel legte der Durchführung dieser Bestimmungen alle erdenklichen Schwierigkeiten in den Weg, pochte auf seine Privilegien und befasste sich mehr mit politischen Umtrieben als mit der Sorge um seine Besitzungen. Einige Jahre vor dem letzten polnischen Anfstande war das numerische Verhältniss der Gutsbesitzer und der ländlichen Bevölkerung folgendes:

		Prozent der ländlichen Bevölkerung.
1. Landbesitzer, und zwar		
Gutsherren	25,170	0,7
Begüterte Mitglieder des niederen Adels (Schlachta) . . .	171,414	4,7
Besitzer aus dem Bauernstande . .	21,944	0,8
	218,528 — 218,528.	6 %
2. Bauern, welche Land zur Benutzung hatten	1,995,304 — 1,995,304.	54,8 %
3. Bauern ohne Land, und zwar die Arbeiter und die Dienerschaft der Gutsherren	666,016	
Tagelöhner . . .	296,749	
Gärtner	160,403	
Andere	216,042	
	1,339,210 — 1,339,210.	36,7 %
4. Andere Personen, wovon Juden im Besitz von Ländereien . .	27,971	
Gutsinspektoren u. A.	58,374	
	86,345 — 86,345.	2,5 %
Zusammen: . . .	3,639,387.	100 %

Die Gesammtbevölkerung des Landes betrug 1862: 4,972,193 Seelen, von denen 1,322,706 auf die Städte kamen. An Städten gab es damals 452, worunter 229 den Gutsherren gehörten, 223 aber dem Staate. Auch in den Städten beschäftigte sich ein Theil der Bewohner mit dem Landbau und gab es im Ganzen 109,950 solcher Ackerbürger (ihre Familie miteingerechnet), welche 60,073 Grundstücke oder im Ganzen ein Areal von 100,950 Dessiatinen bearbeiteten. Die ganze Oberfläche des Landes umfasst 11,551,461 Dessiatinen.

Durch das Gesetz vom 19. Februar 1864 worden nun mit einem Schlage die durchgreifendsten Reformen zu Gunsten der Bauern eingeführt. Nach diesem Gesetz erhielten die Bauern das volle Eigenthumsrecht an allen von ihnen benutzten Grundstücken, mochten diese nun Privatpersonen, oder zu Majoraten, oder öffentlichen Stiftungen oder endlich dem Staat gehören. Ferner wurden vom 3. April 1864 an die Bauern für immer von allen ausserordentlichen Leistungen befreit und sollten sie nur die festgesetzte Grundsteuer an den Staat entrichten. Alle Rückstände bezüglich Leistungen, die mit Geld abgelöst waren, sollten nicht eingetrieben und geltend gemacht werden können. Ausser dem Lande, das die Bauern bei Emanation des Gesetzes faktisch im Besitz hatten und das also nun zu ihrom Eigenthum wurde, sollten ihnen auch die Grundstücke übertragen werden, die früher von ihnen benutzt, dann aber entweder von dem Gutsherrn zur eignen Benutzung zurückgenommen worden waren, oder gänzlich unbearbeitet dalagen.

Für die so den Bauern zum Eigenthum übertragenen Grundstücke erhielten die früheren Eigenthümer, mochten dies nun Privatpersonen oder Stiftungen sein, vom Staate ein sogenanntes Liquidationskapital, welches nach dem Taxationswerth der den Bauern überlassenen Grundstücke bestimmt wurde. Der Taxationswerth zerfiel nach der Qualität der Grundstücke in vier Klassen und betrug danach resp. 90 Kopeken, 1 Rubel, 1 Rubel 10 Kopeken und 1 Rubel 20 Kopeken für den Morgen Land. Dieser Werth wurde dann nach dem sechsprozentigen Zinsfuss kapitalisirt, d. h. mit 16⅔ multiplizirt, und machte so das Liqui-

dationskapltal aus, welches im Laufe von 42 Jahren durch eine
jährliche Ausbezahlung von 5% desselben verzinst und amortisirt wird.

Im Jahre 1868 war der Landbesitz im früheren Königreich
Polen folgendermaassen vertheilt:

In den Händen von Privatpersonen und im Besitz
von Stiftungen, sowie des Staats . . . . . 5,333,543 Dess.
Im Besitz von Bauern . . . . 3,426,171 „
Stadtländereien . . . . 416,939 „
Staatswaldungen . . . . 717,498 „
Im Besitz Verschiedener, sowie nicht angebaut 1,657,318 „
—————————————
Im Ganzen: 11,551,469 Dess.

Die ersten beiden Kategorien waren in folgender Weise in
den Gouvernements vertheilt:

Gouvernement.	In anderen Händen als bäuerlichen.	Im Besitz von Bauern.
Warschau	704,735 Dess.	391,027 Dess.
Kalisch	552,114 „	303,436 „
Petrokow	489,906 „	370,306 „
Radom	604,635 „	323,621 „
Kjelez	427,923 „	283,387 „
Lublin	769,417 „	482,567 „
Sjedlitz	640,534 „	366,015 „
Plotzk	558,261 „	212,845 „
Lomecha	447,743 „	204,058 „
Suwalki	244,276 „	488,909 „
Zusammen:	5,333,543 Dess.	3,426,171 Dess.

VIII. Der Landbesitz in den Ostseeprovinzen.

Die Bevölkerung dieser Lande wurde während des Mittel-
alters von dem deutschen Adel in vollständiger Abhängigkeit ge-

halten und dieser betrachtete die gesammten Ländereien als
sein ausschliessliches Eigenthum. Im 17. Jahrhundert, als diese
Lande unter schwedische Herrschaft kamen, beschränkte die Regierung, um der Bevölkerung aufzuhelfen, die Leistungen der
auf den Domainen ansässigen Bauern und beschützte sie gegen
die willkürliche Erhöhung der Leistungen seitens der Pächter und
zeitweiligen Besitzer von Grundstücken. Auch gegen die Ueber-
griffe des livländischen und esthländischen Adels wurden Re-
pressivmassregeln ergriffen, indem den gutsherrlichen Bauer-
familien die erbliche Benutzung der ihnen überlassenen Ländereien zugestanden und die dafür von den Bauern den Gutsherren
zu leistenden Dienste genau bestimmt wurden.

Als dann die Ostseeprovinzen mit Russland vereinigt wurden,
geriethen die von der schwedischen Regierung erlassenen Bestimmungen nach und nach in Vergessenheit. Der deutsche Adel
begann wieder unumschränkt über die Person und das Vermögen
seiner Bauern, die er wie sein volles Eigenthum betrachtete, zu
verfügen und suchte sich auch das Recht an den Staatsländereien
zu sichern, die ihm zur Benutzung überlassen waren. So standen
die Sachen zu Anfang des jetzigen Jahrhunderts, als die russische
Regierung die Nothwendigkeit erkannte, gegen die Willkür der
Gutsherren geeignete Massregeln zu ergreifen. Zu diesem Zweck
wurden für Livland im Jahre 1804 das „Bauernstatut" und für
Esthland in den Jahren 1802 und 1805 die „Regulative" erlassen.
Kraft dieser Verordnungen wurden der Verkauf der Bauern ohne
Ländereien und die Ueberführung derselben von einem Grundstücke
auf das andere verboten, und die Bewirthschafter von Bauerhöfen
erhielten ein förmliches Besitzrecht an demselben, wogegen sie zu
ganz bestimmten, auf Grund des schwedischen Taxationssystems
festgesetzten Leistungen an den Grundherrn verpflichtet wurden.
Diese Verordnungen gewannen aber niemals rechten Eingang und
wurden ganz hinfällig, als in den Ostseeprovinzen auf Veranlassung des Adels in den Jahren 1816—19 die persönliche Befreiung der Bauern durchgeführt wurde. Nun war von einer Be-
lehnung der Bauern mit Land keine Rede mehr, sondern alle
bäuerlichen Ländereien wurden für das unveräusserliche Eigen-

thum der frühern Gutsherren erklärt, welches sie den Bauern in Pachtung geben konnten, wenn darüber ein Einverständniss zwischen Gutsherrn und Bauern zu erzielen war. Dass Letztere so in die völlige Abhängigkeit vom Adel gerathen mussten, liegt auf der Hand, zumal da die Bauern auch der Jurisdiktion der Gutsherren unterworfen waren und sie nur mit grossen Schwierigkeiten nach Städten oder fremden Gemeinden übersiedeln konnten. Die Lage der Bauern in den Ostseeprovinzen wurde dadurch wieder so drückend, wie sie es je gewesen war. Ungefähr gleichzeitig mit der Bauernemanzipation im übrigen Russland wandte die Regierung daher auch den bäuerlichen Verhältnissen in den Ostseeprovinzen ihre Aufmerksamkeit zu und gab für jede der drei Provinzen besondere Vorschriften zur Ordnung derselben.

A. Kurland.

Durch das kaiserliche Statut vom 6. September 1863 wurden namentlich die Pachtverhältnisse genauen Regeln unterworfen, so dass die Willkür der Gutsherren ausgeschlossen wurde. Die Bauern erhielten das Recht, durch Kauf das volle Eigenthum an Grundstücken zu erwerben, wobei die Pächter derselben ein gewisses Vorrecht haben sollten. Der Gutsherr wurde nämlich, wenn er ein Grundstück verkaufen wollte, dazu verpflichtet, dies 9 Monate vor dem St. Georgstage (23. April) dem Pächter anzuzeigen und ihn mit den Verkaufsbedingungen bekannt zu machen. Es kann dann der Pächter unter diesen Bedingungen selbst das Eigenthumsrecht an dem Grundstücke erwerben. Wenn der Pächter nicht selbst das Grundstück übernehmen will, so ist der Gutsherr gehalten, beim Verkauf desselben, dem Pächter den Betrag der Pachtsumme für ein Jahr sowie den Betrag der im letzten Jahre von Seiten des Pächters geschehenen Leistungen zu entrichten. In Kurland können Personen jeder bürgerlichen Stellung, jedoch mit Ausnahme der Juden, Landbesitz erwerben.

Die Pachtkontrakte sollen nicht auf kürzere Zeit als 12 Jahre abgeschlossen werden. Ausser der Pachtsumme können auch zwischen Gutsherrn und Pächter Vereinbarungen getroffen werden über Arbeitsleistungen von Seiten des Letzteren; allein es müssen diese im Pachtkontrakt zu Gelde angeschlagen sein, für den Fall, dass der Eine oder der Andere der Kontrahenten die Ablösung dieser Leistungen durch Geld vorziehen sollte. Neun Monate vor Ablauf des Kontrakts muss der Gutsherr dem Pächter ankündigen, unter welchen Bedingungen er die Pachtung fortzusetzen wünscht, und es hat nun der bisherige Pächter vor jedem Andern das Recht, die Pachtung unter diesen Bedingungen zu übernehmen. Eigenthümlich ist die Bestimmung, dass es dem Gutsherrn freisteht, die Pachtung jeder Zeit mit neunmonatlicher Frist zu kündigen, wenn er das Grundstück anderweitig verwenden will. Er hat dann das Pachtgeld für zwei Jahre und den Betrag für die Naturalleistungen in derselben Zeit dem Pächter zu entrichten; auch darf er das Grundstück weder ver- kaufen noch anderweitig verpachten. Wenn nun auch nicht anzunehmen ist, dass die Gutsherren oft diese Bestimmung zur Anwendung bringen sollten, so macht sie doch die Vorschrift wegen der zwölfjährigen Dauer der Pachtung gewissermassen illusorisch.

Um die namentlich in den fünfziger und sechziger Jahren überhand nehmende Zerstückelung der Bauerngüter zu verhindern, wurden vom kurländischen Adel selber im Jahre 1867 solche Maassregeln getroffen, die einer weiteren Zertheilung dieser Län- dereien ein Ende machten.

II. Livland.

Durch das Gesetz vom 13. November 1860 wurde alles den Gutsherren gehörige Land in Guts- und bäuerliche Ländereien ge- theilt; in den bisher üblichen Leistungen der Bauern wurden keine Aenderungen vorgenommen. Die zum livländischen Adel gehörigen Gutsbesitzer haben Sitz und Stimme beim Landtage, wenn ihre Gutsländereien ein Areal von 900 Dessiatinen aus- machen; die übrigen Gutsbesitzer haben beim Landtage nur eine Stimme, wenn es sich um Steuerangelegenheiten handelt.

Die bäuerlichen Ländereien sind das Eigenthum der betref- fenden Gutsherren; allein sie haben nur ein beschränktes Dispo-

sitionsrecht darüber, indem sie dieselben nur Personen, die zur
Bauerngemeinde gehören, in Pacht geben oder verkaufen dürfen.
Indem sie so der Bauerngemeinde kein Stück der bäuerlichen
Ländereien entziehen dürfen, haben sie andererseits das Recht,
diese nach Gutdünken innerhalb der Bauerngemeinde zu ver-
theilen. Der Umtausch eines gutsherrlichen Grundstücks gegen
ein gleich grosses Stück der bäuerlichen Ländereien kann nur
mit Einwilligung der Gemeinde geschehen. Jene Bestimmung,
dass die Gutsherren kein bäuerliches Grundstück an Fremde verkaufen dürfen, wird übrigens durch eine andere Anordnung so
ziemlich illusorisch gemacht, indem es nach dieser dem Gutsherrn freisteht, solches Land an Fremde zu veräussern, vorausgesetzt, dass diese sich in die Bauerngemeinde aufnehmen lassen.
Uebrigens können die Bauern auch gutsherrliches Land erwerben,
ohne dass sie aber dadurch zugleich in den Besitz der Privilegien
kommen, die mit dem Adel verbunden sind.

Kein Mitglied der Bauerngemeinde eines Bezirks darf innerhalb desselben ein grösseres Areal als 120 Dessiatinen als Eigenthum besitzen, selbst wenn ihm durch Erbschaft ein anderes
Grundstück noch zufallen sollte. In diesem Fall muss der Besitzer innerhalb zweier Jahre soviel von seinen Ländereien
verlaussern, dass ihm nur das gesetzlich bestimmte Maximum
übrig bleibt. Selbstverständlich hat der Bauer, der Eigenthümer
ist, volles Dispositionsrecht über seine Grundstücke, und er kann
sie nach Gutdünken verpachten und verkaufen, nur darf kein
Theil derselben, welcher einer anderen Person übertragen wird,
weniger als 15 Dessiatinen ausmachen, damit der Empfänger
bei der selbständigen Bewirthschaftung dieses Theils bestehen
kann.

Die Pachtkontrakte dürfen in Livland nicht auf kürzere Zeit
als sechs Jahre abgeschlossen werden. Die von früherher bestehenden Erbpachtverträge sollen unverändert bleiben, allein
die Naturalleistungen sind bei gütlicher Uebereinkunft der Kontrahenten in Geldabgaben zu verwandeln. Ueberhaupt können
die in allen Pachtverträgen stipulirten Naturalleistungen entweder
durch den übereinstimmenden Beschluss von Pächter und Guts-

herrn oder dadurch abgelöst werden, dass der Pächter eine
Summe bezahlt, welche der Kapitalisirung der in Gelde ange-
schlagenen Naturalleistungen entspricht. Um die Ablösung der
Naturalleistungen zu befördern, ist von dem livländischen Adel
eine Bank gegründet worden, welche auch den Bauern zum
Ankauf von Ländereien Vorschüsse leistet. Jeder Gutsbesitzer
aber, der zur Ablösung der Naturalleistungen seine Zustimmung
giebt, kann bei jener Bank eine Anleihe kontrahiren, wobei ihm
für je 120 Dessiatinen seines Besitzthums 200 Rubel zugestanden
werden.

C. Esthland.

In Esthland wurde durch das Statut vom 5. Juni 1856 bestimmt, dass die Bauern das Land, was ihnen einmal zur Benutzung überlassen war, in unabänderlichem Besitz behalten
sollten, während jedoch dem Gutsherren das Eigenthumsrecht daran
verblieb. Die Vertheilung der Ländereien innerhalb der Gemeinde blieb dem Gutsherrn völlig überlassen, indessen wurde
für die Grösse der Pachtungen, die einem einzelnen Bauern zu
übertragen waren, eine Maximal- und Minimalgrenze, nämlich
resp. 24 und 3 Dessiatinen festgesetzt. Dieses Mass betrifft indessen nur das eigentliche Ackerland und sollte das erforderliche Areal an Holzung und Weiden demselben noch hinzu-
gefügt werden. Ueber die Naturalleistungen von Seiten der
Pächter hatte schon das kaiserliche Reskript vom 23. Mai 1816
das Nöthige angeordnet und namentlich auch bestimmt, dass
sie nach gütlicher Uebereinkunft zwischen Pächter und Gutsherrn festzusetzen seien. An diesen Regeln ist durch die späteren Verordnungen nichts geändert worden. Uebrigens darf der
Pächter nicht ohne die Zustimmung des Gutsherrn — wie dies
auch in Livland der Fall ist — Veränderungen an den zu seinem
Grundstück gehörigen Waldeplätzen, Holzungen und sonstigen
Emolumenten vornehmen oder den Gebrauch derselben anderen
Personen überlassen. Ebenso wenig darf er Heu, Stroh, Gras,
Holz, Steine oder sonstige auf dem Grundstück befindliche Gegen-

stände verändern; wenn er dieser Bestimmung zuwiderhandelt, kann er mit Gefängniss oder körperlicher Züchtigung*) bestraft werden. Die Pachtkontrakte sollen wenigstens für eine Zeitdauer von 6 Jahren abgeschlossen werden. Kann der Gutsherr nach Ablauf dieser Zeit ein Grundstück nicht wieder verpachten, so darf er es in den nächsten 6 Jahren selbst bewirthschaften, muss er aber dann wieder zur Verpachtung ausbieten, und nur wenn es ihm wiederum nicht gelingt, einen Pächter zu bekommen, kann er das Grundstück weitere sechs Jahre selbst benutzen. Dass diese Bestimmung der Willkür des Gutsherrn völlig freie Hand lässt, scheint unbestreitbar, denn er braucht nur seine Forderungen in Betreff der Leistungen seitens des Pächters so hoch hinaufzuschrauben, dass Niemand die Pachtung übernehmen will, um fortwährend selbst in der ungestörten Benutzung der Grundstücke, die ihm für irgend einen Zweck anstehend sind, zu bleiben.

In den Agrarverhältnissen der Ostseeprovinzen scheint also noch recht Vieles zu sein, welches dringend der Abhülfe bedarf.

Was nun die in den Ostseeprovinzen befindlichen Kronländereien betrifft, so nehmen sie ein verhältnissmässig weit geringeres Areal ein, als in den meisten anderen Theilen des russischen Reichs; allein sie machen doch immerhin im Ganzen gegen anderthalb Millionen Dessjatinen aus. Nachdem die Regierung schon in den Jahren 1859, 60 und 66 Schritte zur Verbesserung der Lage der Kronbauern gethan hatte, wurden diese durch kaiserlichen Erlass vom 15. März 1869 in ihrem Verhältniss zum Staat den übrigen russischen Kronbauern ganz gleichgestellt. Das von ihnen benutzte Land ist ihnen zum beständigen Besitz überlassen, und sie können jederzeit das volle Eigenthumsrecht daran erwerben. Wo es nöthig war den Bauergütern mehr Weideland und Holz zuzutheilen, als sie bisher gehabt hatten, wurde das Fehlende aus den Besitzungen der Krone angewiesen. Für die Benutzung der Kronländereien zahlen die Bauern eine Abgabe an den Staat, welche (1866) im Ganzen

für Kurland 557,000 Rubel, für Livland 260,000 Rubel und für
Esthland 4000 Rubel ausmachte. Durch die Gründung neuer
Bauergüter aus Kronländereien wird die Summe jener Abgaben
natürlich erhöht. Die einmal durch die sogenannten Regulirungs-
akte festgesetzten Abgaben bleiben in 20 Jahren unverändert.
Die Bauern können jeder Zeit das von ihnen benutzte Grundstück käuflich erwerben und wird die Kaufsumme durch Kapitalisirung der jährlichen Abgabe und Anrechnung derselben an
4 Prozent bestimmt. Durch Abtrag und Verzinsung der Kaufsumme mit 5½ Prozent für jedes Jahr wird dieselbe in 49
Jahren amortisirt.

    Die Vertheilung des Landbesitzes unter dem Adel und den
Bauern in den Ostseeprovinzen geht aus folgender Tabelle
hervor:

Gouvernement.	Zahl der Edelleute.	Zahl der adeligen Güter.	Zahl der Bauern männlichen Geschlechts.	Zahl der Bauerngüter.	Gesammtareal der gutsherrlichen Ländereien in Desjatinen.	Zahl der Eigenthümer aus dem Bauern- oder Bürgerstande.	Das ihnen gehörige Areal in Desjatinen.
Kurland	2,293	460	153,912	20,480	1,657,054	80	?
Livland	2,094	823	319,255	35,699	2,821,931	4,002	205,261
Esthland	1,537	543	130,519	?	1,689,052	260	10,410
Zusammen:	5,924	1,826	603,686		6,168,037	4,342	

Das gesammte Areal in den Ostseeprovinzen ist in folgender Weise vertheilt:

Gouvernement.	Den Städten gehörig. Güter. Dess.		Der Kirche gehörig. Güter. Dess.		Dem Adel gehörig. Güter. Dess.		Dem Staat gehörig. Von Bauern benutztes Land in Dess.	Anderweitig bewirthschaftet in Dess.	Land, das Eigenthum der Bauern ist, in Dess.
Karland	2	11,075	97	25,466	460	1,657,054	364,892	431,363	?
Livland	23	113,299	111	50,220	823	2,821,931	150,985	302,212	205,261
Esthland	15	29,271	49	15,312	549	1,689,052	5,089	4,079	10,417
Zusammen:	40	153,645	257	90,998	1826	6,168,037	520,966	737,684	

Ueber die Güter und das zu denselben gehörige Areal, die sich in den Händen von Privatpersonen befinden, welche weder zum Adel noch zum Bauernstande gehören, fehlen zuverlässige Nachrichten.

IX. Der Landbesitz im Grossherzogthum Finnland.

Der Landbesitz in Finnland ist im Wesentlichen noch auf Grundlage der sogenannten Vereins- und Sicherheitsakte vom 21. Februar 1789 geordnet. Es wurde durch dieselbe bestimmt, dass alle Klassen der Bevölkerung Finnlands sich eines gleichen Masses von Freiheit und gleicher Rechte erfreuen sollten. Dies galt auch für den Landbesitz; indessen wurden hier doch dem Adel und der Ritterschaft einige Vorrechte vorbehalten, und wurde es namentlich festgesetzt, dass nur Mitglieder jener Korporationen adelige Güter (die sogenannten Säterien) sollten besitzen dürfen. Die finnische Ritterschaft erklärte sich aber, als die grossen agrarischen Reformen im übrigen Russland vorgenommen wurden, dazu bereit, jenes Vorrecht aufzugeben, und durch ein in Folge dessen erlassenes kaiserliches Reskript vom 2. April 1864 erhielt jeder Finne ohne Ausnahme das Recht, Land jeder Gattung zu erwerben und aller mit demselben verbundenen Privilegien zu geniessen, vorausgesetzt, dass den an den Ländereien haftenden Verpflichtungen Genüge geleistet würde.

Der Landbesitz in Finnland befindet sich theils in den Händen des Adels, theils in denen der Geistlichkeit und der Bauern. Die adeligen Güter sind von den verschiedenen Landsteuern befreit, was auch von den geistlichen Gütern gilt. Die Bauern zerfallen mit Bezug auf den Landbesitz in drei Gruppen, nämlich unabhängige Besitzer, Kronbauern und gutsherrliche Bauern. Die Ersteren haben volles Eigenthumsrecht an ihren Ländereien. Die Kronbauern bewirthschaften Ländereien, die dem Staate gehören, und haben dafür die gesetzlichen Abgaben zu entrichten. Wenn dies ihrerseits in regelmässiger Weise geschieht und sie das Land in gutem wirthschaftlichen Stande halten, so erwerben sie dadurch das Recht, die Ländereien auf ihre Nachkommen zu vererben. Der Bauer aber, welcher im Stande ist einen dreijährigen

Steuerbetrag auf einmal voraus zu bezahlen, erlangt dadurch das volle Eigenthumsrecht an dem von ihm benutzten Lande, wobei er jedoch verpflichtet bleibt, dieselben Abgaben wie früher zu bezahlen. Die gutsherrlichen Bauern schliessen wegen der Benutzung des ihnen zugewiesenen Landes Kontrakte mit dem Gutsherrn ab und geniessen im Uebrigen aller persönlichen Rechte, wie die anderen Staatsbürger, mit Ausnahme jedoch des Wahlrechts für den Landtag.

Nachstehende Tabelle giebt die Vertheilung des Landbesitzes in Finnland an:

Gouvernement	Kronländereien. Dess.	Städtische Ländereien. Dess.	Kirchengüter. Dess.	Gutsherrliche Ländereien. Dess.	Bäuerliche Ländereien. Dess.
Åbo	169,798	8,714	—	62,973	2,002,387
Wasa	312,963	10,870	—	22,139	3,284,119
Wiborg	58,343	2,218	7060	1,049,420	1,942,869
Kuopio	473,142	1,500	—	44,780	3,309,572
Nyland	1,190	5,021	432	125,216	835,363
St. Michel	408	3,558	—	75,997	1,909,713
Tawasthus	43,879	607	—	60,930	1,456,418
Uleaborg	10,298,017	22,824	—		9,738,705
	11,357,740.	55,312.	7,492.	1,481,455.	18,479,144.

Gouvernement	Im Besitz von anderen Privatleuten. Dess.	Zusammen. Dess.
Åbo	67,439	2,331,311
Wasa	66,390	3,696,481
Wiborg	109,830	3,169,740
Kuopio	122,995	3,951,989
Nyland	87,042	1,054,264
St. Michel	120,662	2,110,338
Tawasthus	65,966	1,648,798
Uleaborg	41,568	14,101,114
	682,892.	32,064,035.

Dritter Abschnitt.

Die Landwirthschaft.

I. Die Eintheilung des Landes nach der Benutzung des Bodens.

Es giebt kaum ein anderes Reich, in dessen verschiedenen
Theilen eine so grosse Verschiedenheit rücksichtlich des Land-
baues obwaltet, wie in Russland, was wiederum seinen vor-
nehmsten Grund in der so sehr verschiedenen Bodenbeschaffen-
heit der einzelnen Theile des kolossalen Reichs und in der höchst
ungleichen Vertheilung von Ackerland, Wald, Wiesen u. s. w.
seinen Grund hat. Wir geben in nachstehender Tabelle eine
Uebersicht über diese Vertheilung in den einzelnen Provinzen
Russlands, wobei wir zu bemerken nicht unterlassen, dass die
Angaben nur als annähernd richtig zu betrachten sind, und dass
namentlich die Waldungen in neuerer Zeit ganz bedeutende Veränderungen und zwar hauptsächlich Verminderungen erlitten
haben.

Auch einen andern Uebelstand wollen wir bei jener Tabelle
hervorheben, nämlich: dass Gartenland und Weiden zusammen mit
dem unbrauchbaren oder doch wenigstens zum Ackerbau nicht
gebrauchten Lande aufgeführt sind. Andererseits giebt die Tabelle
eine solche Fülle von Anschlüssen, dass man von den Mängeln
derselben wohl wird absehen dürfen.

Gouvernement	Ackerland	Wiesenland	Waldung.	Gartenland, Weiden und unbebautes Land.	Im Ganzen.	Von 100 Dess. des Areals kommen auf:		
						Ackerl.	Wiesenl.	Wald.
Archangel	84,000	124,000	30,512,000	38,431,000	68,951,000	0,12	0,18	35,13
Astrachan	231,000	980,000	140,000	19,142,000	20,493,000	1,11	4,18	0,18
Bessarabien	1,210,000	1,100,000	288,000	597,000	3,195,000	37,15	34,14	9,10
Wilna	1,850,000	571,000	1,156,000	477,000	3,904,000	42,19	14,16	30,17
Witebsk	1,577,000	167,000	1,738,000	370,000	4,152,000	45,14	4,10	41,18
Wladimir	1,900,000	280,000	2,030,000	123,000	4,389,000	43,18	6,13	46,16
Wologda	800,000	450,000	33,470,000	1,531,000	36,251,000	2,12	1,17	92,17
Wolhynien	2,200,000	790,000	2,739,000	802,000	6,526,000	33,17	12,11	41,18
Woronesch	3,075,000	1,120,000	656,000	750,000	6,101,000	60,14	18,16	9,17
Wiatka	3,160,000	642,000	8,949,000	479,000	13,130,000	24,10	4,17	68,14
Grodno	1,438,000	407,000	958,000	681,000	3,484,000	41,18	11,17	27,16
Jekaterinoslaw	2,000,000	2,918,000	87,000	1,200,000	6,205,000	32,13	47,16	1,14
Land der Donischen Kosaken	3,609,000	8,800,000	921,000	1,413,000	14,143,000	24,15	62,17	2,17
Kasan	2,478,000	452,000	2,278,000	421,000	5,629,000	44,10	8,10	40,14
Kaluga	1,550,000	308,000	722,000	303,000	2,884,000	53,17	10,17	25,17
Kiew	2,657,000	469,000	1,155,000	379,000	4,659,000	57,10	10,10	24,17

Kowno	2,053,000	495,000	768,000	395,000	9,711,000	66	13	20
Kostroma	1,505,000	906,000	4,906,000	587,000	7,304,000	20	4	67
Kurland	552,000	383,000	851,000	695,000	2,481,000	22	15	34
Kursk	2,797,000	396,000	400,000	579,000	7,304,000	20	4	67
Livland	021,000	611,000	1,896,000	781,000	4,209,000	22	14	45
Minsk	1,952,000	752,000	3,676,000	1,717,000	8,177,000	24	9	45
Mohilew	2,000,000	357,000	1,184,000	866,000	4,377,000	45	7	27
Moskau	1,200,000	300,000	1,171,000	401,000	3,072,000	39	10	38
Niechegorod	1,800,000	280,000	2,908,000	265,000	4,653,000	38	6	49
Nowgorod	1,300,000	470,000	6,603,000	2,079,000	10,452,000	12	4	62
Olonetz	257,000	88,000	9,620,000	2,015,000	11,980,000	2	0	80
Orenburg	563,000	2,640,000	4,800,000	9,500,000	16,500,000	3	18	29
Orel	2,400,000	400,000	1,001,000	579,000	4,380,000	55	9	23
Pensa	1,507,000	501,000	1,212,000	252,000	3,472,000	43	14	35
Perm	3,006,000	2,608,000	22,687,000	2,571,000	30,872,000	9	8	73
Podolien	2,015,000	616,000	689,000	663,000	3,885,000	52	15	15
Poltawa	2,000,000	1,478,000	310,000	762,000	4,530,000	44	32	6
Pskow	1,300,000	320,000	1,957,000	426,000	4,023,000	32	8	44
Risan	2,138,000	360,000	945,000	395,000	3,838,000	66	9	22
Samara	2,000,000	2,648,000	1,746,000	8,188,000	14,682,000	13	18	11
St. Petersburg	1,675,000	478,000	1,820,000	1,160,000	4,133,000	18	11	44
Saratow	2,000,000	3,300,000	790,000	1,405,000	7,495,000	26	44	10
Simbirsk	2,070,000	286,000	1,513,000	452,000	4,321,000	47	6	35

Gouvernement.	Ackerland	Wiesenland	Waldung	Gartenland, Weiden und unbebautes Land.	Im Ganzen.	Von 100 Dess. des Areals kommen auf:		
						Ackerl.	Wiesenl.	Wald.
Smolensk	1,970,000	850,000	1,800,000	551,000	5,171,000	38,1	16,4	34,8
Taurien	1,000,000	2,800,000	290,000	1,483,000	5,573,000	17,9	50,3	5,2
Tambow	3,600,000	750,000	1,069,000	639,000	6,058,000	60,20	12,4	17,6
Twer	1,850,000	1,288,000	1,844,000	852,000	5,834,000	31,7	22,0	31,1
Tula	2,000,000	300,000	241,000	271,000	2,812,000	70,9	10,9	8,6
Ufa	820,000	741,000	4,200,000	2,279,000	8,040,000	10,2	9,7	52,4
Charkoff	2,300,000	1,500,000	620,000	563,000	4,983,000	46,9	30,1	12,8
Cherson	2,955,000	2,529,000	91,000	1,009,000	6,584,000	45,9	38,4	1,4
Tscheruigoff	2,600,000	620,000	428,000	648,000	4,796,000	55,0	14,1	19,4
Esthland	280,000	370,000	450,000	707,000	1,807,000	15,8	20,9	24,9
Jaroslaw	1,100,000	600,000	1,065,000	367,000	3,132,000	35,9	19,1	34,9
Augustowo	758,000	201,000	240,000	212,000	1,411,000	53,7	14,4	17,0
Warschau	1,927,000	296,000	833,000	488,000	3,544,000	54,4	8,9	23,6
Lublin	1,265,000	311,000	867,000	522,000	2,965,000	42,7	10,8	28,9
Plotzk	753,000	127,000	368,000	233,000	1,471,000	51,3	8,9	24,8
Radom	1,122,000	150,000	629,000	297,000	2,198,000	51,0	6,9	28,6
Grossherzog- thum Finnland	406,000	1,513,000	18,224,000	14,814,000	34,957,000	1,2	4,7	52,7
Das euro- päische Russ- land	95,034,000	54,676,000	193,554,000	128,840,000	472,104,000	20,3	11,9	40,9

Die Gouvernements des europäischen Russlands nehmen in Bezug auf die verhältnismässige Grösse des beackerten Areals folgende Reihenfolge ein:

Tula	mit 70	Dess. Ackerland von 100 Dess. Areal.					
Kursk	„ 67	„	„	„	„	„	„
Woronesch	„ 60	„	„	„	„	„	„
Tambow	„ 60	„	„	„	„	„	„
Kiew	„ 57	„	„	„	„	„	„
Riasan	„ 56	„	„	„	„	„	„
Kowno	„ 55	„	„	„	„	„	„
Orel	„ 55	„	„	„	„	„	„
Tschernigoff	„ 54	„	„	„	„	„	„
Kaluga	„ 53	„	„	„	„	„	„
Podolien	„ 52	„	„	„	„	„	„
Pensa	„ 50	„	„	„	„	„	„
Polen	„ 50	„	„	„	„	„	„
Simbirsk	„ 47	„	„	„	„	„	„
Charkoff	„ 46	„	„	„	„	„	„
Mobileff	„ 45	„	„	„	„	„	„
Witebsk	„ 45	„	„	„	„	„	„
Cherson	„ 45	„	„	„	„	„	„
Poltawa	„ 44	„	„	„	„	„	„
Kasan	„ 44	„	„	„	„	„	„
Wladimir	„ 43	„	„	„	„	„	„
Wilna	„ 42	„	„	„	„	„	„
Grodno	„ 41	„	„	„	„	„	„
Moskau	„ 39	„	„	„	„	„	„
Nischegorod	„ 38	„	„	„	„	„	„
Smolensk	„ 38	„	„	„	„	„	„
Bessarabien	„ 37	„	„	„	„	„	„
Jaroslaw	„ 35	„	„	„	„	„	„
Volhynien	„ 33	„	„	„	„	„	„
Pskow	„ 32	„	„	„	„	„	„
Jekaterinoslaw	„ 32	„	„	„	„	„	„
Twer	„ 31	„	„	„	„	„	„
Saratow	„ 26	„	„	„	„	„	„
Land der Donischen Kosaken	„ 25	„	„	„	„	„	„
Minsk	„ 24	„	„	„	„	„	„
Wiatka	„ 24	„	„	„	„	„	„
Kurland	„ 22	„	„	„	„	„	„
Livland	„ 22	„	„	„	„	„	„
Kostroma	„ 20	„	„	„	„	„	„
Taurien	„ 17	„	„	„	„	„	„
St. Petersburg	„ 16	„	„	„	„	„	

Esthland	mit	15,5	Dem.	Ackerland	von	100	Dem.	Areal.
Samara	"	13,8	"	"	"	"	"	"
Nowgorod	"	12,4	"	"	"	"	"	"
Upha	"	10,8	"	"	"	"	"	"
Perm	"	8,7	"	"	"	"	"	"
Orenburg	"	6,8	"	"	"	"	"	"
Wologda	"	2,7	"	"	"	"	"	"
Olonetz	"	2,1	"	"	"	"	"	"
Finnland	"	1,8	"	"	"	"	"	"
Astrachan	"	1,1	"	"	"	"	"	"
Archangel	"	0,2	"	"	"	"	"	"

Aus obiger Tabelle geht hervor, dass diejenigen Provinzen Russlands, deren Areal wenigstens zur Hälfte aus Ackerland besteht, zwei grosse Komplexe bilden, von denen der eine die Mitte des Reiches einnimmt, während der andere aus dem Königreich Polen nebst dem Gouvernement Kowno besteht. Die Gouvernements, wo das Ackerland 20-50% des Areals einnimmt, bilden eine Gruppe, welche den erstgenannten Komplex von allen Seiten einschliesst, während die Gouvernements mit geringeren Prozenten Ackerland theils ganz im Norden, theils im Osten jenseits der Wolga liegen. Die Dichtigkeit der Bevölkerung hängt mit der verhältnissmässigen Grösse des angebauten Areals fast genau zusammen, wobei freilich die Gouvernements Moskau und St. Petersburg wegen der Bevölkerung der Hauptstädte eine Ausnahme machen.

An Wiesenland sind am reichsten die südöstlichen Gouvernements Astrachan, Samara, Saratow und Orenburg nebst dem Land der Donischen Kosaken, sowie die südlichen Gouvernements Taurien, Jekaterinoslaw und Bessarabien. In genügender Menge kommt das Wiesenland vor in den nördlichen Gouvernements Archangel, Perm, Wologda, Twer und Jaroslaw, in den baltischen Gouvernements Livland und Kurland und in den ukrainischen Gouvernements Poltawa und Charkoff.

Die grössten zusammenhängenden Waldstrecken kommen im Norden Russlands vor, in Wologda, Olonetz und Archangel. Letzteres Gouvernement ist auf obiger Tabelle freilich nur mit 35,2% Wald vom gesammten Areal aufgeführt, allein wenn man den fast ganz von mit Moos überzogenen Morastflächen bedeckten

Maschschen und Kamschen Distrikt in Abrechnung bringt, so kommen im übrigen Gouvernement fast 84%, Waldung auf das gesammte Areal. Ein bedeutendes Waldreal haben auch die nordöstlichen Bergwerksdistrikte, die Gouvernements Perm, Wiatka und Ufa aufzuweisen, ferner die nordwestlichen Gouvernements Kostroma und Nowgorod und das ganze Finnland. Fünfzehn bis vierzig Prozent vom Areal an Waldung haben die Gouvernements an der mittleren Wolga: Nischegorod, Wladimir und Kasan, ferner die Gouvernements des Ostseebassins: St. Petersburg, Pskow, Livland und Witebsk, sowie auch Minsk und Wolhynien und der grösste Theil des mittleren und westlichen Russlands, endlich das gesammte Königreich Polen. Verhältnissmässig holzarm sind die südlichen Gouvernements Bessarabien, Cherson, Jekaterinoslaw, Taurien, Astrachan, das Land der Donischen Kosaken und die ukränischen und Steppen-Gouvernements Charkoff, Poltawa, Kursk, Woronesch, Saratow und Samara. Dass Tula so arm an Holz ist, liegt zum Theil an der dort geschehenen rücksichtslosen Abholzung der Waldungen, welche doch wiederum auch dem Ackerbau zu Gute gekommen ist.

Der verhältnissmässig grösste Theil des unangebauten Landes befindet sich in den Steppen der Gouvernements Astrachan, Samara und Orenburg, dann in den Gouvernements St. Petersburg, Nowgorod und Minsk, wo weitausgedehnte Sumpfflächen liegen, ferner wie schon erwähnt in Archangel und endlich in Taurien, wo mehr als der vierte Theil des Areals aus Salzsteppen besteht. Die Ostseeprovinzen haben grosse Strecken sandigen Uferlandes und grosse Moorstrecken, während andererseits auch hier die Bewohner sich mehr als in den andern Theilen des Reichs mit dem Gartenbau befassen. Dadurch wird das scheinbar ziemlich ungünstige Verhältniss, in welchem jene Provinzen nach der obigen Tabelle zu vielen Theilen des übrigen Russlands in Ansehung des angebauten Areals stehen, in Etwas wieder ausgeglichen.

II. Die verschiedenen Methoden der Bewirthschaftung des Bodens.

Man kann die in Russland beim Anbau des Bodens befolgten Methoden in vier verschiedene Systeme und diese wieder in zwei Hauptkategorien theilen. Die eine Hauptkategorie umfasst die primitiven Methoden des Abbrennens und der ganz oberflächlichen Bestellung des Bodens mit langen Ruhepausen, während die zweite aus den Systemen der Dreifelderwirthschaft und des Fruchtwechsels besteht.

1. Die Methode des Abbrennens.

Dieselbe zerfällt wiederum in drei verschiedene Arten, je nachdem der Boden, der zum Landbau benutzt werden soll, mit Holz, Gesträuch oder Rasen bedeckt ist. Im ersten Fall wird das Holz im Frühjahr gefällt und die kleineren Aeste und Zweige von den Stämmen abgehauen, worauf diese entfernt werden. Das Reisig wird in Haufen gelegt und im Anfange des nächsten Frühjahrs verbrannt, worauf man die Asche kalt werden lässt und dann die Saat ohne jegliche Bearbeitung des Bodens, oder nach geringer Umpflügung desselben, wenn er gar zu uneben ist, aufstreut. Auf einem solchen Felde kann 3—4 Jahre hintereinander ohne weitere Bearbeitung des Bodens geerntet werden; ja es giebt Stellen, wo sich unter dem Walde durch das Herabfallen zahlreicher Zweige nach und nach eine mehrere Fuss mächtige Humusschicht gebildet hat, auf denen bis zu 10 Ernten ohne Düngung des Bodens gewonnen werden. In den nördlichsten Gouvernements wird auf diese Weise nur Gerste gebaut, etwas südlicher Roggen und Flachs, und in den mittleren Provinzen sogar Sommerweizen. Die Ernten selbst sind sehr ergiebig, so geben Roggen und Gerste das siebente, Hafer das fünfte Korn, oftmals aber noch bedeutend mehr.

Die zweite Art des Abbrennens findet auf dem von Gebüsch

bedeckten Boden statt. Dasselbe wird einfach angezündet, worauf der Prozess des Bülens ganz ebenso wie bei dem Waldboden vor sich geht. Selten giebt ein solches Feld aber mehr als zwei Ernten, worauf noch zweimal Heu auf demselben gewonnen werden kann. Am meisten wird auf diese Weise Flachs gebaut.

Die dritte Art ist das Rasenbrennen. Der Boden, wo dieser Prozess vorgenommen wird, giebt nur ein Mal eine gute Ernte und zum zweiten Male nur das zweite Korn. Diese Methode wird vielfach in Finnland, in den drei baltischen Provinzen und im St. Petersburger Gouvernement angewendet.

Die Abbrennungsmethode herrscht noch jetzt in den nördlichen Gouvernements des Reichs, Archangel, Olonetz und Wologda, ferner fast im ganzen Finnland und in einzelnen Distrikten der Gouvernements Nowgorod, Kostroma, Wiatka und Perm. Jedoch findet man in diesen Distrikten auch schon hin und wieder eine rationellere Bearbeitung des Bodens.

2. Die Methode der oberflächlichen Bearbeitung mit langen Ruhepausen.

Diese Methode wird in holzarmen Steppengegenden angewandt und besteht darin, dass man den Boden einige Jahre nach einander ganz oberflächlich bearbeitet, um ihm dann einige Zeit hindurch Ruhe zu gönnen und ihn nur zur Weide oder Heugewinnung zu benutzen. So fährt man mit der Benutzung des Bodens bis zu seiner gänzlichen Erschöpfung fort. Dies System setzt grosse gleichförmige Landstrecken (Steppen) und eine dünne Bevölkerung voraus; es wird noch in Bessarabien, im Land der Donischen Kosaken, sowie in den Gouvernements Cherson, Jekaterinoslaw, Taurien, Astrachan, Saratow und Samara angewendet. Im Allgemeinen wird ein bestimmter Fruchtwechsel befolgt. Im ersten Jahre baut man Flachs und Hirse, (in Bessarabien Kukuruz,) im zweiten Jahre Winterroggen, im dritten Winterweizen, im vierten Roggen, Gerste oder Hafer.

3. Das System der Dreifelderwirthschaft.

Dieses System besteht bekanntlich darin, dass die Feldmark eines Hofes in drei Theile getheilt ist, welche in regelmässigem Wechsel das eine Jahr mit Wintergetreide, das zweite Jahr mit Sommergetreide bestellt werden und das dritte Jahr brach liegen, und zwar so, dass immer ein Theil sich in einem der genannten Zustände befindet. Diese Art der Feldwirthschaft gewann erst im 16. Jahrhundert Eingang in Russland, und zwar in Folge der Zunahme der Bevölkerung, der Verminderung des Waldbestandes, sowie auch in Folge der Beschränkung der Freizügigkeit der russischen Bauern durch Boris Godunoff, wodurch die ehemalige durchaus primitive Benutzung des Bodens zur Unmöglichkeit wurde. Bald breitete sich das System der Dreifelderwirthschaft über das gesammte Russland aus, mit Ausnahme des äussersten Nordens und Südens, und hat sich drei Jahrhunderte hindurch bis in die neueste Zeit hinein fast überall in ungeschwächter Kraft erhalten, was der Leibeigenschaft und dem mangelnden Verständniss für den rationellen Betrieb des Ackerbaues zugeschrieben werden muss. Erst jetzt fängt man an die Unzulänglichkeit der alten Methode einzusehen und die Nothwendigkeit, zu einer besseren überzugehen.

Ist das System der Dreifelderwirthschaft an und für sich ein höchst mangelhaftes, so treten die Nachtheile desselben noch um so stärker hervor, wenn der Viehstand der betreffenden Höfe nicht gross genug ist, um den nöthigen Dünger zu beschaffen In denjenigen Distrikten Russlands freilich, wo die fruchtbare schwarze Erde vorherrscht, machte dieser Uebelstand sich nicht so sehr geltend, weil man hier überhaupt nur selten düngte; desto schlimmer aber war man im übrigen Russland daran. Man nimmt an, dass für eine Dessiatine Land von mittlerer Beschaffenheit 48,000 Pfund Dünger von nöthen sind, und da auf jedes Stück Vieh durchschnittlich 8000 Pfund Dünger im Jahr zu rechnen sind, so wären danach für jede Dessiatine Land 6 Stück Vieh erforderlich.

Nun aber ist der Viehstand im grössten Theil des mittleren

Russlands ein so geringer, dass auf eine Dessiatine Ackerland nur 1—2 Stück Vieh durchschnittlich gerechnet werden können. Man rechnet ferner, dass zu einer genügenden Heufütterung für jedes Stück Vieh eine Dessiatine Wiesenland erforderlich ist, während das wirkliche Verhältniss der Art ist, dass fast überall im europäischen Russland 2—3 Stück Vieh von einer Dessiatine Wiesenland genährt werden. Man muss also bei der Fütterung natürlich mit Stroh nachhelfen, und der dadurch nur in ungenügendem Masse erzielte Dünger kommt überdies nur selten dem Felde zu Gute, sondern wird in den Gärten und für den Flachsbau verwandt.

Statt des Viehdüngers werden mannichfache Surrogate gebraucht. So streut man in den nördlichen Gouvernements Zweige von Nadelholz mit Stroh untermischt unter das Vieh und verwendet dieselben dann mit dem eigentlichen Dünger. In Archangel benutzt man torfhaltigen Schlamm auf dieselbe Weise. In den westlichen Gouvernements düngt man sandigen und kieshaltigen Boden auch mit reinem Torf, wodurch derselbe kulturfähig wird. An einigen Orten verfährt man in gleicher Weise mit schlammigem Boden. Düngung mit Knochenmehl ist noch sehr selten in Russland, weil dieses Fabrikat bis jetzt sehr theuer war. In neuester Zeit sind weit ausgedehnte Lager von phosphorhaltigem Gestein in dem Raum zwischen der Deana und der mittleren Wolga entdeckt worden. Dieselben werden schon jetzt in grossem Massstabe ausgebeutet und durch die Anlage von Eisenbahnen ist der Bezug desselben sehr erleichtert. Eine allgemeinere Anwendung dieses Phosphorits wird dem Landbau in Russland ungemein förderlich sein.

Die Unzulänglichkeit der Dreifelderwirthschaft tritt namentlich in dichtbevölkerten Gegenden, zumal wenn der Boden nicht von besonders guter Beschaffenheit ist, hervor. Der Boden kann dann die Bevölkerung nicht ernähren und ein Theil derselben muss auswandern, um sich anderswo den Unterhalt zu verschaffen. An manchen Orten hat man übrigens die Dreifelderwirthschaft verlassen, nicht um zu einer rationelleren Bearbeitung des Bodens überzugehen, sondern um statt derselben das Land zum Gartenbau oder zu anderen Zwecken zu gebrauchen.

4. Das System des Fruchtwechsels.

Die Versuche, dieses System in Russland einzuführen, datiren vom Anfang dieses Jahrhunderts, sie waren aber weder zahlreich noch auch in den meisten Fällen von einem günstigen Erfolg begleitet, was der herrschenden Leibeigenschaft, den niedrigen Getreidepreisen, dem Mangel an Kommunikationen und dem dadurch bedingten ungenügenden Absatz zugeschrieben werden muss. Nur die Ostseeprovinzen machten eine Ausnahme davon, und das System des Fruchtwechsels gewann hier von den dreissiger Jahren an grosse Ausbreitung. Dazu trugen die günstige geographische Lage, wodurch der Absatz und gute Preise gesichert wurden, dann die grosse Verbreitung agronomischer Kenntnisse und genügender Bodenkredit das Ihrige bei. Jetzt herrscht das System fast überall in den Ostseeprovinzen, und zwar nicht allein bei den Gutsbesitzern, sondern auch bei den Bauern. An manchen Stellen wird aber an dem eigentlichen System nicht streng festgehalten, sondern statt dessen eine Art Vielfelderwirthschaft mit Einschluss der Brache getrieben. So haben in Livland und Kurland zwei Methoden mit siebenresp. achtjähriger Periode grosse Ausbreitung gefunden. Die hohe Stufe, auf welcher der Ackerbau in den Ostseeprovinzen steht, hat natürlich die günstigste Rückwirkung auf das Gedeihen des Landes gehabt, und namentlich ist in letzterer Zeit der Werth von Grund und Boden bedeutend gestiegen.

In den vierziger Jahren gewann das System des Fruchtwechsels auch bei der Mehrzahl der Kowno'schen Gutsbesitzer Eingang, was den örtlichen Verhältnissen, die mit denen Kurlands grosse Aehnlichkeit haben, und der benachbarten Lage dieses Landes zugeschrieben werden muss. Im Gouvernement Wilna und dem Niphliandschen Distrikt des Gouvernements Witebsk ist die Vielfelderwirthschaft mit Heugewinnung und dem Bau von Wurzelfrüchten von vielen Gutsbesitzern angenommen. In den Gouvernements Grodno und Minsk bildet die Vierfelder-

wirthschaft den Uebergang zur eigentlichen Methode des Fruchtwechsels. In den polnischen Gouvernements hat diese selbst
schon ziemlich bedeutend Eingang gefunden. Im ganzen übrigen
Russland findet man dieselbe nur ausnahmsweise, und zwar nur
bei Gutsbesitzern.

III. Die Kornproduktion.

Das Areal, welches im europäischen Russland mit Einschluss
von Polen und Finnland (für das asiatische Russland ist keine
genaue Angabe darüber möglich) dem Ackerbau unterzogen ist,
beträgt gegen 95 Millionen Dessiatinen (ungefähr 412 Millionen
preussische Morgen), und es werden jährlich ca. 69 Millionen
Tschetwert (1104 Millionen preussische Scheffel) Getreide aus-
gesäet. Wenn man für ganz Russland die Dreifelderwirthschaft
bei der Berechnung zu Grunde legt (die andern landwirthschaft-
lichen Systeme bilden, wie wir gesehen haben, die Ausnahme),
so würde dies für jedes der drei Felder ein Areal von etwa
32 Millionen Dessiatinen ausmachen. Wenn man davon für das
mit Flachs, Runkelrüben, Kartoffeln und Taback bestellte Land
5 Millionen Dessiatinen in Abrechnung bringt, so bleiben für das
mit Winterkorn besäete Land etwa 27 Millionen Dessiatinen.
Da man nun für eine Dessiatine Land ungefähr 1 Tschetwert
(16 Scheffel) Korn zur Aussaat rechnet, so würden an Winter-
saat 27 Millionen Tschetwert erforderlich sein. Das mit Sommerkorn bestellte Land macht ein etwas grösseres Areal, als das
mit Winterkorn besäete und kann zu 28 Millionen Dessiatinen
angeschlagen werden. Zur Aussaat für eine Dessiatine solchen
Landes bedarf man ungefähr 1½ Tschetwert Getreide und würde
die Sommersaat also 42 Millionen Tschetwert beanspruchen.
Dies macht für die gesammte Aussaat 69 Millionen Tschetwert,
und wenn man für das asiatische Russland 11 Millionen Tschetwert
hinzurechnet, 80 Millionen Tschetwert aus. Der Ernteertrag stellt
sich im gesammten Russland auf durchschnittlich das 3½ Fache

der Aussaat, und namentlich betrug die Ernte in den Jahren 1864—66 durchschnittlich 275 Millionen Tschetwert. Davon wurden ungefähr 10 Millionen Tschetwert in's Ausland geführt, 80 Millionen Tschetwert zur Aussaat und 12 Millionen Tschetwert zum Branntweinbrennen gebraucht, so dass ungefähr 173 Millionen Tschetwert zum Verbrauch der Bevölkerung übrig blieben, was bei einer Volkszahl von ungefähr 75 Millionen 2⅓ Tschetwert Korn pr. Kopf ausmacht, ein Verhältniss, welches als nahezu genügend angesehen werden muss.

In den Jahren 1861—66 stellte sich die Kornproduktion in den verschiedenen Gouvernements des europäischen Russlands jährlich im Durchschnitt wie folgt:

Gouvernement	Einwohnerzahl	Kornproduktion	Reinertrag	Anzahl Tschetwert des Reinertrags auf jeden Kopf der Bevölkerung.
		in Tausend Tschetwert.		
Tambow	1,974,584	10,341	7,773	3,94
Orel	1,539,619	10,047	7,485	4,91
Kursk	1,827,068	9,079	6,366	3,40
Tula	1,152,470	8,809	6,047	5,94
Wiatka	2,220,601	8,692	5,184	2,93
Woronesch	1,934,113	8,479	5,028	2,93
Poltawa	1,911,442	7,576	5,271	2,97
Saratow	1,664,561	7,005	4,448	2,98
Kiew	2,012,095	6,887	5,094	2,98
Nischegorod	1,285,196	6,687	5,040	3,93
Rjasan	1,418,293	6,620	4,719	3,38
Pensa	1,178,090	6,539	4,661	3,90
Samara	1,690,779	6,216	3,872	2,98
Kasan	1,607,122	5,809	3,567	2,91
Podolien	1,868,857	5,616	4,057	2,98
Twer	1,518,077	5,546	3,249	2,94
Perm	2,196,548	5,521	3,217	1,49
Land der Don-schen Kosaken	949,682	5,386	4,200	4,49
Smolensk	1,137,212	5,697	3,096	2,96
Simbirsk	1,183,312	4,931	3,406	2,97
Wolhynien	1,602,715	4,868	3,461	2,15
Wladimir	1,216,619	4,695	3,016	2,97
Charkoff	1,590,916	4,289	2,711	1,49
Tschernigoff	1,487,372	4,183	2,714	1,83
Ufa	1,296,110	4,080	2,915	2,94

Gouvernement.	Einwohnerzahl.	Kornproduktion	Reinertrag	Anzahl Tschetwert des Reinertrags auf jeden Kopf der Bevölkerung.
		in Tausend Tschetwert.		
Kowno	1,052,104	3,979	2,998	2,84
Livland	925,275	3,402	3,086	3,34
Jaroslaw	969,642	3,659	2,407	2,48
Kostroma	1,073,951	3,609	2,250	2,09
Moskau	1,564,240	3,528	2,115	1,35
Kaluga	964,796	3,387	2,135	2,21
Minsk	1,001,335	3,295	2,192	2,19
Mobilew	924,080	3,102	2,033	2,20
Nowgorod	1,006,293	3,113	1,961	1,91
Bessarabien	1,026,346	3,036	2,292	2,23
Grodno	894,194	2,494	2,024	2,73
Wilna	891,993	2,763	1,716	1,90
Kurland	573,856	2,692	2,061	3,90
Jekaterinoslaw	1,204,751	2,293	1,317	1,81
Witebsk	778,739	2,285	1,453	1,87
Orenburg	916,257	2,240	1,26?	1,37
Pskow	718,967	2,194	1,276	1,73
Cherson	1,330,138	2,090	1,680	1,19
Taurien	615,001	2,079	1,645	2,81
St. Petersburg	1,174,174	1,686	1,189	1,91
Esthland	313,119	1,166	444	2,38
Olonetz	296,593	649	464	1,64
Archangel	284,244	326	213	0,49
Astrachan	210,336	157	114	0,54

Aus dieser Tabelle geht hervor, dass die nördlichsten Gouvernements des russischen Reichs (Olonetz, Archangel und Astrachan) zusammen nur 1 Million Tschetwert Getreide aufzubringen vermögen, wovon nur etwa 800,000 Tschetwert für den Reinertrag zu rechnen sind, so dass auf die Einwohnerzahl jener Provinzen, welche ungefähr 800,000 Seelen beträgt, nur ungefähr 1 Tschetwert Korn pr. Kopf kommt. Dahingegen geben die Gouvernements Tambow und Orel bei einer Einwohnerzahl von ca. 3½ Millionen einen Reinertrag von über 15 Millionen Tschetwert, so dass hier also, wenn man 2½ Tschetwert als das für jedes Individuum nöthige Masz an Getreide rechnet, fast 7 Millionen Tschetwert zur Ausfuhr übrig bleiben. Die acht Gouvernements Tambow, Orel, Kursk, Tula, Wiatka, Woronesch, Poltawa und Saratow bringen überhaupt ungefähr den dritten Theil des im europäischen Russland produzirten Getreides hervor, und sind somit als Russland Kornkammer anzusehen.

Was den Ertrag der Ernte in den verschiedenen Gouvernements des Reichs im Verhältnisz zur Aussaat betrifft, so stellte sich in den Jahren 1864—66 der jährliche Ueberschuss der Ernte durchschnittlich wie folgt:

Gouvernement		Gouvernement	
Livland	5,01	Olonetz	3,61
Kurland	4,49	Cherson	3,49
Taurien	4,02	Ufa	3,49
Land der Donischen		Riasan	3,48
Kosaken	4,08	Pensa	3,48
Bessarabien	4,09	Wolhynien	3,47
Kowno	4,06	St. Petersburg	3,43
Nischegorod	4,05	Kursk	3,33
Tambow	4,02	Grodno	3,32
Orel	3,92	Simbirsk	3,31
Kiew	3,83	Tula	3,19
Esthland	3,64	Wologda	3,06
Poltawa	3,61	Minsk	3,01
Podolien	3,60	Jaroslaw	2,99
Archangel	3,57	Tschernigoff	2,94

Gouvernement.		Gouvernement.	
Wladimir	$2_{,80}$	Wilna	$2_{,78}$
Charkoff	$2_{,79}$	Kasan	$2_{,59}$
Kaluga	$2_{,77}$	Woronesch	$2_{,58}$
Witebsk	$2_{,76}$	Moskau	$2_{,53}$
Mohilew	$2_{,74}$	Wiatka	$2_{,49}$
Saratow	$2_{,73}$	Jekaterinoslaw	$2_{,46}$
Nowgorod	$2_{,71}$	Smolensk	$2_{,45}$
Kostroma	$2_{,60}$	Twer	$2_{,41}$
Samara	$2_{,65}$	Perm	$2_{,40}$
Astrachan	$2_{,64}$	Pskow	$2_{,35}$
		Orenburg	$2_{,78}$

Für das gesammte europäische Russland: $3_{,13}$

Für Russland betrug in den gedachten Jahren der Ertrag
der Ernte also etwas über das Dreifache der Aussaat. Nach anderen Angaben und zwar für den Zeitraum von 1857—66 stellt
sich der Ertrag etwas höher, nämlich auf das $3\frac{1}{2}$fache. Wir
wollen uns im Folgenden an diese Angaben halten, zugleich
aber, statt die einzelnen Gouvernements neben einander zu stellen,
dieselben in die folgenden 9 Gruppen theilen:

1. Die nördlichen Gouvernements, nämlich Archangel,
Olonetz, Wologda, Wiatka, Perm, St. Petersburg, Nowgorod und
Finnland. Hier herrscht noch das System des Waldbrennens
zum Behuf der Kornproduktion, und wegen des Ueberflusses an
Weiden kann dem Boden auch reichlicher Dünger zugeführt
werden.

2. Die Ostseeprovinzen und das Gouvernement
Kowno, wo das System des Fruchtwechsels das herrschende ist.

3. Die polnischen Gouvernements, wo zum Theil
auch eine rationellere Landwirthschaft betrieben wird. Die
Mitteltemperatur stellt sich hier auf + 6° und die Beschaffenheit
des Bodens ist durchgängig recht gut.

4. Die westlichen Gouvernements, Pskow, Witebsk,
Wilna, Grodno, Minsk, Mohilew, Smolensk, Tschernigoff, welche
im Allgemeinen einen mässigen, zum Theil morastigen, zum

Theil sandigen und steinigen Boden haben und wo die Mittel-temperatur + 4,3° beträgt. Die Bodenkultur steht hier auf einer ziemlich niedrigen Stufe, und der Bau von Flachs und Hanf wird mit grösserem Erfolg betrieben, als der Getreidebau.

5. Die mittleren Gouvernements, Twer, Moskau, Kaluga, Jaroslaw, Wladimir und Kostrowa, liegen ausserhalb der eigentlichen Humusgegend, so dass der Boden behufs des Ackerbaus des Düngers bedarf, welcher aber, da es an Wiesen mangelt, nur schwer herstellig zu machen ist. Ueberdies ist die Bevölkerung verhältnissmässig dicht und ist dieselbe daher auf andere Erwerbszweige, namentlich Fabrikarbeit angewiesen.

Alle übrigen Gouvernements gehören zum Theil oder ganz der Humuszone an, deren nördliche Grenze, bei Radziwilow beginnend, sich über Schitomir, Kiew, Sosniza, Kursk, Orel, Tula, Riasan, Murom, Wassil, Kasan und Sarapul hinzieht und in der Nähe von Jekaterinenburg an das Uralgebirge stösst. Dieses ganze Gebiet lässt sich wiederum in vier Gruppen zerlegen, nämlich:

6. Die südwestlichen Gouvernements, Kiew, Wolhynien und Podolien, die einen sehr reichen Boden, aber wenig Wiesen haben, so dass die Viehzucht dort auf niedriger Stufe steht;

7. Die eigentliche Humusgegend, nämlich die Gouvernements Riasan, Tula, Orel, Kursk, Poltawa, Charkoff, Woronesch, Tambow, Pensa und Nischegorod, ein starkbevölkerter Landstrich zwischen Dniepr und Wolga, mit sehr fruchtbarem, aber schon etwas ausgesogenem Boden;

8. Die östlichen Gouvernements, Kasan, Simbirsk, Saratow, Samara, Orenburg und Upha, mit meistens noch ziemlich frischem Boden und sehr reichlichen Wiesen;

9. Die südlichen Gouvernements, welche meistens den Charakter von Steppen haben, oft an Wassermangel leiden und manchen Landplagen ausgesetzt sind.

Wenn man nun diese Gruppen in Bezug auf ihre Ertragsfähigkeit mit einander vergleicht, so erhält man folgende Resultate:

Gruppe.	Anzahl Dessiatinen Ackerland auf jeden Kopf der Bevölkerung.	Aussaat, berechnet in Tschetwert für jeden Kopf der Bevölkerung.			Ertrag der Ernte im Verhältnisse zur Aussaat:		
		Winterkorn.	Sommerkorn.	Zusammen.	Winterkorn.	Sommerkorn.	Zusammen.
Nördliche Ostseeprovinzen	$1_{,33}$	$0_{,74}$	$0_{,73}$	$0_{,77}$	$3_{,90}$	$2_{,95}$	$3\,^{1}/_{6}$
Polen	$1_{,13}$	$0_{,37}$	$0_{,93}$	$0_{,99}$	$4_{,93}$	$4_{,70}$	$4\,^{9}/_{6}$
Westliche	$1_{,90}$	$0_{,90}$	$0_{,39}$	$0_{,70}$	$4_{,93}$	$4_{,96}$	$4\,^{1}/_{3}$
Mittlere	$1_{,93}$	$0_{,90}$	$0_{,95}$	$0_{,98}$	$3_{,95}$	$2_{,90}$	3
Südwestliche	$1_{,99}$	$0_{,33}$	$0_{,93}$	$1_{,14}$	$3_{,90}$	$2_{,90}$	$2\,^{3}/_{6}$
Humusgegend	$1_{,91}$	$0_{,94}$	$0_{,90}$	$0_{,77}$	$4_{,90}$	$3_{,90}$	$3\,^{1}/_{3}$
Oestliche	$1_{,91}$	$0_{,91}$	$0_{,90}$	$1_{,91}$	$3_{,91}$	$3_{,97}$	$3\,^{1}/_{3}$
Südliche	$1_{,93}$	$0_{,94}$	$0_{,94}$	$1_{,73}$	$3_{,93}$	$3_{,93}$	$3\,^{3}/_{6}$
Das ganze europäische Russland	$1_{,95}$	$0_{,99}$	$0_{,91}$	$0_{,93}$	$3_{,97}$	$4_{,97}$	4
	$1_{,44}$	$0_{,90}$	$0_{,93}$	$0_{,99}$	$3_{,96}$	$3_{,93}$	$3\,^{1}/_{3}$

In den einzelnen Jahren der zehnjährigen Periode von 1857—66 haben natürlich sehr bedeutende Abweichungen von den oben angeführten Durchschnittszahlen stattgefunden. So gab im Jahre 1857 in Bessarabien die Ernte des Sommergetreides mehr als das neunte und im Jahre 1860 fast das neunte, im Jahre 1857 im Gouvernement Cherson mehr als das achte, in Taurien die Ernte des Wintergetreides 1866 mehr als das siebente und im Gouvernement Orenburg 1860 mehr als das sechste Korn. Andererseits betrug die Ernte des Sommerkornes 1865 in den Gouvernements Pskow und Woronesch nur wenig mehr als die Aussaat; im Gouvernement Jaroslaw erreichte 1865 die Ernte des Winterkorns und im Gouvernement Samara 1864 die Ernte des Sommerkorns nicht einmal die Aussaat. Die grössten Schwankungen kamen in den südlichen und südöstlichen, die geringsten in den westlichen und mittleren Gouvernements vor. Der Ernteertrag an Winterkorn ist am unregelmässigsten in den südlichen Gouvernements, der des Sommerkorns in den mittleren, nördlichen und westlichen, was daraus zu erklären ist, dass der Winter im Süden und umgekehrt der Sommer in den übrigen Theilen des Reichs in den verschiedenen Jahren sehr verschieden auftritt.

Wenn man diejenige Ernte, welche sich nicht über 10 Prozent von der obenangeführten Durchschnittsernte entfernt, als eine Mittelernte, diejenige, welche jenes Maaz um 10 Prozent übersteigt, als eine gute Ernte, und diejenige, welche über 10 Prozent schlechter ausfüllt, als eine Missernte ansieht, so waren im gesammten europäischen Russland im Dezennium von 1857—66, drei gute Ernten, drei Missernten und vier Normalernten. Was die einzelnen Gouvernements betrifft, so waren in den westlichen, polnischen und baltischen zum Theil 5—9 gute Ernten im genannten Dezennium, während viele der südlicheren Gouvernements nur zwei bis drei, ja einige sogar nur einmal eine Normalernte erreichten.

Die Missernten trafen im Zeitraum von 1857—66 in folgenden Theilen des Reiches ein:

Jahr.	Zahl der Gouvernements, wo eine Missernte eintrat.			Wo die Missernte sich hauptsächlich zeigte.	
	Winterkorn.	Sommerkorn.	Zusammen.	An Wintergetreide.	An Sommergetreide.
1857	15	6	21	Die südlichen und hausreichen Gouvernements.	Der äusserste Norden und die Ostseeprovinzen.
1858	14	16	30	Die südwestlichen und einige mittlere und polnische Gouvernements.	Die mittleren, alle nordwestlichen und polnischen Gouvernements mit Ausnahme Lublins.
1859	31	29	60	Allgemeine Missernte, mit Annahme der nordwestlichen, baltischen und polnischen Gouvernements.	Allgemeine Missernte mit Annahme der nördlichen, westlichen und einiger anderen Gouvernements.
1860	1	15	16	Nur im Lande der Donischen Kosaken.	Einige mittlere und östliche Gouvernements.
1861	19	11	30	Die westlichen, mittleren und einige östliche Gouvernements.	Die mittleren und einige baumreiche Gouvernements.
1862	9	19	28	Der äusserste Norden und der äusserste Süden.	Der äusserste Norden, der äusserste Süden, sowie die Ukraine.

1863	7	2	9	Einige nördliche und humusreiche Gouvernements.	Gouvernements Archangel und Plotzk.
1864	10	21	31	Die an der mittleren Wolga liegenden, ferner einige nordwestliche und südliche Gouvernements.	Die meisten mittleren und westlichen sowie einige südliche Gouvernements.
1865	44	24	68	Allgemeine Missernte, mit Ausnahme der längs der oberen und mittleren Wolga liegenden und einiger neurussischen Gouvernements.	Allgemeine Missernte, mit Ausnahme der westlichen der einiger südlichen Gouvernements, sowie der an der mittleren Wolga liegenden Gegenden und des Bassins der Oka.
1860	4	13	17	Unbedeutender Missveachs in 4 Gouvernemente.	Einige der südwestlichen, südlichen und ukrainischen Gouvernemente.
Durchschnittlich:	15,..	15,..	31		

IV. Die in Russland produzirten Kornsorten.

Der Bau der Gerste erstreckt sich bis zum 67. nördlichen Breitengrade; im ganzen Gouvernement Archangel, im nördlichen Finnland und in dem nördlichen Theil der Gouvernements Olonetz und Wologda kommt keine andere Getreideart fort.

Der Roggen ist fast das einzige Winterkorn in dem ganzen zwischen dem 63. und 51. nördlichen Breitengrade liegenden Theile von Russland; er wird hier auch als Sommerkorn, aber nur in geringem Maaze gebaut.

Der Weizen wird im ganzen südlichen und zum Theil im westlichen Russland, dann in Polen, im Kaukasus und im südlichen Sibirien gebaut, jedoch in weit grösserem Maaze als Sommer- denn als Wintergetreide.

Hafer bildet im nördlichen und westlichen Russland ungefähr drei Viertheile der ganzen Sommeraussaat. In den südlichen Gouvernements werden statt des Hafers im Sommer meistens andere Kornsaten gebaut, nämlich in den grossrussischen hauptsächlich Buchweizen und in den südlichen vornehmlich Hirse, ausserdem aber Erbsen, Bohnen, Linsen und Dinkel.

Kukurus oder Mais ist die hauptsächlichste Getreideart in Bessarabien, in den mittleren Theilen der Gouvernements Cherson und Podolien, sowie im Kaukasus, in dessen südlichen Distrikten auch Reis gebaut wird. An Roggen wird hier nur soviel gebaut, wie zum Bedürfnies der Truppen erforderlich ist.

V. Der Bau von Flachs, Hanf und Baumwolle.

Die wichtigsten Bodenerzeugnisse Russlands nächst dem Getreide sind Flachs und Hanf, und es werden diese Produkte fast im ganzen Russland gebaut, mit Rücksicht auf den Absatz aber nur in gewissen näher zu bezeichnenden Grenzen.

1. Der Flachsbau.

Derselbe wird in Russland entweder zu Manufacturzwecken oder als Oelfrucht kultivirt. Für den Hausbedarf wird er, wie gesagt, fast im ganzen Lande, mit Ausnahme des Gouvernements Archangel, zu industriellen Zwecken aber hauptsächlich in den nachstehend näher zu besprechenden Gegenden gezogen, die sich in drei Gebiete zusammenfassen lassen, nämlich: das nördliche Gebiet, welches sich längs des oberen Flussgebiets der nördlichen Dwina, längs der oberen Wiatka und Kama und an der mittleren Wolga von der Kostroma bis zur Oka hin erstreckt; das westliche Gebiet, welches den südlichen Theil der Ostseeprovinzen, das Gebiet der westlichen Dwina und des oberen Don einnimmt, und das südliche Gebiet, das sich über die Niederungen des Don, Dniepr und Bug bis an das Schwarze und Asowsche Meer erstreckt. In dem ersten und zweiten Gebiet wird hauptsächlich auf die Gewinnung der Stengel[*], in dem dritten auf die des Samens Gewicht gelegt.

Das nördliche Flachsgebiet.

Dasselbe hat seinen Absatz nach den Handelsplätzen des Weissen Meeres. Im Jahre 1869 stellte sich die Produktion in den zum Gebiet gehörigen Gouvernements wie folgt:

Gouvernement.	Produktion von Flachs.	Produktion von Flachssamen.
Wiatka	1,000,000 Pud [**]	1,000,000 Pud
Kostroma	900,000 „	60,000 „
Wladimir	840,000 „	—
Wologda	620,000 „	300,000 „
Jaroslaw	500,000 „	—
Olonetz	40,000 „	25,000 „
Nowgorod	22,000 „	12,000 „
Perm	13,000 „	10,000 „
Archangel	12,000 „	6,000 „
Zusammen:	3,947,000 Pud.	1,413,000 Pud.

[*] Es giebt kein Land, über welches so absprechende und wegwerfende Urtheile gefällt werden, wie über Russland, eben weil man es nicht kennt. So begegnet man häufig der Behauptung, die Russen verstünden den Flachsbau nicht und verwendeten den Flachs meistens zur Oelgewinnung, während gerade das Gegentheil der Fall ist.

[**] à 33 Zollpfund.

Das westliche Flachsgebiet.

Hier ist der Flachsbau am ausgedehntesten in den Gouvernements Pskow, Smolensk und Livland. Im erstgenannten wird ein Areal von 180,000 Dessiatinen (fast 750,000 Morgen Landes) dazu verwandt. Die jährliche Produktion in Flachsstengeln, welche auch hier die überwiegende ist, stellt sich folgendermaszen:

Gouvernement.	Pud Flachsstengel.
Pskow	2,800,000
Smolensk	1,500,000
Livland	750,000
Minsk	607,000
Witebsk .	550,000
Kowno	500,000
Kurland	150,000
Wilna	140,000
Grodno	80,000 ·
Tschernigoff	50,000
Theile von Nowgorod und Twer ·	40,000

Zusammen: 6,967,000

Dazu kommen noch 1,125,000 Tschetwert oder ca. 3¾ Millionen Pud Flachssamen.

Das südliche Flachsgebiet.

Dasselbe umfasst den südlichen Theil von Bessarabien, ferner Theile des Landes der Donischen Kossaken und der Gouvernements Cherson und Jekaterinoslaw, sowie die südlichen Distrikte der Gouvernements Podolien, Kiew, Poltawa, Charkoff, Woronesch, Tambow und Saratow. Es wird hier fast ausschliesslich nur der Same produzirt, weil wegen der oft eintretenden Dürre die Stengel meistens nur von mäsziger Beschaffenheit sind. Dagegen ist der Same hier immer von vorzüglicher Güte, und weil die Nachfrage vom Ausland her immer eine sehr lebhafte ist, erscheint die überwiegende Produktion des Samens in diesen Gegenden durchaus natürlich. Die Menge des produzirten Samens beträgt jährlich gegen 750,000 Tschetwert oder· ungefähr

2,250,000 Pud. Die Flachsproduktion des gesammten Russlands beträgt demnach gegen 12 Millionen Pud Stengel und 2½ Millionen Tschetwert Samen. Das Pud Flachsstengel repräsentirt einen Werth von 4 Rubeln, der Tschetwert Flachssamen einen solchen von 10 Rubeln, so dass die Flachsproduktion also für das Land einen Werth von 73 Millionen Rubeln hat.

Die Flachsproduktion ist für Russland um so wichtiger, als der Bedarf des Auslandes an Flachs in stetem Steigen begriffen ist und der russische Flachs vorzugsweise Absatz findet. Dazu kommt noch, dass in den Gegenden, wo der Flachsbau am bedeutendsten ist, die Kornproduktion nicht denselben zu ersetzen im Stande wäre, weil die Bedingungen für den Absatz des Korns dort bei Weitem nicht so günstig sind, wie für den Absatz des Flachses.

Der Mittelertrag einer Desslatine Land, welche mit Flachs bestellt wird, lässt sich zu 40—50 Rubel anschlagen.

2. Der Hanfbau.

Hanf wird in Russland an vielen Orten bis zum 58.° nördlicher Breite gebaut. Das Hauptgebiet der Hanfkultur bilden aber die Gouvernements Orel, Smolensk und Mohilew, dann die nördliche Hälfte der Gouvernements Tschernigoff und Kursk und der südliche Theil der Gouvernements Kaluga, Tula, Riasan und Tambow.

Der Hanfbau hat in Russland in der letzten Zeit aber absals zugenommen, und zwar hauptsächlich weil der Bedarf an Segeltuch und Werg jetzt geringer ist als früher, weil Gewebe aus Flachs oder Baumwolle diejenigen aus Hanf immer mehr verdrängen und neben dem Hanföl viele andere Pflanzenöle in den Handel gekommen sind.

Die statistischen Nachrichten, welche man über den Hanfbau in Russland hat, sind weder erschöpfend noch genau, und die nachstehenden Angaben dürfen also nur als annähernd richtig betrachtet werden.

Gonvernement	Mit Hanf bestelltes Areal.	Produktion an Hanf.	Hanfsamen.
Orel	75,000 Dess.	1,560,000 Pud	480,000 Pud
Tschernigoff	42,000 „	700,000 „	1,500,000 „
Korsk	33,000 „	550,000 „	360,000 „
Smolensk	23,000 „	450,000 „	?
Mohilew	20,000 „	410,000 „	?
Kaloga	20,000 „	405,000 „	600,000 „
Tula	18,000 „	400,000 „	?
Riasan (Steppengebiet)	17,000 „	260,000 „	?
Tambow	12,000 „	160,000 „	?
Im Ganzon:	260,000 Dess.	4,895,000 Pud.	2,940,000 Pud.

Wenn man für das übrige Rossland den Ertrag an Hanf zu 1 Million Pud anschlägt, so würde der Gesammtertrag ungefähr 6 Millionen Pud ausmachen. ·Rechnet man 2 Rubel für das Pud, so würde dies ein Werth von 12 Millionen Rubeln sein. Die Produktion an Hanfsamen lässt sich im Ganzen zu 3,500,000 Tschetwert annehmen, deren jeder ungefähr 5 Rubel kostet. Die Hanfproduktion Rosslands repräsentirt also einen Werth von ungefähr 27 Millionen Rubeln.

Der Boden ist dort, wo die Hanfkultur am ausgebreitetsten ist, im Allgemeinen wenig ergiebig, und ohne reichliche Düngung für den Getreidebau nicht geeignet. Wo die Bodenverhältnisse günstiger sind, nimmt der Hanfbau aber nach und nach ab und zwar wird er im Westen durch den Flachsbau, im Süden durch den Anbau von Taback und Zuckerrüben und im Osten durch den Getreidebau verdrängt.

3. Die Baumwollenkultur.

Baumwolle wird im russischen Reiche nur im transkaukasischen und turkestanschen Gebiet produzirt. Als im Jahre 1863 die amerikanische Krisis eintrat, wirkte dies in hohem Masse zur Förderung der Baumwollenkultur im Kaukasus, indem der Preis für das Pud Baumwolle, welcher bisher nur 2 Rubel 50 Kopeken betragen hatte, plötzlich auf 22 Rubel stieg. Mit dem Jahre 1866 sank der Preis aber schon wieder, und derselbe beträgt jetzt ungefähr 8 Rubel. Namentlich stieg die Produktion in Eriwan, wo 1864 gegen 32,000 Dessiatinen Land mit Baumwolle bestellt wurden, und der Ertrag belief sich auf 300,000 Pud; jetzt macht derselbe jährlich nur gegen 150,000 Pud in ganz Transkaukasien aus. Ueber die Ausdehnung der Baumwollenkultur in Turkestan liegen keine Angaben vor, dieselbe ist aber nur in der Umgegend von Taschkent und Chodschent von einiger Bedeutung, und an Qualität steht die turkestanische Baumwolle der transkaukasischen nach.

VI. Der Bau von Runkelrüben, Taback, und Wein.

1. Der Rübenbau.

Für den Bau der Zuckerrübe ist der zwischen dem 48. und 54. Breitengrade liegende Landstrich, wo der Humus mit Sand oder Thon vermischt ist, am geeignetsten, und deshalb ist hier auch der Rübenbau am meisten verbreitet. Bis 1841 war derselbe übrigens in Russland nur von sehr geringer Bedeutung; als aber im genannten Jahre der Zoll auf fremden Zucker sehr bedeutend erhöht wurde, nahm der Rübenbau rasch zu.

Im Jahre 1864 hatte er folgende Ausdehnung:

Gouvernement	Dessiatinen Land unter Rübenkultur.	Anzahl Pud der in den Siedereien verbrauchten Ruben.	Annähernder Werth der in den Siedereien verbrauchten Rüben.
Kiew	60,750	26,400,000	2,915,000 Rubel.
Podolien	20,596	7,820,000	650,000 „
Charkoff	15,303	6,800,000	580,000 „
Tschernigoff	10,630	4,750,000	455,000 „
Kursk	9,054	4,520,000	445,000 „
Tula	7,793	3,130,000	344,000 „

Gouverne-ment.	Dessiatinen Land unter Rüben-kultur.	Anzahl Pud der in den Siedereien verbrauchten Rüben.	Annähernder Werth der in den Siedereien verbrauchten Rüben.
Tambow	5,056	2,030,000	183,000 Rubel.
Woronesch	4,063	1,960,000	157,000 „
Poltawa	3,703	1,850,000	180,000 „
Orel	3,607	1,300,000	105,000 „
Wolhynien	3,269	1,410,000	113,000 „
Riasan	1,443	490,000	44,000 „
Simbirsk	1,074	430,000	43,000 „
Pensa	856	280,000	24,000 „
Bessarabien	530	260,000	26,000 „
Minsk	312	150,000	12,000 „
Saratow	193	70,000	6,000 „
Kaluga	88	30,000	3,000 „

Zusammen: 148,320. 62,680,000. 6,290,000 Rubel.
Dazu kommt
  noch für
Polen: 17,252. 10,480,000. 1,197,008 „

Von dem genannten Areal wurden etwa zwei Drittheile bei
den Zuckersiedereien selbst, und ein gutes Drittheil von Land-
leuten der Rübenkultur unterzogen. Bei einem Preise von
85 Kopeken bis 1 Rubel 10 Kopeken für 10 Pud (330 Zollpfund) Rüben giebt eine Dessiatine Land, auf welcher Rüben
gebaut werden, einen Ertrag von 50—100 Rubeln.

2. Der Tabacksbau.

Derselbe hatte 1865 im europäischen Russland folgende Ausdehnung:

Gouvernement.	Angebautes Areal.	Ertrag.
Poltawa	9,425 Dessiatinen	554,255 Pud.
Tschernigoff	9,287 „	600,218 „
Samara	7,115 „	302,357 „
Bessarabien	2,110 „	100,999 *) „

*) Die Produktion hat sich in letzterer Zeit verdreifacht.

Gouvernement.	Angebautes Areal.		Ertrag.	
Charkoff	962	Dessiatinen	35,323	Pud
Taurien	750	„	28,823	„
Tula	598	„	15,071	„
Cherson	478	„	19,853	„
Wolhynien	368	„	43,680	„
Woronesch	364	„	44,338	„
Podolien	324	„	8,610	„
Saratow	157	„	21,412	„
Tambow	151	„	14,513	„
Stawropol	140	„	5,293	„
Kursk	134	„	21,363	„
Pensa	51	„	5,727	„
Riasan	37	„	2,576	„
Nischegorod	32	„	2,771	„
Minsk	28	„	2,966	„
Jekaterinoslaw	27	„	455	„
Simbirsk	26	„	2,090	„
Kiew	17	„	1,776	„
Orel	9	„	313	„
Astrachan	8	„	762	„
Orenburg	5	„	397	„
Wilna	4	„	562	„
Mohilew	3	„	170	„
Land der Donischen Kosaken	1	„	108	„
Zusammen:	32,611	Dessiatinen.	1,896,781	Pud.

Ausserdem werden im Kaukasus ungefähr 17,000 und in Sibirien 27,000 Pud produzirt, so dass sich die Gesammtproduktion im russischen Reiche 1865 auf fast 2 Millionen Pud stellte. Nach neueren, nicht offiziellen Angaben soll sich die Produktion jetzt auf 3 Millionen Pud oder 100 Millionen Zollpfund belaufen. In den 4 Gouvernements: Poltawa, Tschernigoff, Samara und Bessarabien werden über ⅘ des in Russland überhaupt produzirten Tabacks geerntet. In Kleinrussland war überhaupt der Tabacks-

10*

bau früher eingeführt als im übrigen Reich, und an manchen
Stellen nimmt er dort den Vorrang vor dem Getreidebau ein;
derselbe wird hier von den kleinrussischen Kosaken, den Nie-
schinschen Griechen (in Tschernigoff) und zum Theil auch von
Gutsbesitzern betrieben, von denen Einige sehr bedeutende Plan-
tagen haben. In den Wolgagegenden wurde die Tabackskultur
gegen Ende des vorigen Jahrhunderts durch fremde Kolonisten
eingeführt, in deren Händen sie sich auch noch fast ausschliesslich befindet. Im neurussischen Gebiet begann der Tabacksbau
um dieselbe Zeit wie in der Türkei, nämlich um die Mitte des
siebzehnten Jahrhunderts.

Die besten Tabackssorten werden im südlichen Russland
produzirt, und zwar meistens aus amerikanischem und türkischem
Samen. Der beste Taback kommt aus Bessarabien, während in
Kleinrussland im Allgemeinen nur schlechtere Sorten vorkommen.
In Samara werden sowohl die besten, als auch die schlechtesten
Sorten gebaut.

Im Durchschnitt giebt eine Dessiatine einen Ertrag von
60—100 Pud Taback, je nach den verschiedenen Sorten; die
mittleren Preise stellen sich an Ort und Stelle für die schlech-
teren Sorten auf 75 Kopeken bis 1½ Rubel pr. Pud, für die besseren auf 3 bis 5 Rubel, während für die feinsten Sorten bis
15 Rubel bezahlt werden. Der Bruttoertrag der Tabacksproduktion
lässt sich auf 3 Millionen Rubel anschlagen.

3. Der Weinbau.

Die Bedingungen für den Weinbau sind an manchen Orten
sehr günstig und es wird auch eine ansehnliche Quantität Wein
gewonnen, nämlich jährlich gegen 196 Millionen Hektoliter.
Dahingegen ist die Qualität des russischen Weins im Allgemeinen
nur gering, und zwar aus folgenden Gründen: Einmal wird nämlich nicht die genügende Sorgfalt auf den Weinbau selber verwendet, und auch die Kelterung des Weins geschieht in wenig
rationeller Weise. Dann aber fehlt es den Weinbauern auch
meistens an den nöthigen Kellern, so dass der Wein gewöhnlich
noch sehr jung verkauft wird. Uebrigens geht eine Menge

der besseren russischen Weinsorten im Handel unter fremden Namen.

Das Weingebiet Russlands erstreckt sich bis zum 49. Grade nördlicher Breite, und es gehören zu demselben: Bessarabien, Taurien, ein Theil des Gouvernements Cherson, das Land der Donischen Kosaken und der ganze Kaukasus. Früher wurde auch in der Umgegend von Astrachan und längs der Wolga viel Wein gebaut, allein wegen des erleichterten Verkehrs mit den beiden Hauptstädten, wo die Nachfrage nach Fruchtwein aus jenen Gegenden sehr lebhaft ist, hat man allmählich der Produktion des letzteren den Vorzug gegeben und den Weinbau darüber vernachlässigt.

Auf der Krim blüht der Weinbau namentlich im südlichen Theil der Halbinsel, im Jaltaschen Distrikt, wo die lokalen und klimatischen Bedingungen ungefähr denen des südlichen Frankreichs gleich sind. Die besten Sorten kommen hier aus den Nikitschen und den Magaratsch'schen Gärten. Vorzüglicher guter Wein wächst auch an der Nordküste und den Niederungen der Westküste der Krim. Der Gesammtertrag des Weinbaues auf der Halbinsel macht jährlich 10 Millionen Hektoliter aus.

In Bessarabien liegt die beste Weingegend um Akkjerman, sowie am linken Ufer des Dnieprlimans. Es werden in dem Distrikt ungefähr 22 Millionen Hektoliter produzirt.

Im Gouvernement Cherson wird der Weinbau namentlich im südwestlichen Theil desselben betrieben, und der Ertrag macht etwa 2 Millionen Hektoliter aus.

Im Land der Donischen Kosaken liegt der Weindistrikt längs dem rechten, bergigen Ufer des Don und es werden hier jährlich etwas über 1 Million Hektoliter produzirt.

Im Kaukasus kommt der Weinbau fast überall vor, die Hauptgegend für denselben aber ist das Gouvernement Kutais. Für den besten der im Kaukasus produzirten Weine hält man den Kachetischen. Die Quantität des im kaukasischen Gebiet erzeugten Weins beträgt über 100 Millionen Hektoliter, wovon jedoch fast nichts ausgeführt wird.

VII. Der Seidenbau.

Die ersten Anfänge des Seidenbaues in Russland stammen aus der Zeit Peter's des Grossen. Im europäischen Russland hat derselbe aber niemals grosse Ausbreitung gewinnen können, weil der Maulbeerbaum dort nicht gut fortkommt. Der ganze jährliche Ertrag beläuft sich daher auf nicht über 500 Pud Rohseide, welche meistens in den Gouvernements Cherson und Taurien (bei Melitgol und in den Mennonitenkolonien) gewonnen werden.

Bei Weitem wichtiger ist der Seidenbau in Transkaukasien, wo der Jahresertrag desselben gegen 4 Millionen Rubel ausmacht. Die kaukasische Seide ist indessen nicht von besonders guter Beschaffenheit, weshalb sie in den Fabriken meistens nur zum Aufzug verwandt wird, während man sich zum Einschlag fremder Seide bedient.

Auch in Turkestan wird Seide gebaut; es liegen darüber aber keine speziellen Angaben vor.

VIII. Die Viehzucht.

Es existiren leider keine neueren offiziellen Angaben über die Grösse des Viehstandes in den verschiedenen Gouvernements des europäischen Russlands, als aus dem Jahre 1864. Danach war derselbe in dem gedachten Jahre folgender:

Gouvernement.	Pferde.	Rindvieh.	Schafe, gewöhnliche.	Schafe, feinwollige.	Schweine.	Ziegen.
Archangel	45,000	94,000	95,000	—	1,000	—
Astrachan	204,000	535,000	1,522,000	1,000	50,000	60,000
Bessarabien	114,000	442,000	611,000	885,000	352,000	55,000
Wilna	178,000	302,000	180,000	37,000	214,000	40,000
Witebsk	198,000	360,000	280,000	—	224,000	32,000
Wladimir	250,000	360,000	333,000	—	20,000	1,000
Wologda	197,000	366,000	270,000	—	30,000	—
Wolhynien	255,000	514,000	485,000	473,000	393,000	23,000
Woronesch	562,000	648,000	1,560,000	370,000	400,000	35,000
Wiatka	670,000	751,000	1,232,000	—	320,000	90,000
Grodno	96,000	361,000	332,000	220,000	223,000	7,000
Land der Donischen Kosaken	370,000	1,012,000	2,191,000	55,000	—	—
Jekaterinoslaw	128,000	740,000	820,000	2,390,000	220,000	40,000
Kasan	467,000	330,000	1,125,000	5,000	200,000	110,000
Kaluga	240,000	251,000	370,000	—	170,000	—
Kiew	135,000	528,000	670,000	150,000	380,000	31,000
Kowno	215,000	485,000	265,000	5,000	255,000	110,000
Kostroma	270,000	404,000	480,000	—	23,000	1,000
Kurland	154,000	450,000	500,000	16,000	151,000	8,000

Gouvernement	Pferde.	Rindvieh.	Schafe, gewöhnliche.	feinwollige.	Schweine.	Ziegen.
Kursk	664,000	420,000	930,000	86,000	440,000	40,000
Livland	150,000	383,000	291,000	51,000	154,000	40,000
Minsk	130,000	463,000	320,000	155,000	254,000	40,000
Mobilew	291,000	380,000	344,000	34,000	200,000	30,000
Moskau	273,000	290,000	320,000	—	40,000	—
Nischegorod	270,000	264,000	531,000	19,000	100,000	12,000
Nowgorod	252,000	453,000	251,000	—	60,000	7,000
Olonetz	53,000	103,000	90,000	—	8,000	—
Orenburg	567,000	370,000	1,042,000	50,000	80,000	202,000
Orel	505,000	302,000	800,000	15,000	374,000	13,000
Pensa	454,000	900,000	630,000	88,000	244,000	9,500
Perm	852,000	790,000	980,000	1,000	260,000	60,000
Podolien	160,000	440,000	624,000	255,000	302,000	25,000
Poltawa	170,000	633,000	1,100,000	830,000	644,000	6,000
Pskow	192,000	341,000	215,000	—	100,000	4,000
Riasan	472,000	310,000	960,000	10,000	260,000	2,000
Samara	791,000	464,000	1,420,000	130,000	184,000	43,000
St. Petersburg	135,000	192,000	91,000	—	17,000	1,000
Saratow	487,000	545,000	1,205,008	473,000	144,000	21,000
Simbirsk	335,000	276,000	894,000	45,000	110,000	9,000

	Pferde	Rindvieh	Schafe gewöhnliche	Schafe feinwollige	Schweine	Ziegen
Smolensk	390,000	514,000	490,000	—	200,000	6,000
Tamtien	120,000	390,000	870,000	1,725,000	—	1,000
Tambow	790,000	424,000	1,263,000	156,000	381,000	11,000
Twer	332,000	477,000	360,000	—	50,000	2,000
Tula	350,000	210,000	562,000	19,000	143,000	2,000
Ufa	525,000	310,000	380,000	—	75,000	80,000
Charkoff	230,000	566,000	662,000	580,000	422,000	12,000
Cherson	123,000	505,000	500,000	2,341,000	5,000	1,000
Tschernigoff	420,000	397,000	720,000	70,000	480,000	73,000
Estland	68,000	183,000	130,000	121,000	51,000	3,000
Jaroslaw	200,000	355,000	320,000	—	—	—
Im europäischen Russland:	15,499,000	20,966,000	31,716,000	11,655,000	9,391,000	1,392,000

Ueber den Viehstand im Königreiche Polen giebt der Warschauer Kalender vom Jahre 1868 folgende Aufschlüsse:

Gouvernement.	Pferde.	Rindvieh.	Schafe gewöhnliche.	Schafe, feinwollige.	Schweine.	Ziegen.
Warschau	168,000	645,000	470,000	1,011,000	292,000	—
Radom	110,000	384,000	176,000	533,000	132,000	—
Lublin	102,000	435,000	251,000	511,000	172,000	—
Plotzk	79,000	228,000	213,000	255,000	138,000	—
Augustowo	133,000	219,000	255,000	105,000	194,000	—
Im Ganzen:	692,000	1,961,000	1,365,000	2,415,000	928,000	—

Die Materialien zur offiziellen Statistik Finnlands für 1861—85 enthalten folgende Angaben über den Viehstand in Finnland:

Gouvernement	Pferde	Rindvieh	Schafe, gewöhnliche.	feinwollige.	Schweine.	Ziegen.
Åbo-Björneborg	44,000	158,000	197,000	—	27,000	6,000
Wasa	47,000	161,000	183,000	—	24,000	6,000
Wiborg	36,000	171,000	106,000	—	60,000	4,000
Kuopio	32,000	110,000	87,000	—	32,000	2,000
Nyland	27,000	90,000	78,000	—	20,000	1,000
Uleaborg	21,000	99,000	97,000	—	4,000	—
St. Michel	26,000	113,000	69,000	—	31,000	2,000
Tawasthus	30,000	111,000	97,000	—	27,000	7,000
Im Ganzen:	263,000	1,013,000	908,000	—	225,000	25,000

Ein Bericht der Kaukasischen Abtheilung der kaiserlichen geographischen Gesellschaft von 1869 enthält über den Viehstand im Kaukasus folgende Angaben:

Gouvernement.	Pferde.	Rindvieh.	Schafe, gewöhnliche.	feinwollige.	Schweine.	Ziegen.
Stawropol	98,000	322,000	1,025,000	7,000	64,000	51,000
Tiflis	78,000	301,000	1,382,000	6,000	209,000	57,000
Kutais	33,000	139,000	85,000	1,000	100,000	59,000

Gouvernement.	Pferde.	Rindvieh.	Schafe, gewöhnliche.	Schafe, feinwollige.	Schweine.	Ziegen.
Eriwan	33,000	225,000	575,000	—	2,000	—
Baku	143,000	544,000	1,486,000	—	13,000	82,000
Kubangebiet	113,000	543,000	994,000	19,000	160,000	43,000
Terekgebiet	34,000	102,000	94,000	—	40,000	—
Im Ganzen:	532,000	2,176,000	5,641,000	33,000	588,000	292,000

Nach den Berichten der Gouverneure ist der Viehstand in Sibirien gegenwärtig folgender:

Gouvernement.	Pferde.	Rindvieh.	Schafe, gewöhnliche.	Schafe, feinwollige.	Schweine.	Ziegen.
Tobolsk	713,000	624,000	845,000	—	160,000	75,000
Tomsk	551,000	502,000	498,000	—	145,000	17,000
Semipalatinsk	283,000	120,000	1,179,000	—	1,900	2,000
Jenisseisk	248,000	203,000	250,000	—	82,000	4,000
Irkutsk	201,000	305,000	364,000	—	78,000	53,000
Transbaikalscher Distrikt	280,000	359,000	755,000	—	51,000	70,000
Kirgisische Steppe	1,045,000	275,000	6,360,000	—	—	—
Im Ganzen:	3,921,000	2,388,000	10,251,000	—	517,000	221,000

Im russischen Reich beläuft sich demnach die Zahl der Pferde auf 20,207,000, die Zahl des Rindviehs auf 28,545,000 Stück, die der Schafe auf 64,748,000, der Schweine auf 11,649,000, der Ziegen auf 1,930,000. Zu den wichtigeren Hausthieren sind noch die Rennthiere und Kameele zu rechnen. An Rennthieren giebt es im Gouvernement Archangel ungefähr 263,000 und im Gouvernement Uleaborg (Finnland) 46,000. An Kameelen giebt es im Gouvernement Astrachan etwa 26,000 und im Kaukasus (hauptsächlich in den Gouvernements Baku, Eriwan und Stawropol) gegen 38,000.

1. Die Pferdezucht

Es giebt in Russland über 20 Millionen Pferde oder ungefähr 27 Stück auf je 100 Einwohner. In den verschiedenen Gouvernements kommen auf je 100 Einwohner.

Orenburg	61,6	Tschernigoff	28,7
Samara	47,1	Kurland	27,1
Astrachan	42,5	Pskow	26,6
Ufa	40,4	Witebsk	25,4
Perm	40,0	Kostroma	25,1
Tambow	40,0	Nowgorod	25,0
Land der Donischen		Kaluga	24,7
Kosaken	38,0	Esthland	21,7
Pensa	38,6	Twer	21,6
Kursk	36,6	Nischegorod	20,6
Smolensk	34,6	Wladimir	20,6
Orel	33,1	Kowno	20,6
Riasan	33,0	Wologda	20,6
Mobilew	31,6	Taurien	19,7
Tula	30,8	Wilna	19,6
Wiatka	30,1	Olonetz	17,9
Saratow	30,0	Moskau	17,5
Jaroslaw	29,6	Archangel	16,1
Kasan	29,1	Livland	16,0
Woronesch	29,0	Wolhynien	15,0
Simbirsk	28,4	Charkoff	14,8

Minsk	12,₇	Podolien	8,₁₅
St. Petersburg	11,₅	Kiew	6,₁₇
Jekaterinoslaw	11,₃	Polen	12,₁₃
Bessarabien	11,₁₁	Finnland	14,₁₀
Grodno	10,₇	Kaukasien	14,₁₄
Cherson	8,₆	Sibirien	110,₁₇
Poltawa	8,₆		

Der Pferdestand hat in Russland in letzterer Zeit etwas abgenommen, nämlich im Laufe der letzten 10—15 Jahre um 800,000 Stück, was ganz natürlich aus der Zunahme der Bevölkerung und der Entwickelung des Landes in ökonomischer Beziehung — wodurch das Weideland beschränkt wird — zu erklären ist. Dies ist namentlich in den Gouvernements Orenburg, Saratow, Simbirsk und Samara der Fall, während in den Gouvernements St. Petersburg, Twer, Moskau, Wladimir und Nischegorod durch die grossartigen Eisenbahnanlagen der Gebrauch von Pferden in mancher Beziehung bedeutend abgenommen hat. Immerhin nimmt Russland, was den Reichthum an Pferden betrifft, den ersten Platz in Europa ein, und das Verhältniss der Pferdeanzahl zur Bevölkerung ist noch 2—3 Mal günstiger in Russland als in denjenigen Ländern Europas, welche die meisten Pferde besitzen.

Die Pferdearten sind in Russland so verschieden wie die Lebensweise seiner Bewohner; die wichtigsten Arten aber lassen sich auf vier Typen zurückführen, nämlich:

das Steppenpferd im Südosten, von dem die wichtigsten Arten das Donische, das Kalmücken-, das Baschkiren- und das Kirgisenpferd sind;

das Gebirgspferd im Kaukasus, namentlich das kabardinsche und das karabagsche Pferd;

das Waldpferd des Nordens, z. B. das schmudische, das Uselsche, das obwinsche Pferd und

das Ackerpferd der Humusgegend, dessen bester Repräsentant das bitygsche Pferd ist.

Das Donische Pferd stammt aus der alten tartarischen Race, die später durch arabisches, persisches, tscherkessisches und türkisches Blut veredelt ist und das jetzt eine ganz besondere Race bildet, die sich vor allen andern russischen durch ihre Leichtigkeit auszeichnet. Die vorzüglichsten Eigenschaften derselben sind: ein scharfes Auge, ein feuriger, unermüdlicher Gang und grosse Genügsamkeit bezüglich des Futters. Die besten Donischen Pferde kommen als Remonten zu den Kosakenregimentern. Im Allgemeinen sind die Pferdeheerden am Don sich selbst überlassen und sie halten sich das ganze Jahr hindurch in der Steppe auf; nur bei tiefem Schnee und hartgefrornem Boden werden sie Behufs der Fütterung in eingefriedigte, aber unbedeckte Räume zusammengetrieben. So sind die Donischen Pferde an alle Unbilden der Witterung gewöhnt und ertragen daher auch leicht die Strapazen eines Feldzugs.

Das Kalmückenpferd gehört der mongolischen oder tartarischen Race an und ist bei den in den Steppen von Astrachan und dem jenseits des Don liegenden Theile des Landes der Donischen Kosaken nomadisirenden Kalmücken zu Hause. Diese Pferde sind klein und von unschönem Aeussern; sie sind voll Feuer, wenn sie gerührt werden, aber schläfrig im Zustand der Ruhe. Als Reitpferde sind sie vortrefflich, aber als Arbeitspferde nicht gut zu gebrauchen und schwer an das Einspannen zu gewöhnen. Früher wurden sehr viele Kalmückenpferde nach China verkauft, während sie jetzt mehr in Russland abgesetzt werden, wo man sie ehedem auch zu Remonten bei den Kavallerie- hauptsächlich Dragonerregimentern verwandte.

Das kirgisische und Baschkirenpferd. Es hat viele Aehnlichkeit mit dem Kalmückenpferde und ist klein, stark, aber unschönen Aussehens. Das ganze Jahr hindurch an die Weide im Freien gewöhnt, erträgt es leicht Hunger und Strapazen. Man findet unter diesen Pferden oft solche, die vor Einspännern zu gebrauchen sind und sehr theuer bezahlt werden.

Von den kankasischen Pferden ist das karabagsche das vorzüglichste, und es zeichnet sich unter den asiatischen Pferden eben so aus, wie das englische unter den europäischen. Dieses Pferd hat einen stark entwickelten Instinkt, scharfe Sinne und vermag sich leicht im Gleichgewicht zu erhalten, weshalb es

auf den gefährlichen Gebirgspfaden von unschätzbarem Werthe
ist. Seit 1826, als die Perser in die Provinz Karabag einfielen
und einen grossen Theil der Heerden wegschleppten, ist die
Race aber etwas in Verfall gerathen. Dahingegen hat das kabardinsche oder gewöhnliche tscherkessische Pferd in
neuerer Zeit grössere Verbreitung erlangt. Dasselbe repräsentirt
die Mischung verschiedener Racen von Gebirgspferden mit der
arabischen; es ist stark und feurig und dabei doch vorsichtig,
hat scharfen Ortsinn und erträgt leicht sowohl Hitze wie Kälte;
die grössten Pferde dieser Race werden als Remonten zur kaukasischen Dragonerdivision genommen.

Das schmudische Pferd ist in der westlichen Hälfte des
Gouvernements Kowno verbreitet, findet sich aber auch in den
andern nordwestlichen Gouvernements und zum Theil auch in
Polen. Es ist von ungewöhnlich gutartiger Natur, sehr geduldig
und gleich gut als Reit- wie als Wagenpferd zu gebrauchen.
Als Ackerpferd sucht es seines Gleichen.

Das lettische Pferd stammt ursprünglich von der Insel
Oesel und gehört zur Race der Norbacker, die in Schweden und
namentlich auf Gothland, sowie auch auf Island zu Hause sind.
Dieses Pferd ist kleinen Wuchses, aber ungemein kräftig und
dabei gutartig; es ist namentlich in Esthland und Livland verbreitet. Die besten Pferde dieser Race werden nach den andern
russischen Gouvernements und nach Preussen verkauft.

Das obwinsche Pferd ist in den Gouvernements Perm und
Wiatka verbreitet und stammt ursprünglich von der lettischen
Race. Es ist ein sehr schönes Pferd, meistens fuchsfarbig mit
einem andersfarbigen Streifen über den ganzen Rücken. Von
gutmüthigem Naturell, ist es dabei lebhaft und ausdauernd, vermag aber nicht starke Lasten zu ziehen. In der letzten Zeit beginnt diese Race sehr abzunehmen.

Das Bitygenpferd ist die Hauptpferderace der humusreichen Gouvernements, und es ist namentlich stark verbreitet
auf den reichen Weiden des Gouvernements Woronesch längs
dem Flusse Bityg, sowie auch in einigen Gegenden der Gouvernements Tambow und Orel. Es ist von ziemlich hoher Statur

und ungewöhnlich starkem Körperbau, so dass es über 1600 Pfund ziehen kann; auch ist es zu schnellen Reisen sehr geeignet, indem es ohne Aufenthalt auf guten Steppenwegen gegen 13 Meilen zurücklegen kann. Leider nimmt auch diese schöne Race immer mehr ab. Ausser dem Bitygenpferd giebt es im mittleren Russland noch andere kräftige Pferdearten, jedoch ohne besondern hervorstechenden Charakter.

Von den Pferderacen im nördlichen Russland ist das kasansche, das meseusche und das finnische Pferd zu nennen. In Sibirien ist das altaische Pferd das wichtigste und es wird besonders bei den Karawanen im östlichen Sibirien gebraucht.

Die Pferdezucht ist in Russland von hoher Bedeutung, und in manchen Gegenden des Reichs hat sie den Vorrang vor dem Ackerbau. Indessen hat sie Ihren Höhenpunkt schon überschritten und ist im Abnehmen. Ausser den oben angeführten Gründen für diese Erscheinung — Vermehrung der Volksmenge und Beschränkung des Weidelandes zum Behuf des Ackerbaues — ist noch ein anderer, sehr wesentlicher da, nämlich die Abnahme der billigen Arbeitskraft in Folge der Aufhebung der Leibeigenschaft. Die Pferdezüchter, welche früher zur Hütung und Pflege der Pferde die leibeigenen Bauern verwandten, müssen jetzt diese Arbeit theuer bezahlen und haben daher mehr Vortheil davon sich dem Ackerbau zuzuwenden, weshalb die Pferdezucht nach und nach vernachlässigt wird. Bei der Remontirung der russischen Kavallerie macht sich diese Abnahme im Pferdebestande schon fühlbar. Im Jahre 1865 gab es in Russland noch folgende Privatgestüte:

Gouvernement.	Anzahl Gestüte.	Anzahl Hengste.	Anzahl Stuten.
Tambow	521	633	4614
Poltawa	513	325	2905
Podolien	269	430	5467
Taurien	188	420	6236
Jekaterinoslaw	174	348	3636
Woronesch	172	366	3072
Cherson	166	200	4462

Gouvernement.	Anzahl Gestüte.	Anzahl Hengste.	Anzahl Stuten.
Land der Donischen Kosaken	116	1526	19,529
Bessarabien	112	528	7119
Kursk	75	153	1107
Orel	60	139	995
Charkoff	53	132	1193
Tula	51	110	861
Tschernigoff	36	43	378
Simbirsk	36	118	723
Saratow	32	92	836
Orenburg	29	45	566
Pensa	27	67	582
Kiew	26	67	637
Grodno	26	32	285
Smolensk	26	47	338
Riasan	24	66	468
Minsk	24	32	388
Nisshegorod	21	41	506
Wilna	21	18	191
Samara	16	63	344
Upha	15	56	329
Kowno	14	19	162
Moskau	13	34	239
Kaluga	12	19	71
Livland	12	18	102
Kostroma	8	23	106
Tobolsk	8	13	90
Wolhynien	6	18	170
Jaroslaw	6	16	102
Kasan	6	15	90
Twer	5	12	59
Suwalki	4	14	110
Perm	4	13	82
Wladimir	3	10	47

Gouvernement.	Anzahl Gestüte.	Anzahl Hengste.	Anzahl Stuten.
Witebsk	3	—	23
Wiatka	2	13	66
Radom	2	- 8	41
Astrachan	2	8	30
Pskow	2	3	14
Plotzk	1	16	30
Lublin	1	5	19
Tomsk	1	1	14
Zusammen:	2944	6494	68,421

Ausser diesen Privatgestüten giebt es in den Steppengegenden noch eine sehr grosse Anzahl derselben; in diesen werden gehalten:

Gebiet	Anzahl Hengste.	Anzahl Stuten.
der Donischen Kosaken	911	13,667
der Orenburgischen Kosaken	3,787	30,049
der Uralischen Kosaken	2,102	18,231
der Terekschen Kosaken	549	5,986
der Kubanschen Kosaken	2,046	24,326
der Astrachanschen Kosaken	498	4,667
der Sibirischen Kosaken	3,011	18,944
der Transbaikalschen Kosaken	4,797	49,079
der Baschkiren	5,819	65,128
der Kalmücken	4,038	65,691
der Kirgisen	42,367	331,531
Zusammen:	69,525	627,299

Im Ganzen wären danach in Russland in den Privatgestüten gegen 76,000 Beschäler und fast 700,000 Zuchtstuten.

Die russischen Staatsgestüte befanden sich am 1. Januar 1868 in folgendem Zustande:

1. Stammgestüte.

Name und Ort des Gestüts.		Hengste.	Stuten.	Füllen.	Zusammen.
Chrilinowsches Gestüt im					
Gonvernement Woronesch		31	236	531	798
Derkulsches Gestüt		17	152	344	513
Strjelétzkisches Gestüt		16	153	457	626
Nowo-Alexandrowsches					
Gestüt		15	154	363	532
Limarewsche Gestüte		16	20	104	140
Orenburgisches Gestüt		16	158	488	662
Janowsches Gestüt in Polen					
(Gonvernement Siedletz)		11	59	59	129
		122	932	2346	3400

2. Landgestüte.

Potschinkowsches Gestüt (Gouv. Nischegorod)	mit	164	Hengsten.
Chriäpowsches Gestüt (Gouv. Woronesch)	„	111	„
Elisabethgradsches Gestüt	„	101	„
Limarewsches Gestüt (Gouv. Charkoff)	„	71	„
Permsches Gestüt	„	67	„
Charkoffsches Gestüt	„	65	„
Tambowsches Gestüt	„	64	„
Janowsches Gestüt (Gouv. Siedletz)	„	63	„
Smolenskisches Gestüt	„	62	„
Kamenietz-Podolskisches Gestüt (Polen)	„	61	„
Wilnasches Gestüt	„	60	„
Poltawasches Gestüt	„	56	„
Zusammen:		945	Hengste.

Im Chriänowschen Stammgestüt, welches der Staat im Jahre 1845 von der Erbin des Grafen Orloff-Tschesmenski kaufte, sind drei Abtheilungen, nämlich eine von rein englischer Race, die zweite für Reitpferde, die dritte für Traber. Im Derkulschen Gestüt werden starkgebaute Zugpferde englischer Race gezogen, im Nowo-Alexandrowschen Halbblut-Reitpferde, im Strjeletzkischen ostrussische Reitpferde, im Limarewschen Pferde von

11*

reiner arabischer Race, im Orenburgschen Remonten für die
leichte Kavallerie, die Artillerie und zu sonstigem Gebrauch. Die
Zahl der bei den Landgestüten im Jahre 1867 belegten Stuten
betrug 11,485.

Auf den 380 Jahrmärkten des Landes werden jährlich ungefähr 250,000 Pferde zum Verkauf gebracht, wovon etwa
150,000 verkauft werden. Wenn man den Durchschnittspreis
für ein Pferd auf 60 Rubel anschlägt, so ergiebt dies eine Summe
von 9 Millionen Rubel als den jährlichen Ertrag der Pferdezucht
in Russland.

2. Die Rindviehzucht.

Bei einer Bevölkerung von ungefähr 75 Millionen Seelen
und einem Viehstande von ungefähr 28 Millionen Stück, kommen
also ungefähr 37 Stück Rindvieh auf je 100 Einwohner. In
den verschiedenen Gouvernements des Reichs ist das Verhältniss
folgendes:

Gouvernement.	Stück Rindvieh auf 100 Einwohner.	Gouvernement.	Stück Rindvieh auf 100 Einwohner.
Land der Do-		Cherson	42_{71}
nischen Ko-		Livland	42_{11}
saken	111_{15}	Grodno	40_{18}
Astrachan	110_{15}	Kostroma	37_{19}
Kurland	78_{19}	Woronesch	37_{15}
Jekaterinoslaw	65_{15}	Wiatka	37_{15}
Taurien	62_{14}	Perm	36_{19}
Esthland	58_{8}	Orenburg	36_{14}
Pskow	60	Jaroslaw	36_{14}
Witebsk	49_{15}	Charkoff	36_{14}
Kowno	45_{14}	Wologda	36_{11}
Minsk	45_{15}	Olonetz	36_{10}
Nowgorod	45_{10}	Poltawa	33_{71}
Smolensk	44_{19}	Wolhynien	33_{11}
Bessarabien	43_{16}	Saratow	33_{10}
Mohilew	42_{13}	Ufa	32_{19}

Gouvernement.	Stück Rindvieh auf 100 Einwohner.	Gouvernement.	Stück Rindvieh auf 100 Einwohner.
Wilna	$32_{,9}$	Kursk	$22_{,4}$
Archangel	$32_{,4}$	Riasan	$21_{,4}$
Twer	$31_{,4}$	Tambow	$21_{,4}$
Samara	$27_{,2}$	Nischegorod	$20_{,4}$
Tschernigoff	$26_{,7}$	Orel	$19_{,4}$
Kiew	$25_{,9}$	Tula	$18_{,2}$
Pensa	$25_{,4}$	Moskan	$17_{,9}$
Kaluga	$25_{,8}$	St. Petersburg	$16_{,1}$
Podolien	$23_{,9}$	Polen	$41_{,9}$
Simbirsk	$23_{,8}$	Finnland	$50_{,0}$
Wladimir	$22_{,7}$	Kaukasus	$59_{,4}$
Kasan	$22_{,8}$	Sibirien	$79_{,4}$

Das Rindvieh in Russland hat in den letzten zehn Jahren um ½ Million Stück abgenommen. Diese Abnahme ist besonders fühlbar in den östlichen Gouvernements, sowie in Bessarabien und Cherson, und ist wahrscheinlich eine Folge der Verminderung des Weidelandes; dies gilt auch von einigen der mittleren Gouvernements, wo viel Land dem Ackerbau entzogen und zu Industriezwecken gebraucht wird. Andererseits hat in einigen Gouvernements, wie in Astrachan und dem Lande der Donischen Kosaken die Rindviehzucht bedeutend zugenommen, hauptsächlich aber behufs Absatz von Schlachtvieh nach dem ganzen nördlichen Russland und beiden Hauptstädten.

Was die Qualität des Rindviehs betrifft, so kann Russland sich darin nicht mit den übrigen europäischen Ländern messen. So rechnet man in Russland von einer Milchkuh auf nicht mehr als 30 Pfund Butter, während die englischen und holländischen Kühe vier bis sechsmal soviel geben.

Am ungünstigsten wirkt aber die verhältnismässig geringe Menge des Rindviehs auf die Landwirthschaft. Im Durchschnitt kommt auf 4 Dessatinen Land nur ein Stück Vieh, allein in der That ist dies Verhältniss noch viel geringer, denn die Vertheilung des Viehs in den verschiedenen Provinzen des Reichs ist sehr ungleich, und in den meisten der humusreichen Gouvernements hat man nur ein Stück auf je 6—8, ja in Tula und Tambow sogar nur auf je 10 Dessiatinen Land.

Die vorzüglichsten Racen des russischen Rindviehes sind die kalmückische, die tscherkessische und die lithanische. Die erstere ist im ganzen südlichen Russland verbreitet und grosse Massen derselben werden als Schlachtvieh verkauft; sie ist auch sehr gut zur Arbeit zu verwenden. Das tscherkessische Rind ist von sehr starkem Körperbau und eignet sich eben so gut zur Arbeit wie zum Mästen. Das lithanische Rind ist kleiner aber ungefähr von denselben Eigenschaften wie das tscherkessische. Die Kühe dieser Race geben nur wenige aber fette Milch. Am verbreitetsten ist das gewöhnliche russische Rind; es ist von kleiner Statur mit scharfen Formen. Die Kühe dieser Race geben reichlich Milch, allein die Thiere sind bei der schlechten Pflege, die ihnen zu Theil wird, und dem ungenügenden Futter mager und zur Arbeit nicht geeignet.

Der Preis für ein ausgesucht gutes Stück Rindvieh ist ungefähr 30 Rubel an Ort und Stelle, für eine von mittlerer Qualität 25 Rubel und für die geringeren 20 Rubel. Es werden jährlich gegen 3½ Millionen Rinder und 4 Millionen Kälber als Schlachtvieh verkauft. Aus dem Fleisch wird ein Erlös von über 80 Millionen Rubeln erzielt, und aus dem Talg ein solcher von über 17 Millionen, während die Häute durchschnittlich mit 1 Rubel bezahlt werden. Das Schlachtvieh allein bringt also alljährlich eine Summe von über 105 Millionen Rubeln ein.

3. Die Schafzucht.

An Schafen gewöhnlicher Race hat Russland gegen 50 Millionen, oder 66 Stück auf je 100 Einwohner. In den einzelnen Gouvernements stellt das Verhältniss sich folgendermassen:

Gouvernement.	Anzahl Schafe auf je 100 Einwohner.	Gouvernement.	Anzahl Schafe auf je 100 Einwohner.
Astrachan	. 317,3	Land der Donischen Kosaken.	230,5

Gouvernement.	Anzahl Schafe auf je 100 Einwohner.	Gouvernement.	Anzahl Schafe auf je 100 Einwohner.
Taurien	142,4	Kaluga	38,1
Samara	88,7	Cherson	37,1
Kurland	87,7	Mohilew	37,3
Woronesch	80,4	Grodno	37,0
Saratow	77,5	Witebsk	36,0
Orenburg	77,8	Archangel	34,6
Simbirsk	75,3	Kiew	33,3
Jekaterinoslaw	72,8	Jaroslaw	32,8
Riasan	67,5	Minsk	31,6
Kasan	60,1	Wolhynien	31,1
Tambow	59,9	Livland	31,4
Bessarabien	59,6	Pskow	29,9
Poltawa	57,9	Olonetz	29,3
Wiatka	55,3	Podollen	27,9
Pensa	53,3	Nowgorod	27,6
Orel	51,4	Wologda	27,9
Kursk	51,1	Wladimir	27,8
Tula	49,1	Kowno	25,1
Ufa	49,7	Twer	23,1
Tschernigoff	48,1	Moskau	20,3
Perm	46,9	Wilna	20,3
Kostroma	44,6	St. Petersburg	7,4
Smolensk	42,7	Polen	27,7
Charkoff	41,6	Finnland	60,4
Nischegorod	41,5	Kaukasus	153,1
Esthland	40,1	Sibirien	212,0

Es giebt vier Hauptarten gewöhnlicher Schafe in Russland: die kalmückische, walachische, zigaische und gemeine russische.

Das kalmückische Schaf; es zeichnet sich durch seinen grossen Wuchs und seinen 10—30 Pfund wiegenden Fettschwanz aus. Es bildet den Hauptgegenstand der Viehzucht der Steppenländer und ist am meisten in den trockensten und salz-

haltigen Gegenden zu Hause. Es findet sich aber auch am
Kuban, auf der Krim und im Gouvernement Jaroslaw und führt
je nach der Oertlichkeit verschiedene Namen, wie kirgisisches,
ordynsches, taurisches u. s. w. Schaf.

Das walachische Schaf; es ist gleichfalls von grossem
Wuchse und hat einen breiten, nach dem Ende zu keilförmig
auslaufenden Schwanz. Die Wolle desselben ist glänzend aber
grob und zur Fabrikation von Filz sehr geeignet. Es ist im
Lande der Donischen Kosaken, im Kaukasus und bei den Bauern
in den neurussischen Gouvernements, wo bei den Gutsbesitzern
das Merinoschaf schon mehr Eingang gewonnen hat, verbreitet.
Es wird indessen durch das kalmückische Schaf immer mehr
nach Osten hin verdrängt, während es sich im Norden mit dem
russischen vermischt.

Das zigaische Schaf; es hat viele Aehnlichkeit mit dem
Merinoschafe, allein seine Wolle ist nicht so fein, wenn auch
länger, weshalb dieselbe sich besonders zur Kammwollmanu-
faktur eignet. Es findet sich besonders in Bessarabien, sowie in
den Gouvernements Taurien und Cherson.

Das russische Schaf; es ist von kleinem Wuchs und
hat ein ziemlich grobes Vliess. Es ist über ganz Nord- und
Mittelrussland verbreitet und zerfällt in eine Menge verschiedener
Arten, von denen mehrere durch Kreuzung mit dem walachischen
Schafe entstanden sind. Berühmt ist namentlich die Romanoff-
sche Race, welche die besten Schafspelze liefert.

Die russischen Schafe gewöhnlicher Race bedürfen nur geringer Pflege; sie weiden auf dem Felde das ganze Jahr hindurch, selbst wenn Schnee den Boden bedeckt. Die Kalmücken
treiben dann aber doch die Thiere in eingefriedigte Plätze zusammen und geben ihnen Heu. Uebrigens lässt man in Russland
die Schafe meistens nur am Tage auf dem Felde und treibt sie
Abends heim.

Im Süden Russlands und auf den Steppen scheert man die
Schafe nur einmal, während sie in Grossrussland zwei Mal, im
Frühjahr und im Herbst geschoren werden. Die Frühjahrsschur
giebt 3—5 Pfund Wolle, die Herbstschur die Hälfte weniger,

und bei einmaliger Schur erhält man ebenso viel, wie bei einer
zweimaligen. Wenn man demnach 6 Pfund Wolle auf jedes
Schaf rechnet, so wäre der jährliche Ertrag der Produktion von
Wolle geringerer Güte bei einem Preise von etwa 9 Kopeken
für das Pfund ungefähr 25 Millionen Rubel.

Das feinwollige Schaf.

In Russland haben die feineren Schafracen erst in neuerer
Zeit grössere Ausbreitung gefunden. In den funfziger Jahren betrug die Anzahl solcher Schafe nur 8—9 Millionen, während sie
jetzt 14 Millionen ausmacht. Sie gehören theils der Eskurial-,
theils der Infantadorace an, und in den späteren Jahren ist das
Bestreben sehr vieler Schafzüchter darauf gerichtet gewesen, aus
Kreuzung dieser Racen, woraus das sogenannte Rambouilletschaf
hervorgeht, die Vorzüge beider mit einander zu verbinden.

Die grösste Menge von Merinoschafen findet sich in den
neurussischen Gouvernements, während doch auch in Polen, sowie in den kleinrussischen und südwestlichen Gouvernements
sehr viele derselben vorkommen. Im Kaukasus sind sie selten,
in Finnland und in Sibirien gar nicht. Am bedeutendsten ist
die Zucht der Merinoschafe in den südlichen Distrikten des Gouvernements Poltawa und dem südöstlichen Theil des Gouvernements Charkoff. In der letzteren Zeit nimmt dieselbe auch in
den Gouvernements Woronesch und Tambow in demselben Masse
zu, wie dort die Pferdezucht abnimmt.

Ein jedes Merinoschaf giebt im Durchschnitt 5 Pfund Wolle
(die Eskurialschafe nur 2 - 3, dagegen die Infantados 3—7 Pfund)
und der jährliche Ertrag an Merinowolle beläuft sich demnach
auf ca. 70 Millionen Pfund. Rechnet man den Preis eines solchen zu ¼ Rubel, so wäre dies im Ganzen eine Summe von ungefähr 17 Millionen, und mit dem Ertrag an gewöhnlicher Wolle
zusammen, von 42 Millionen Rubeln. Geschlachtet werden jährlich gegen 12 Millionen Schafe, und da jedes durchschnittlich
30 bis 40 Pfund Fleisch und 10 Pfund Talg giebt, so macht dies
im Ganzen gegen 400 Millionen Pfund Fleisch und über 100 Millionen Pfund Talg aus, was einen Werth von wenigstens 25 Millionen Rubeln repräsentirt.

IX. Die Forstwirthschaft.

Ungefähr ⅔ des gesammten Areals des russischen Reichs
ist mit Wald bedeckt und übertrifft Russland somit an Holz-
reichthum alle anderen europäischen Länder. Andererseits aber
liegen die Bedingungen für eine rationelle Forstwirthschaft für
Russland ungünstiger, als in irgend einem anderen Lande, woran
sowohl die klimatischen Verhältnisse, als auch der Mangel an
guten Kommunikationen besonders in den holzreichsten Gegenden,
sowie die höchst ungleiche Vertheilung der Waldungen im Reiche
die Schuld tragen. Es konnte sich daher nicht allen Ortes
lohnen eine ordentliche Forstwirthschaft einzuführen, während der
Forstpflege in Russland überhaupt bis in die neueste Zeit hinein
bei Weitem nicht die Aufmerksamkeit geschenkt worden ist, die
sie verdient. Erst jetzt werden Maszregeln ergriffen, um den
an manchen Stellen überhand nehmenden Abholzungen entgegen-
zutreten und ganz neuerdings ist bestimmt worden, dass dort,
wo die Waldungen nicht wenigstens den sechzigsten Theil des
Areals einnehmen, vorläufig überhaupt kein Holz gefällt werden
darf, während dort, wo die Waldungen nicht wenigstens den
fünfundzwanzigsten Theil des Areals ausmachen, dieselben einer
geregelten Forstkultur zu unterwerfen sind.

Wir haben oben (S. 118 ff.) die Grösse des Waldareals in den
verschiedenen Gouvernements des russischen Reichs angegeben;
auf nachstehender Tabelle haben wir die Gouvernements, wie
wir dies auch bei der Uebersicht über die Ernte gethan haben,
in Gruppen eingetheilt und zugleich das Verhältniss zwischen
den Staats- und den Privatwaldungen in jeder derselben aufgeführt:

Gouvernement.	Waldareal.	Davon dem Staate gehörig.	Prozent der Staatswaldungen vom gesammten Areal.
Astrachan	30,312,000 Dess.	28,440,000 Dess.	93_{8}
Olonetz	9,620,000 „	7,114,000 „	74_{9}
Wologda	33,470,000 „	28,542,000 „	87_{3}
Wiatka	8,049,000 „	4,513,000 „	50_{3}
Perm	22,687,000 „	9,888,000 „	44_{1}
St. Petersburg	1,820,000 „	241,000 „	13_{7}
Nowgorod	6,603,000 „	1,236,000 „	19_{2}
Die nördliche Gruppe:	113,461,000 Dess.	79,974,000 Dess.	70_{8}
Finnland	18,224,000 Dess.	9,676,000 Dess.	53_{1}
Esthland	450,000 Dess.	3,000 Dess.	0_{7}
Livland	1,896,000 „	134,000 „	7_{8}
Kurland	851,000 „	319,000 „	37_{3}
Kowno	768,000 „	218,000 „	28_{3}
Das Gebiet an der Ostsee:	3,965,000 Dess.	674,000 Dess.	10_{4}
Augustowo	240,000 Dess.	202,000 Dess.	84_{1}
Warschau	833,000 „	137,000 „	16_{13}
Lublin	807,000 „	46,000 „	5_{7}
Plotzk	358,000 „	106,000 „	29_{4}
Radom	629,000 „	213,000 „	34_{1}
Polen	2,867,000 Dess.	704,000 Dess.	40_{7}

Gouvernement	Waldareal.	Davon dem Staate gehörig.	Prozent der Staatswaldungen vom gesammten Areal.
Pskow	1,977,000 Dess.	126,000 Dess.	6,9
Witebsk	1,738,000 „	319,000 „	18,3
Wilna	1,156,000 „	331,000 „	31,6
Grodno	958,000 „	472,000 „	48,4
Minsk	3,676,000 „	824,000 „	23,0
Mohilew	1,184,000 „	173,000 „	14,8
Smolensk	1,800,000 „	107,000 „	5,9
Tschernigoff	928,000 „	174,000 „	19,9
Die westliche Gruppe:	13,417,000 Dess.	2,526,000 Dess.	18,8
Twer	1,844,000 Dess.	507,000 Dess.	27,5
Moskau	1,171,000 „	301,000 „	25,7
Kaluga	723,000 „	139,000 „	19,2
Jaroslaw	1,065,000 „	267,000 „	24,4
Wladimir	2,030,000 „	492,000 „	24,2
Kostroma	4,906,000 „	1,237,000 „	26,2
Mittlere Gruppe:	11,739,000 Dess.	1,943,000 Dess.	25,4
Kiew	1,155,000 Dess.	252,000 Dess.	21,4
Wolhynien	2,733,000 „	536,000 „	29,4
Podolien	589,000 „	98,000 „	16,4
Südwestliche Gruppe:	4,477,000 Dess.	886,000 Dess.	19,4

Gouvernement.	Waldareal.	Davon dem Staate gehörig.	Prozent der Staatswaldungen vom gesammten Areal.
Riasan	945,000 Dess.	258,000 Dess.	28_{11}
Tula	241,000 „	58,000 „	23_{7}
Orel	1,001,000 „	268,000 „	26_{14}
Kursk	400,000 „	168,000 „	43_{4}
Poltawa	310,000 „	34,000 „	10_{9}
Charkoff	620,000 „	281,000 „	45_{9}
Woronesch	556,000 „	313,000 „	56_{0}
Tambow	1,069,000 „	575,000 „	54_{3}
Pensa	1,212,000 „	440,000 „	36_{9}
Nischegorod	2,309,000 „	768,000 „	34_{14}
Humusgebiet:	8,002,000 Dess.	3,183,000 Dess.	38_{1}
Kasan	2,278,000 Dess.	1,847,000 Dess.	47_{0}
Simbirsk	1,513,000 „		
Saratow	790,000 „	363,000 „	47_{7}
Samara	1,746,000 „	489,000 „	28_{0}
Orenburg	4,800,000 „	624,000 „	7_{4}
Upha	4,200,000 „		
Die östliche Gruppe:	15,327,000 Dess.	3,323,000 Dess.	20_{4}

Gouvernement.	Waldareal.	Davon dem Staate gehörig.	Prozent der Staatswaldungen vom gesammten Areal.
Bessarabien	268,000 Dess.	9,000 Dess.	3,₁
Cherson	91,000 „	35,000 „	38,₂
Jekaterinoslaw	87,000 „	36,000 „	41,₄
Taurien	290,000 „	158,000 „	54,₇
Land der Donischen Kosaken	321,000 „	—	—
Astrachan	140,000 „	52,000 „	41,₇
Die südliche Gruppe:	1,217,000 Dess.	290,000 Dess.	24,₀
Das europäische Russland:	193,356,000 Dess.	103,181,000 Dess.	54,₀

Während also 132 Millionen Dessiatinen oder mehr als ⅔ des gesammten Waldreals auf die sieben nördlichen Gouvernemente und Finnland kommen, ist nur ein Drittheil desselben auf das ganze übrige Russland vertheilt und während die nördlichen Provinzen aus ihrem Holzreichtum nicht den rechten Nutzen ziehen können, sind andererseits viele Gegenden des mittleren und südlichen Russlands so holzarm, dass die Bewohner in Lehmhütten wohnen und Kuhmist als Feurung gebrauchen müssen.

Was die in Russland vorkommenden Holzarten betrifft, so herrscht in der nördlichen Hälfte des Reichs das Nadelholz, in der südlichen das Laubholz vor; als Grenze zwischen beiden kann eine Linie angenommen werden, die von Orenburg gerade nach Westen, an Samara, Pensa und Tambow vorbei läuft, dann in nördlicher Richtung nach Tula und darauf in südlicher Richtung nach Charkoff sich windet, um bei Kiew und Schitomir vorbei nach Galizien hinüber zu gehen.

Was die einzelnen Baumsorten betrifft, so herrscht die sibirische Ceder vor im Mesen'schen Distrikt des Gouvernements Archangel, in der östlichen Hälfte des Gouvernements
Wologda und in den nördlichen Theilen der Gouvernements
Wiatka und Perm, während die Lärche, sich weiter nach Süden
ausdehnend, die übrigen Theile der Gouvernements Archangel
Wologda, Wiatka und Perm, sowie die Ostseite des Gouvernements Kostroma und die Nordseite des Gouvernements Ufa einnimmt. Die Hauptmasse des Holzbestandes im nördlichen Russland macht aber die Fichte und die Tanne aus, während
stellenweise auch die Birke, die Espe, die Erle und Weide;
seltener die Linde, die Eiche, der Ahorn und die Ulme
vorkommt. In Finnland tritt ausser dem überall vorherr-
schenden Nadelholz die Birke, die Erle, der Vogelbeerbaum und
die Ulme auf. Die Linde zeigt sich nur im Gouvernement Vibory,
dann der Ahorn und die Haselnussstaude im südlichen Theil des
Landes, die Eiche und Esche auf den Alandsinseln. In den
Ostseeprovinzen herrscht die Fichte in den trockenen, hoch-
gelegenen Gegenden, die Tanne in den Niederungen vor. Von
Laubholzarten findet man hier die Birke, die Buche, die Esche,
die Pappel, die Weide, den Vogelbeerbaum und den Apfelbaum.
Im Königreich Polen bestehen drei Viertheile aller Waldungen
aus Fichten, an Laubholz ist die Erle am meisten vertreten, namentlich in feuchten Gegenden, ferner die Eiche und die Birke.
In den südwestlichen Gouvernements herrscht die Eiche
vor, die Fichte findet man hier seltener, die Tanne gar nicht.
In den neurussischen Gouvernements kommt fast nur
die Eiche, in Bessarabien und Podolien daneben auch die
Rothbuche vor. Ueberhaupt ist im südlichen Russland die Eiche
die vorherrschende Holzart, doch sieht man hier auch Birken,
Ahornarten, Eschen und Weiden. Im Lande der Donischen Kosaken und den humusreichen und okrainischen Gouvernements
war ehedem die Eiche fast die einzige Holzart, während sich jetzt
die Fichte dort immer mehr ausbreitet. Im Gouvernement Charkoff sind viele Haselnussstauden, im Gouvernement Kursk viele
Erlen, im Gouvernement Astrachan aber giebt es fast nur Wei-

den. Ueber die Waldflora des Kaukasus und Sibiriens fehlen zuverlässige Nachrichten.

Russland zieht bis jetzt bei Weitem nicht den Nutzen aus seinen unermesslichen Waldungen, den dieselben ihm gewähren könnten, so gaben z. B. die Staatswaldungen 1866 und 1867 nur einen Bruttoertrag von resp. 5,119,000 und 5,431,755 Rubeln. Ueber den jährlichen Ertrag der Privatwaldungen lassen sich keine bestimmten Angaben machen. Man kann indessen annehmen, dass von den 12 Millionen Familien des russischen Reichs jede durchschnittlich sechs Faden Holz gebraucht, was bei einem mittleren Preise von 1½ Rubel für den Faden 108 Millionen Rubel ausmachen würde. Man rechnet ferner, dass jährlich gegen 140,000 neue Häuser aus Holz aufgeführt werden, was bei einem Preise von 150 Rubel für das Material zu einem solchen, die Summe von 21 Millionen Rubeln ergiebt. Dazu kommen 10—11 Millionen Rubel für den Bau von 35,000 Fahrzeugen im Jahr, das Stück durchschnittlich zu 300 Rubel und endlich beträgt die Ausfuhr an Holz in's Ausland jährlich ungefähr 7 Millionen Rubel, so dass also der Gesammtertrag aus den russischen Waldungen auf 150 Millionen Rubel jährlich zu veranschlagen ist.

Vierter Abschnitt.

Der Bergbau.

Ein regelmäsziger Bergwerksbetrieb existirte in Russland nicht vor dem Anfange des 17. Jahrhunderts. Im Jahre 1623 wurde das erste Eisenbergwerk im Gouvernement Tula gegründet, und im Laufe der nächsten 30 Jahre kamen hier noch sechs solcher Werke hinzu. Im Jahre 1701 gründete Peter der Grosse das erste Eisenbergwerk im Ural am Newjaflnsso und übergab die Leitung desselben einem Schmiede aus Tula, Nikita Demidoff. Fast um dieselbe Zeit begann man auch im Gouvernement Olonetz mit der Produktion von Eisen, und im Jahre 1722 beutete man daselbst zuerst die Kupferminen aus. Kurz vorher hatte Peter eine Verordnung über den Bergbau, die Bergprivilegien genannt, herausgegeben und denselben auch der Privatindustrie zugänglich gemacht. Die Oberadministration des gesammten Bergwerksbetriebes wurde einem Bergkollegium übertragen. Der Bergbau erfreute sich nun eines ungemeinen Aufschwunges, und er würde schon im vorigen Jahrhundert gewaltige Dimensionen angenommen haben, wenn nicht durch sehr unzweckmässige Verfügungen, welche unter der Regierung der Kaiserinnen Anna Iwanowna und Katharina II. erlassen worden, sowohl die Staats- wie die Privat-Bergindustrie sehr gehemmt worden und zum Theil in Verfall gerathen wären. Man kehrte daher 1796 zu dem mittlerweile aufgehobenen Bergkollegium zurück, und der Bergbau begann bald wieder wenigstens einigermaszen seine alte Bedeutung zu gewinnen.

13*

Gegenwärtig ist die Bergwerksindustrie in Russland in folgender Weise vertheilt. Es giebt:

1) Staatsbergwerke,
2) dem Kabinet des Kaisers gehörige Bergwerke,
3) sogenannte Possessionsbergwerke,
4) Privatbergwerke auf Staatsgrund und
5) Privatbergwerke auf Privatgrund.

Die Possessionsbergwerke sind Eigenthum des Staats, welche auf unbestimmte Zeit Privatpersonen zum Betrieb überlassen sind. In dem jetzt ausgearbeiteten Entwurf zur Umordnung der gesetzlichen Bestimmungen über den Bergbau ist der Vorschlag gemacht, diese Possessionsbergwerke den Leuten zu überlassen, welche sie gegenwärtig ausbeuten.

Es kann keinem Zweifel unterworfen sein, dass Russland, was den Reichthum und die Mannichfaltigkeit seiner Bergwerke betrifft, den ersten Platz unter allen Ländern Europa's einnimmt; allein es ist noch nicht annähernd genug gethan, um den Nutzen aus denselben zu ziehen, der sich erreichen liesse. Die Stellen, welche für den Bergbau die grösste Ausbeute gewähren, sind folgende:

1) Das Uralgebirge, und zwar an beiden Abhängen seiner Längenausdehnung, in den Gouvernements Perm, Upha, Orenburg. Wiatka und Wologda. Die Hauptprodukte sind Gold, Platina, Kupfer, Eisen und Steinkohlen.

2) Das Altaigebirge im Gouvernement Tomsk, wo man Gold, Silber, Kupfer, Blei, Eisen und Steinkohlen gewinnt.

3) Das östliche Sibirien und das Amurgebiet mit Gold, Silber Blei und Eisen.

4) Die Kirgisische Steppe des sibirischen Gebiets (das jetzige Gouvernement Semipalatinsk) mit Silber, Blei, Kupfer und Steinkohlen.

5) Das Gouvernement Olonetz mit unermesslichen Lagern von Eisenerz.

6) Die mittleren Gouvernements Nischegorod, Pensa, Tambow, Wladimir, Tula, Kaluga und Riasan mit Eisen und Steinkohlen.

7) Das Gouvernement Jekaterinoslaw und das Land der Donischen Kosaken mit Eisen, Steinkohlen und Anthracit.

8) Die westlichen Gouvernements mit Eisen und Kupfer.

9) Der Kaukasus mit Silber, Blei, Kupfer, Steinkohlen und Petroleum.

10) Finnland mit Eisen, Kupfer und Zinn.

11) Polen mit Zink, Eisen und Steinkohlen.

In den Jahren 1830—67 war die Bergwerkproduktion Russlands folgende:

Jahr.	Gold. Pf.	Platina. Pf.	Silber. Pud.	Blei. Pud.	Kupfer. Pud.	Eisen. Pud.	Kohlen. Pud.	Salz. Pud (à 33 Zollpfd.).
1830	12,566	3498	1252	42,200	235,995	11,169,328		20,920,393
1831	13,601	3565	1318	48,470	238,675	11,005,656		14,231,830
1832	13,956	3851	1311	42,037	221,294	9,932,100		22,388,249
1833	13,534	3871	1256	43,871	207,054	9,727,454		30,066,402
1834	13,367	3813	1263	?	227,084	11,331,493		21,763,433
1835	12,973	3481	1212	42,500	240,204	10,301,146		22,500,000
1836	13,402	3889	1211	40,900	Durchschnittlich 240,918	10,853,204		18,600,000
1837	14,608	Durchschnittlich 3566⅔%	1203	41,345		Durchschnittlich 11,135,957	15,000	? Durchschnittlich 27,195,510
1838	16,274		Durchschnittlich 1279	?			23,000	
1839	16,367			?			174,000	
1840	15,120			?			?	
1841	21,334			?			310,000	
1842	30,000			66,868			300,000	
1843	40,970			?			?	
1844	34,244	?	1193	15,455			850,080	30,093,010
1845	43,139	?	1192	16,433			500,000	55,470,527
1846	51,189	40	1194	?	260,048	13,106,231	1,000,000	28,169,171
1847	57,989	41	1144	?	264,568	11,880,691	1,200,000	24,753,950
1848	55,600	66	1136	45,350	297,524	12,080,272	1,900,000	28,710,653
1849	62,379	310	1148	10,314	340,555	11,556,000	2,300,000	24,490,404

1850	47,081	322	1068	5364	393,618	13,892,325	2,400,000	24,829,009
1851	48,642	389	1052	5604	290,270	12,681,022	3,000,000	22,019,893
1852	45,108	547	1063	4964	410,572	13,159,759	3,760,000	20,986,833
1853	48,306	2084	1024	?	394,549	14,517,524	3,650,000	24,433,526
1854	52,696	27	1056	?	390,818	14,148,651	3,140,000	24,897,482
1855	54,431	39	1043	4002	378,618	15,310,610	3,450,000	31,684,557
1856	54,634	50	1037	100,916	379,294	15,796,191	2,720,000	38,360,265
1857	57,212	269	1058	1759	357,960	15,796,191	3,400,000	28,660,202
1858	66,454	343	1027	944	322,217	13,059,936	3,960,000	28,589,693
1859	50,788	1849	1084	64,145	319,830	16,937,113	7,000,000	28,684,418
1860	49,221	2032	1070	54,001	315,603	16,547,941	8,000,000	28,109,602
1861	48,050	3477	967	59,427	280,940	18,174,125	12,000,000	28,256,673
1862	48,209	4707	1034	53,892	278,116	17,463,786	9,000,000	45,734,457
1863	48,165	1012	1079	71,721	286,448	13,004,034	10,000,000	30,729,984
1864	46,138	792	1092	82,640	273,040	14,979,546	10,000,000	21,002,211
1865	52,016	4587	1094	99,736	269,650	15,781,764	12,005,000	28,762,334
1866	54,766	3521	1112	104,440	280,833	16,355,770	16,563,708	37,505,465
1867	?	3569	1016	105,918	237,619	14,866,163	33,383,204	14,347,225

1. Gold.

Die Goldproduktion begann in Russland erst im Jahre 1814 und zwar im Ural auf Staatsgrund. Schon 1812 hatten freilich Bergwerksbesitzer im Ural die Erlaubniss erhalten, auf ihren Besitzungen Gold auszubeuten; allein erst 1819 machten sie von dieser Erlaubniss Gebrauch. Dann wurden in Sibirien auch Goldminen auf Staatsgrund entdeckt; und einige Privatpersonen erhielten das Privilegium dieselben auszubeuten. Im Jahre 1838 wurde die Goldproduktion allen Personen, die den privilegirten Ständen angehörten, freigegeben, und in dem neuen Gesetzentwurf für das Bergwerkswesen ist der Vorschlag gemacht, jede Beschränkung der Produktion aufzuheben.

In den ersten fünf Jahren der Goldproduktion in Russland betrug die Ausbeute im Durchschnitt jährlich 495 Pfund, für die nächsten fünf Jahre stieg der Durchschnittsertrag auf 2727 Pfund, dann in den Jahren 1825—28 auf 8786 Pfund, in den Jahren 1830—34 auf 12,482 Pfund, in den Jahren 1835—39 auf 14,649, in den Jahren 1840—44 auf 30,659 Pfund, und in den Jahren 1845—49 auf 52,467 Pfund, in den Jahren 1850—54 fiel der durchschnittliche Jahresertrag aber auf 48,883 Pfund, um in den nächsten fünf Jahren wieder auf 54,678 Pfund zu steigen. In den Jahren 1860—63 war der Ertrag ein geringerer als vorher und betrug nur durchschnittlich 48,119 Pfund, in dem letzten Jahre aber, bis zu dem unsere Aufschlüsse reichen (1866), hob sich der Ertrag auf 54,766 Pfund.

Was die verschiedenen Goldbergwerke betrifft, so betrug die Produktion der Staatsbergwerke im Ural um die dreissiger Jahre gegen 5000 Pfund, sank aber dann bald allmählich in ziemlich bedeutendem Masse, so dass sie um's Jahr 1860 nur noch gegen 3000 Pfund ausmachte, was zum Theil durch die in Folge der Aufhebung der Leibeigenschaft verminderte Arbeitskraft, zum Theil durch die zunehmende Erschöpfung der Minen bewirkt wurde. Gleichzeitig nahmen auch die Einnahmen des Staates aus diesen Bergwerken ab, indem die Betriebskosten in hohem Grade gesteigert wurden. So betrugen diese Kosten in den Jahren 1854—56 nur 38°/₀, 1864 aber schon 66%, 1865 69% und 1866 73%.

Dabei sind aber die Administrationskosten noch gar nicht gerechnet, so dass sich bei Hinzurechnung derselben für mehrere Bergwerke ein Ueberschuss der Ausgaben über die Einnahmen ergiebt.

Die dem Kaiser gehörigen Bergwerke im Altai haben in einer Reihe von Jahren eine Ausbeute von ungefähr 1000 Pfund gegeben. Die kaiserlichen Bergwerke im Nertschinskisoben Distrikt in Sibirien gaben schon 1840 eine reiche Ausbeute, und wurden namentlich vom Jahre 1850 an mit grosser Energie bearbeitet, um einen Ersatz für die damals aufgegebene Silberproduktion zu liefern. Dadurch wurden aber die ergiebigsten Minen sehr stark angegriffen und die Goldproduktion nahm auch hier allmählich ab; allein in der letzten Zeit hat sie sich wieder bedeutend gehoben und macht jetzt über 4000 Pfund jährlich aus.

Die Privatbergwerke im Ural gaben anfangs reichen Ertrag, und 'um's Jahr 1830 stellte sich der jährliche Gewinn an Gold auf mehr als 6500 Pfund. Seit der Zeit hat er aber sehr abgenommen und beträgt jetzt nur etwa die Hälfte.

Die Bergwerke in den Gouvernements Perm und Orenburg sind seit den dreissig Jahren ihres Betriebes stets ergiebiger geworden und der Ertrag hat sich in der letzteren Zeit fast auf 6000 Pfund jährlich gestellt.

Der Ertrag der sibirischen Goldwäschereien (deren bedeutendste sich am Jenisei befinden) ist, seit sie im Jahre 1838 in Thätigkeit traten, ein ungemein schwankender gewesen. Seine bedeutendste Höhe erreichte derselbe im Jahre 1847, weil man in Erwartung der Erhöhung der Abgaben auf die Goldproduktion, dieselbe so stark betrieb, wie nur möglich. Dann sank die Ausbeute plötzlich wieder, hat sich dann aber seit 1850 bis jetzt ungefähr in gleicher Höhe, nämlich an 33—34,000 Pfund, erhalten. Die Ergiebigkeit des Goldsandes hat allerdings sehr abgenommen, allein die Technik des Betriebes ist andererseits sehr vervollkommt worden, und man hat auch neue, ergiebigere Stellen aufgefunden.

Uebrigens ist die Goldproduktion bis jetzt noch manchen Beschränkungen und Formalitäten unterworfen, welche dieselbe sehr vertheuern, und es können daher nur sehr reiche Leute sich mit diesem Industriezweig befassen.

2. Platina.

Die einzige Stelle, wo in Russland Platina gewonnen wird, ist der Ural, und zwar hier auch nur auf einem beschränkten Gebiet. Die Produktion ist zum grössten Theil in den Händen von Privatpersonen, nämlich der Fürstin Butera-Radali und der Demidoff'schen Familie, während der Staat sich nur in geringem Masse daran betheiligt. Die Produktion wird aber ganz ungemein durch die sonderbare Bestimmung gehemmt, dass alles rohe Platina in die kaiserliche Münze behufs der Reinigung abzuliefern ist, und dass jenes Institut diesen Prozess sich sehr theuer bezahlen lässt und ihn sehr langsam ausführt.

3. Silber.

Silber wird in Russland nur auf drei Stellen gewonnen, nämlich im Altaigebirge (im Gouvernement Tomsk), im Nertschinskischen Distrikt des Transbaikalschen Gebiets und im Kaukasus. Auf den beiden ersten Stellen gehören die Silberbergwerke dem Kaiser, auf der dritten dem Staat. Ausserdem gab es noch Silberminen in der Kirgisischen Steppe, dem Kaufmann Popoff gehörig, allein die Ausbeutung derselben hat seit 1865 aufgehört. Ganz neuerdings sind Silberminen auf der Insel Medwesch im Weissen Meere aufgefunden worden.

Der jährliche Ertrag der Silberproduktion machte in den Jahren 1830 – 60 etwa 40,000 Pfund jährlich aus, und ist seitdem allmählich auf ungefähr 33,000 Pfund gesunken. Die Produktion findet überdies jetzt bei der stets schwieriger zu beschaffenden Arbeitskraft unter sehr ungünstigen Verhältnissen statt, und der Reinertrag ist fast verschwindend. So betrugen die Einnahmen von den altaischen Bergwerken im Jahre 1860: 2,081,911 Rubel, die Ausgaben: 1,045,831 Rubel, und der Ueberschuss also noch 1,036,580 Rubel, während der Ueberschuss in den Jahren 1864 und 1865, bei einer Einnahme von resp. 2,651,430 und 2,598,456 Rubel, nur resp. 252,167 und 101,083 Rubel ausmachte.

Im Nertschinskischen Distrikt hat die Silberproduktion, die im Anfange dieses Jahrhunderts hier über 20,000 Pfund ausmachte und dann nach und nach abnahm, jetzt fast ganz aufgehört. Einerseits lag dies an der Erschöpfung der Minen, indem man die rechtzeitige Aufsuchung neuer Minen verabsäumte und sich dafür mit um so grösserem Eifer der Goldproduktion zuwandte, andererseits an der Abnahme der Arbeitskraft. Als man nämlich gegen das Ende der vierziger Jahre sich zur Besitznahme des Amurgebiets anschickte, zu welchem Ende man einer bedeutenden Mannschaft bedurfte, wurden 28,991 männliche Bewohner des Nertschinskischen Distrikts, welche sich bisher mit dem Bergbau beschäftigt hatten, nach dem Transbaikalschen Gebiet übergesiedelt. Jetzt wird der Betrieb der Silberbergwerke im Nertschinskischen Distrikt nur aus dem Grunde noch fortgesetzt, um die Gewöhnung an diesen Arbeitszweig bei der Bevölkerung nicht ganz aufhören zu lassen, denn irgendwelche ökonomische Bedeutung hat derselbe nicht.

4. Blei.

Blei wird in Russland meistens mit dem Silber zusammen gewonnen, und nur in geringeren Quantitäten wird es aus den Zinkgruben im Gouvernement Radom zu Tage gefördert. Der gesammte Ertrag an Blei beträgt jährlich nur etwas über drei Millionen Pfund, und da wenigstens die Hälfte davon zur Herstellung des Silbers verbraucht wird, kann dem Bedarf des Landes an Blei bei Weitem nicht aus den russischen Bergwerken Genüge geleistet werden und es werden daher von jenem Metall jährlich 11—12 Millionen Pfund aus fremden Ländern eingeführt.

5. Zink.

Dieses Metall wird nur im Olkuschschen Distrikt des Gouvernements Radom (Polen) zwischen den Städten Olkusch, Sje-

wersch und Tschelias gefunden. Die Zinkgruben gehören zum
Theil dem Staate, zum Theil Privatpersonen; von den ersten sind
gegenwärtig fünf, von den Zinkgruben, die Privatleuten gehören,
vier im Betrieb, welche zusammen jährlich gegen 6 Millionen
Pfund Zink erzeugen. In der Mitte der fünfziger Jahre nahm
die Zinkproduktion in hohem Grade ab, weil die Preise für dieses
Metall im westlichen Europa bedeutend sanken und die Herstellung
desselben aus den polnischen Gruben verhältnissmässig sehr
theuer war. Nach und nach nahm aber die Zinkproduktion im
Auslande ab, was auf die Ausbeutung der Zinkgruben im Gouvernement Radom einen sehr fördernden Einfluss hatte. Bei der
stets steigenden Nachfrage nach Zink vom Auslande her lässt
sich erwarten, dass bei der Reichhaltigkeit jener Gruben auch
die Ausbeutung derselben immer noch zunehmen werde.

6. Zinn.

Zinn wird gegenwärtig nur in Finnland erzeugt, und zwar
nur in geringer Quantität; auch hat die Produktion von Jahr zu
Jahr abgenommen, so dass Russland fast seinen ganzen Bedarf
an Zinn (ungefähr 1½ Millionen Pfund) aus dem Auslande beziehen muss.

7. Kupfer.

Kupferbergwerke befinden sich im Ural, in den Gouvernements Perm, Ufa und Orenburg, dann im Kaukasus und in der
Kirgisischen Steppe Sibiriens. Die Kupferproduktion entwickelte
sich in Russland sehr langsam und der Ertrag derselben stieg
im Lauf von 150 Jahren nur 45%. Im Jahre 1852 erreichte sie
die grösste Höhe mit 13 Millionen Pfund und sank dann fast
ganz gleichmässig in den nächsten zwanzig Jahren bis ungefähr
auf die Hälfte. Die Ursache dieser Abnahme in der Produktion
ist namentlich in den höchst ungünstigen Bedingungen, unter
denen die Kupferbergwerke im Ural arbeiten, zu suchen. Dahin
gehören: das Steigen der Getreidepreise und in Folge dessen die
nothwendige Vertheuerung der Arbeitskraft, die sehr unordent-
liche Forstwirthschaft und die Unklarheit in den Bestimmungen

über die agrarischen Verhältnisse. Dann kommt noch, dass die Privatbergwerke sehr hohe Abgaben zu leisten haben, nämlich 10% vom Ertrage, und die Bergwerke auf den Possessionsgrundstücken sogar 15%. In Folge dessen können verschiedene Bergwerke, die rücksichtlich der Kommunikationen eine ungünstige Lage haben, nur noch mit Verlust arbeiten und werden ihre Arbeiten einstellen müssen, wenn den berührten Uebelständen nicht bald durch eine zweckmässigere Bergwerksordnung abgeholfen wird.

Weit günstiger liegen die Verhältnisse für die Kupferproduktion im Kaukasus und in der kirgisischen Steppe, wo dieselbe erst vor wenigen Jahren begonnen wurde, aber in raschem Aufblühen begriffen ist. Die Bergwerke sind ausserordentlich ergiebig und Brennmaterial ist in genügender Menge vorhanden. Für die Kupferminen in der kirgisischen Steppe ist allerdings der Umstand sehr hinderlich, dass der Absatz mit grossen Schwierigkeiten verknüpft ist, und es ist daher wenig Aussicht dazu vorhanden, dass dieses Kupfer das auf dem Wasserwege von Chili und Australien eingeführte vom europäischen Markt verdrängen kann.

8. Eisen.

Das Eisen ist das in Russland am meisten verbreitete Metall und es findet sich fast in allen Gegenden des russischen Reichs, in Europa und in Asien, bis zum Stillen Meere. Das beste Eisen ist im Uralgebirge, welches unermessliche Schätze von Magneteisen und anderen vorzüglichen Eisenarten birgt. Die Ausbeutung dieser gewaltigen Eisenlager ist aber keineswegs so entwickelt, wie sie dies sein könnte und müsste, und wenn auch die bis vor Kurzem noch sehr unzulänglichen Kommunikationen und die stets theurer werdende Arbeitskraft der Produktion und dem Absatz grosse Schwierigkeiten in den Weg legen, so würden diese doch zu überwinden sein, wenn dem Betrieb der Eisenbergwerke genügende Kapitalien zugeführt und manche Bestimmungen aufgehoben würden, welche dem Bergbau überhaupt hindernd im Wege stehen. Seit 1830, wo die Produktion an Roheisen 370

Millionen Pfund ausmachte, hat dieselbe nur zweimal, nämlich 1860 und 61, über 200 Millionen Pfund mehr betragen. In den fünf Jahren von 1863—67 wurden jährlich gegen 520 Millionen Pfund Roheisen produzirt, also nur 150 Millionen Pfund mehr als vor 35 Jahren, während der Bedarf an Eisen mittlerweile um weit mehr als das Doppelte gestiegen ist.

An der Produktion von Roheisen waren die verschiedenen Theile des russischen Reichs, welche überhaupt Eisen erzeugen, in den Jahren 1863—67 durchschnittlich in folgenden Verhältnissen betheiligt:

Gouvernement Perm		mit	$53_{,19}$ %
Königreich Polen		„	$8_{,91}$ „
Gouvernement Kaluga		„	$6_{,92}$ „
„	„ Nischegorod	„	$6_{,91}$ „
„	„ Upha	„	$5_{,93}$ „
Grossherzogthum Finnland		„	$5_{,73}$ „
Gouvernement Wiatka		„	$4_{,70}$ „
„	„ Orenburg	„	$2_{,31}$ „
„	„ Wladimir	„	$1_{,84}$ „
„	„ Olonetz	„	$1_{,19}$ „
„	„ Riasan	„	$0_{,92}$ „
„	„ Tambow	„	$0_{,65}$ „
„	„ Tomsk		
„	„ Irkutz	}	$0_{,48}$ „
„	„ Transbaikalien		
„	„ Tula	„	$0_{,39}$ „
„	„ Wilna	„	$0_{,37}$ „
„	„ Pensa	„	$0_{,35}$ „
„	„ Orel	„	$0_{,39}$ „
„	„ Minsk	„	$0_{,19}$ „
„	„ Wolhynien	„	$0_{,08}$ „
„	„ Jekaterinoslaw	„	$0_{,06}$ „
„	„ Mohilew	„	$0_{,02}$ „

Die Bergwerke im Ural (Gouvernements Perm, Wiatka, Upha und Orenburg) liefern demnach $^2/_3$ von allem in Russland

erzeugten Roheisen, arbeiten aber trotzdem in sehr gedrückten
Verhältnissen. Die erste Ursache derselben waren mehrere Missernten, welche vom Jahre 1857 an im Uralgebiet kurz auf einander folgten. Es wurden damals noch zur Arbeit in den Bergwerken Leibeigene verwandt, deren einziger Arbeitslohn in einer
gewissen Quantität Getreide — nach der Grösse ihrer Familie
bemessen — bestand. Mit den steigenden Getreidepreisen sank
also die Einnahme von den Bergwerken, und dazu kam noch,
dass auch die Kohlenpreise bedeutend in die Höhe gingen, während andererseits die Verkaufspreise des Roheisens nur in ge-
ringerem Grade zunahmen. So betrugen die Herstellungskosten
eines Puds Stangeneisen im mittleren Ural in den Jahren
1855—1857 53—57 Kopeken, und in den folgenden drei Jahren
1 Rubel 7 Kopeken bis 1 Rubel 20 Kopeken. Im südlichen
Ural stiegen diese Kosten in dem gedachten Zeitraum von
72—89 Kopeken auf 1 Rubel 24 Kopeken bis 1 Rubel 44 Kopeken. Dies war also ein Preisaufschlag von 100%, während die
Verkaufspreise in Nischnei-Nowgorod nur um 24% zunahmen.
Weil die meisten Bergwerke ohne bedeutende Kapitalien betrieben wurden, konnten nur wenige derselben die Krisis aushalten, und wenn sie die Arbeit auch nicht ganz einstellten,
mussten sie doch den Betrieb einschränken. Nun kam die Aufhebung der Leibeigenschaft, welche Maassregel, so segensreich sie
an und für sich war, dem Bergbau den Todesstoss zu versetzen
drohte. Die Bevölkerung, an die strengste Vormundschaft gewöhnt, konnte sich in dem neuen Freiheitsverhältniss nicht zu-
rechtfinden und es vergingen mehrere Jahre, ehe die Arbeit auf
einer neuen, solideren Grundlage eingerichtet war. Durch die
Reform traten auch andere Fehler, die an dem Bergwerksbetrieb
klebten, grell zu Tage. Die einzelnen Bergwerke, welche meistens
eine sehr bedeutende Ausdehnung hatten, umfassten gemeiniglich
die Produktion vieler verschiedenen Metalle, was eben nur durch
die enorm billige Arbeitskraft möglich gemacht werden konnte.
Dazu kam die masslose Unordnung, die rücksichtlich der Benutzung der Wälder herrschte. Obgleich sehr grosse Waldstrecken
in der Nähe der Bergwerke lagen, wurden dieselben zum Theil

In so rücksichtsloser Weise abgetrieben, dass manche Bergwerke sich genöthigt sahen, mit grossen Kosten sich Steinkohlen aus weiter Ferne zu ihrem Betriebe zu verschaffen. Weitere Schwierigkeiten zeigten sich bei der Vertheilung der noch vorhandenen Wälder, welche aus Anlass der Bauernform geschehen sollte, da es bisher mit den Grenzen zwischen den verschiedenen Walddistrikten nicht so genau genommen war.

Diejenigen Bergwerke, welche ein hinreichendes Betriebskapital zur Verfügung hatten, überstanden die Krisis recht gut und sie können das Eisen jetzt sogar zum Theil wohlfeiler herstellen, als in den letzten Jahren vor der Aufhebung der Leibeigenschaft. Die Regierung that übrigens was in ihren Kräften stand, um den Privatbergwerken die Krisis zu erleichtern und es wurden den Besitzern namhafte Summen vorgestreckt. Leider wurden diese oft in der gewissenlosesten Weise verschleudert, so dass jene so wohlwollende Maasregel der Regierung mehr Schaden als Nutzen stiftete. Wie ungünstig die Stellung der Staatsbergwerke noch in der neuesten Zeit war, geht daraus hervor, dass die Bruttoeinnahme aus denselben im Budget von 1868 nur zu 482,700 Rubel, die Unterbalance aber zu 983,000 Rubel berechnet war.

Es kann daher nur gebilligt werden, dass man mit der Absicht umgeht, die Staatsbergwerke im Ural zu verkaufen und nur diejenigen Etablissements zu behalten, welche zur Sicherstellung des Bedarfs der Armee und der Marine an Metallgegenständen vonnöthen sind, obgleich bis jetzt wenigstens die Staatsbergwerke jenem Bedarf nicht zu genügen im Stande waren. Um der Abtreibung der Forste entgegenzuwirken, will man sich in Zukunft im Uralgebiet darauf beschränken, das nöthige Roheisen zu erzeugen, während man in den Staatsbergwerken des Kamagebiets die Verarbeitung des Eisens vornehmen will. So hat man schon an der Kama ein bedeutendes Etablissement zur Herstellung von Eisenplatten eingerichtet, während man andererseits von jenem Prinzip darin abgegangen ist, dass man in Perm eine grossartige Fabrik zur Erzeugung von Stahlkanonen angelegt hat.

Die Aussichten für die russische Eisenproduktion sind in der

nomenten Zeit etwas besser geworden, allein eine bedeutende Entwickelung derselben sicht erst su erwarten, wenn derselben genügende Kapitalien suflieasen, wenn die Forstwirthschaft auf einer
rationellen Grundlage geordnet wird, wenn die Vertheilung der
Ländereien ihren Abschluss gefunden hat, wenn die Steinkohlenproduktion sich in genügendem Maase entwickelt und wenn
endlich die Kommunikationen in hinlänglichem Umfange hergestellt sind.

9. Steinkohlen.

Es giebt in Russland, sowohl im europäischen, als auch im
asiatischen, ungemein reichhaltige Lager von Stein- und Braun-
kohlen, allein nur an wenigen Stellen, welche wegen ihrer
geographischen Lage von besonderer Wichtigkeit sind, wurden
dieselben bisher einer genügenden Untersuchung unterworfen.

Im europäischen Russland sind vier grosse Steinkohlendistrikte,
nämlich:

1. Der Moskau'sche, welcher eine Fläche von 80 Meilen
in der Länge und 60 Meilen in der Breite ausmacht und die Gouvernements Tula, Rjasan, Kaluga, Moskau, Twer und Nowgorod
umfasst, worauf er sich in einem schmalen Streifen nach Norden
hinzieht und am Ostufer des Weissen Meeres endet. In der
Mitte des Distrikts liegt die Steinkohle so tief und ist hier von
so geringer Mächtigkeit, dass von einer Bearbeitung des Lagers
in dieser Gegend nicht die Rede sein kann. Von diesem Steinkohlendistrikt wird hauptsächlich nur der in den Gouvernements
Tula und Kaluga liegende Theil ausgebeutet, und zwar werden
in Tula 11, in Kaluga 10 Lager bearbeitet, während im Gouvernement Twer nur eine, im Gouvernement Nowgorod nur zwei
Gruben im Betrieb sind. Neuerdings ist ein Steinkohlenlager
von vorzüglicher Güte im Skopin'schen Distrikt des Gouvernements Rjasan, in der Nähe des Dorfes Murajewna, in Betrieb gesetzt worden, wobei man zugleich auf die Anlage der nöthigen
Kommunikationen Behufs des Absatzes Bedacht genommen hat.
Ebenso ist neuerdings mit der Ausbeutung eines Lagers in
der Nähe der Stadt Tula begonnen und es geben die hier zu

Tage geförderten Kohlen an Güte den vorzüglichsten englischen
nichts nach. Im Ganzen enthalten die Lager in dem Moskau'schen Steinkohlendistrikt, welche [genau untersucht sind,
einen Vorrath von 500 Millionen Pfund.

2) Der Donetzkische Steinkohlendistrikt.
Derselbe umfasst das Donetzkische Bergterrain im Gouvernement
Jekaterinoslaw und im Lande der Donischen Kosaken. Er enthält theils Steinkohle, theils Anthracit. Der Steinkohlenvorrath
ist hier von einer solchen Grösse, dass er bei gehöriger Ausbeutung ganz Russland für viele Jahre versorgen könnte; allein
im Lande der Donischen Kosaken enthalten die Lager 500 Milliarden Pfund.

3) Der Uralsche Steinkohlendistrikt.
Derselbe zieht sich längs dem Rücken des Uralgebirges, zu
beiden Seiten in dessen ganzer Ausdehnung hin. Die besten und
mächtigsten Lager sind am Westabhange des Gebirges, wo
11 Gruben im Betrieb sind, während am Ostabhange die Kohle
von geringerer Güte ist und nur an wenigen Stellen gewonnen
wird.

4) Der Polnische Steinkohlendistrikt.
Derselbe liegt in der Umgegend der Stadt Dombrow und ist
von einer sehr bedeutenden Mächtigkeit; allein in den vom Staate
betriebenen Gruben lagert ein Vorrath von 17 Milliarden Pfund.
Ausserdem ist noch ein Steinkohlenlager an der Wolga im Gouvernement Samara, jedoch haben die bis jetzt dort angestellten Bohrungen hinsichtlich der Güte der Kohlen kein günstiges
Resultat ergeben.
In Sibirien giebt es sehr grosse Steinkohlenlager, allein
die Bearbeitung derselben lohnt sich nicht wegen des Reichthums
an Holz und des geringen Bedarfs an Kohlen. Es werden
daher nur einige Kohlengruben im Gouvernement Semipalatinsk
und im Altai zum Behuf der dort befindlichen Bergwerke, und
ferner auch auf der Insel Sachalin ausgebeutet, wo die Lager
sich bis an's Meer erstrecken, so dass die zu Tage geförderten
Kohlen zu Schiff nach China transportirt werden können.

Die in Turkestan vor Kurzem entdekten Steinkohlenlager
haben bis jetzt nur noch geringe Ausbeute gegeben.

Die Braunkohle kommt in Russland sowohl in der Ter-
tiär- als auch in der Juraformation vor. Ein höchst bedeutendes
Braunkohlenlager von der Tertiärformation liegt im Gouvernement Kiew, wo man dasselbe schon in einer Ausdehnung von
17 Meilen erforscht hat. Das Lager hat stellenweise eine Mächtigkeit von 21 Fuss und dasselbe ist für die Zuckerfabriken und
den Betrieb der Eisenbahnen im Gouvernement Kiew, welches
verhältnissmäszig arm an Brennholz ist, von grosser Wichtigkeit.
Ein anderes Braunkohlenlager derselben Formation befindet sich
im Turgaischen Distrikt, östlich vom Uralflusse. Die Braunkohle
der Juraformation kommt in grösseren Massen im Kaukasus in
der Nähe von Kutais vor.

Die Hauptursache der ungenügenden Entwickelung der Steinkohlenproduktion ist der Mangel an guten und ausreichenden
Kommunikationen und an genügenden Kapitalien. Das Fehlen
der nöthigen Kommunikationen wirkt in dem Grade drückend
auf den Absatz, dass dieser trotz des niedrigen Preises der
Kohlen in den Gruben, nicht über einen ziemlich nahen Rayon
um dieselben hinaus sich ausdehnen lässt. In den Jahren 1865
und 66 betrugen die Herstellungskosten eines Puds (33 Pfund)
Steinkohlen im Gouvernement Tula $2\frac{1}{4}$—$2\frac{3}{4}$ Kopeken, in dem
Dongebiet $3\frac{1}{4}$—$6\frac{3}{4}$ Kopeken und in den übrigen Gegenden der
Steinkohlenproduktion durchschnittlich 4 Kopeken. Dahingegen
kostete das Pud Steinkohlen in Moskau 11 Kopeken und das
Pud Donischen Anthracits in Nowotscherkask 7—10 Kopeken, in
Rostow am Don $8\frac{1}{2}$—12 Kopeken, in Taganrog 12—18 Kopeken und in Odessa 20—21 Kopeken. Wenn man nun bedenkt, dass das Pud englischer Steinkohlen in St. Petersburg in
jener Zeit für 10 Kopeken zu kaufen war, so ist es einleuchtend,
dass der viel weniger Wärmestoff enthaltende Anthracit keine
grosse Verbreitung in Russland finden kann, so lange die Kom-
munikationsverhältnisse nicht so leicht und bequem sind, dass
dadurch die Konkurrenz der englischen Kohlen ausgeschlossen
wird. Die Steinkohlenproduktion in den neurussischen Gouverne-

13*

ments leidet an dem Mangel der nöthigen Kapitalien, würde aber durch den Zufluss reichlicher Geldmittel zu hoher Bedeutung zu bringen sein. Im Ural hängt die Steinkohlenproduktion auf's Engste mit dem Bergbau zusammen, weil, wie wir oben sahen, die Wälder dort an vielen Stellen ganz rücksichtslos abgetrieben sind. Es ist aber bis jetzt noch bei Weitem nicht genug zur Hebung der Kohlenproduktion geschehn.

In Polen hat man der Ausbeutung der Kohlengruben seit langer Zeit grössere Aufmerksamkeit geschenkt, als im eigentlichen Russland und die Produktion nimmt mit jedem Jahr zu. Die Kosten für die Produktion der Kohlen belaufen sich auf 16—25 Kopeken pr. Koretz (200 Pfund), während der Verkaufspreis 19—20 Kopeken ausmacht.

10. Steinöl.

Schon lange war es bekannt, dass Petroleum an vielen Orten in Russland vorkomme, wie z. B. in den Gouvernements Archangel, Wologda, Kostroma, Kasan, Simbirsk, Samara, dann auf der Krim und im Kaukasus. Weil aber die Nachfrage nach Steinöl nur gering war, wurde auch die Ausbeutung der Quellen ohne Nachdruck betrieben. Gewonnen wurden an Steinöl im Jahre 1834: 358,000, 1839: 342,000, 1844: 328,000, 1849: 255,000 Pud (33 Pfund). Es hatte die Produktion, die ausschliesslich im Kaukasus, und zwar ohne jegliche künstliche Mittel geschah, also noch dazu eine abnehmende Tendenz.

Dies veränderte sich aber nach Entdeckung der reichen Petroleumquellen Amerikas und der dadurch hervorgerufenen grossen Nachfrage nach diesem Brennmaterial. Im Jahre 1863 war die Produktion von Steinöl im Kaukasus schon auf 575,000 Pud gestiegen und sie nahm dann von Jahr zu Jahr bedeutend zu, so dass 1866 auf der Halbinsel Apscheron fast ebensoviel gewonnen wurde, wie vier Jahre zuvor im ganzen Kaukasus. Es befanden sich dort in jenem Jahre 220 Brunnen, welche sämmtlich auf Rechnung der Regierung getrieben wurden. Ein sehr bedeutendes Etablissement zur Produktion von Petroleum ist von Nowosilzow im Distrikt Kudako, 6 Meilen von Anapa, angelegt worden. Die hier befindlichen artesischen Brunnen geben täglich 10—12,000 Pud Petroleum und in der Nähe von Taman ist eine Anstalt gegründet worden, wo täglich 10,500 Pud von jenem Oel gereinigt werden können.

11. Salz.

Salz wird in Russland in dreierlei Gestalt gewonnen, nämlich als Steinsalz, als Seesalz und als Quellsalz. Das erstere kommt namentlich in den Gouvernements Orenburg und Astrachan, sowie im Kaukasus und Eriwan vor. In Orenburg befindet sich namentlich das früher der Regierung gehörige Salzwerk Iletzka Saschtschita, das bei einem rationellen und mit den nöthigen Mitteln unternommenen Betriebe ganz Russland mit Salz auf lange Zeit versehen könnte.

Seesalz wird gewonnen: in den Gouvernements Astrachan, Orenburg, Stawropol, Cherson, im Kaukasus, im Lande der Donischen Kosaken, auf der Halbinsel Mangtschlak am Kaspischen Meere und in Sibirien, namentlich aber auf der Krim, welche fast 50°/₀ von allem in Russland gewonnenen Salz liefert.

Quellsalz findet man in den Gouvernements Archangel, Wologda, Nischegorod, Nowgorod und Charkoff, im Königreich Polen und in Sibirien.

Das Seesalz giebt stets den reichlichsten Ertrag und machte von 1857—64 durchschnittlich jährlich ¾ der ganzen Salzproduktion Russlands aus, während der Ertrag an Steinsalz meistens nur ¹/₁₀ derselben betrug. Das Verhältniss des Ertrages der drei Salzsorten zu einander war in den gedachten Jahren folgendes:

	Seesalz.	Quellsalz.	Steinsalz.
1857	68 °/₀	24,₅ °/₀	7,₅ °/₀
1858	65,₅ „	28 „	6,₅ „
1859	72 „	27 „	1 „
1860	62,₅ „	32,₅ „	5 „
1861	65 „	30 „	5 „
1862	80,₅ „	17 „	2,₅ „
1863	66 „	28,₅ „	5,₅ „
1864	57 „	35,₅ „	7,₅ „

Obgleich nun Salz in verschiedenen Formen in reichlicher Menge vorhanden ist, um den Bedarf des russischen Volks zu genügen, ist die geographische Lage der hauptsächlichsten Fundorte des Salzes eine so ungünstige, indem diese sich meistens im fernen Osten befinden, dass der Transport zu den Hauptcentren der Bevölkerung sehr schwierig und kostspielig wird. Dazu kommt dann noch die höchst lästige Accise von dem produzirten Salz. Dadurch wird bewirkt, dass an manchen Orten im russischen Reich das Salz billiger aus dem Auslande bezogen werden kann, als im Lande selber. Die hohen Salzpreise, welche die Folge der von uns geschilderten Verhältnisse sind, erschweren nicht nur der Bevölkerung die Anschaffung des zu ihrem Unterhalt nöthigen Salzes, sondern sie wirken auch schädlich in Bezug auf die Landwirthschaft, der nicht die nöthige Quantität Salz zugeführt werden kann.

12. Graphit.

Graphit von ausgezeichneter Güte wird an einigen Orten in Sibirien gefunden. Die beste Graphitgrube ist im Berge Botogal im Gouvernement Irkutzk. Dieselbe musste aber aufgegeben werden, als im westlichen Europa mit der Herstellung von Bleistiften aus gepresstem Graphitstaub begonnen wurde und für den Graphit in Blöcken daher, trotz seiner vortrefflichen Beschaffenheit kein genügender Preis erzielt werden konnte. Ebenso verhielt es sich mit der Graphitgrube am Jenisei im Tnrnchan'schen Gebiet. Gegenwärtig sind nur in Betrieb: die Johannisgrube im Sargiopol'schen Distrikt und die Michaelgrube in der Kirgisischen Steppe. In der ersteren befindet sich nach den angestellten Untersuchungen ein Vorrath von ca. 100,000 Pud (33 Pfund). In den Jahren 1858—62 betrug die Produktion jährlich noch 15,000 Pud, und sank dann 1863 auf 3000, 1864 auf 2000 Pud. Aus der Michaelgrube wurden 1866 4000 Pud Graphit gewonnen.

Fünfter Abschnitt.

Die Manufakturindustrie.

Obgleich die russische Manufakturindustrie erst durch Peter den Grossen eine sichere Grundlage erhielt, so wurden doch schon vor seiner Zeit in Russland viele Manufakturzweige betrieben wenn diese auch im Ganzen nur den Charakter einer häuslichen Beschäftigung hatten. Schon lange hatte die Bevölkerung Leinwand, grobes Tuch, Leder und verschiedene Gegenstände aus Metall, Thon und Holz hergestellt und zwar nicht allein für den eigenen Bedarf, sondern auch zum Absatz nach fremden Ländern.

Als man damit begann, die Bauern sich an einer bestimmten Stelle ansiedeln, statt wie bisher sie von einen Ort zum andern ziehen zu lassen, entwickelte und vervielfältigte sich die häusliche Industrie immer mehr und es zeigten sich die ersten Anfänge förmlicher Industrieorte. Um die Mitte des 17. Jahrhunderts begann namentlich die Lederfabrikation aufzublühen und die besten Juchtenfabriken befanden sich in den jetzigen Gouvernements Kasan, Nischegorod, Moskau, Jaroslaw, Kostroma, Nowgorod und Pskow. Eine Menge von Talgsiedereien wurde gleichfalls in den genannten Gegenden, sowie im Wladimirschen Distrikt angelegt und Seife wurde in grossen Quantitäten in Kostroma bereitet. Pechsiedereien und Pottaschenfabriken waren im Kargopolschen Distrikt und es fand eine lebhafte Ausfuhr dieser Artikel in's Ausland statt. In Moskau wurden Leinwand und Seidenwaaren, in Kaluga Filzwaaren, in Cholmopori Kästchen und Etuis und im Gouvernement Jaroslaw kleinere Eisenwaaren verfertigt. In Tula fabrizirte man schon im Anfang des 17. Jahrhunderts Feuergewehre, in Ustiug Silbersachen mit einer Mischung von anderen Metallen (Tscheru) und im Dorfe Cholum im Wladimir'schen Distrikt beschäftigte man sich mit der Anfertigung von Heiligenbildern. Sobald ein solcher Industriezweig irgendwo entstand und derselbe sich bedeutenden Absatz zu verschaffen wusste, befasste sich die ganze Einwohnerschaft des betreffenden Orts damit und es vererbten sich die verschiedenen Beschäftigungen von der einen Generation auf die andern. Wenn auch die Industriezweige meistens den Charakter der Hausarbeit behielten, entwickelten sich doch mehrere derselben an manchen Orten zu einer fabrikmässigen Thätigkeit und es fehlte auch nicht an grösseren Fabrikanlagen.

So gewannen schon unter der Regierung des Zaren Alexis Michaelowitsch die Bergwerke eine nicht unbedeutende Ausdehnung und es wurden zur Arbeit in demselben die Bewohnerschaft ganzer Dörfer bestimmt. Es wurden ferner Eisen- und Glockengiessereien (im Gouvernement Olonetz), Pulverfabriken (in der Umgegend von Moskau), sowie Papier- und Lichtfabriken (im Gouvernement Moskau) gegründet. Der Zar Alexis, welcher für die Entwickelung dieser Anlagen ein hohes Interesse zeigte, verschrieb tüchtige Techniker aus fremden Ländern (es geschah dies also schon vor Peters des Grossen Zeiten!), bewilligte ihnen Privilegien und erweiterte die Fabriken überhaupt in jeglicher Weise. Sehr bemerkenswerth ist es, dass diese industriellen Anlagen fast überall den Grund zu den noch jetzt bestehenden gelegt haben und dass überhaupt die verschiedenen Industriezweige auch jetzt sich meistens in denselben Gegenden behaupten, wie vor 200 Jahren.

So war allerdings schon vor Peter dem Grossen der Grund zur russischen Industrie gelegt, allein den grossartigen Aufschwung, dessen sie sich bald erfreute, hat sie ihm zu verdanken. Mit einem Schlage wollte er alle im Auslande getriebenen Industriezweige auch in Russland einführen und er schreckte nicht vor den kolossalen Schwierigkeiten zurück, welche sich ihm dabei entgegenstellten. Auf sein Geheiss wurden überall Werkstätten und Fabriken errichtet und er ermunterte Privatpersonen ein Gleiches zu thun, indem er ihnen die Gewährung aller möglichen Privilegien verhiess. Zum Schutz der russischen Industrie wurde die Ausfuhr verschiedener Rohprodukte verboten und die Einfuhr fremder Manufakturwaaren Beschränkungen unterworfen. Die Regierung selbst trat als Hauptkäufer der russischen Erzeugnisse auf und bezahlte sie oft bedeutend über dem wirklichen Preise. Es wurden endlich zur Beaufsichtigung und zur Förderung der Fabriken besondere Kollegien errichtet, und man liess es auch an Vorschüssen an die Unternehmer nicht fehlen.

So waren gegen das Ende der Regierung Peters des Grossen schon 250 Fabriken eingerichtet, welche alle damals bekannten Industriezweige vertraten. Trotzdem lässt sich nicht verkennen, dass die ganze von Peter verfolgte Richtung gar zu einseitig war, indem sie die Industrie rücksichtslos und ohne den wirthschaftlichen Interessen des Landes Rechnung zu tragen förderte. Das ganze System war ein künstliches und konnte nur durch die fernere Anwendung der Mittel, durch welche es in's Leben gerufen war, aufrecht erhalten werden. Dennoch wäre es im höchsten Grade unbillig, dem grossen Zaren daraus einen Vorwurf machen zu wollen. Er folgte in seinen Maxnahmen den Anschauungen seiner Zeit, welche in der künstlichen Förderung der Industrie und in der Absperrung des eigenen Reichs gegen das Ausland den Gipfel staatsökonomischer Weisheit erkannte. Andererseits aber trug doch auch die treibhausartige Pflege der Industrie ihren Nutzen, denn wenn dies auch unter Beeinträchtigung des Volks geschah, so erstarkte die Industrie doch selbst dabei und konnte, als sie nach und nach des unnatürlichen Schutzes beraubt wurde, auf eigenen Füssen stehen. Es ist sehr fraglich, ob manche der blühenden Industriezweige Russlands jetzt auf so hoher Stufe stehen würden, wenn sie durch eigene Kraft sich zu entwickeln gehabt hätten.

Natürlich mussten sich die Mängel des von Peter dem Grossen eingeführten Systems bald sehr fühlbar machen. Die den einzelnen Unternehmern gewährten Privilegien verhinderten die Anlage neuer Fabriken und erschwerten in hohem Grade den Han-

Seins, denn da die Fabriken alle Details des betreffenden Industrie-
zweigs umfassten, konnten die Fabrikarbeit und der Hausfleiss
nicht neben einander bestehen, statt dass sie sich gegenseitig
hätten unterstützen sollen. Dazu kam dann noch, dass der Preis
und die Qualität der Manufakturwaaren lediglich von dem Gutdünken der Fabrikanten abhing.

Dies Verhältniss dauerte fast 50 Jahre. Die ganze Industrie stand unter der strengsten Vormundschaft der Regierung.
Ohne Erlaubniss des Manufaktur-Kollegiums durften keine neuen
Fabriken angelegt, durfte keine Umarbeitung der erzeugten
Waaren vorgenommen werden, wenn man sie nicht der Konfis-
kation aussetzen wollte. Endlich in den siebziger Jahren des
vorigen Jahrhunderts machten sich unter dem Einfluss der neuen
nationalökonomischen Schule gesundere wirthschaftliche Anschauungen geltend, das Prinzip der freien Arbeit wurde ausgesprochen,
die Privilegien wurden aufgehoben und ein Jeder erhielt das
Recht Fabriken anzulegen. Im Jahre 1779 wurde auch das Ma-
nufakturkollegium aufgehoben und es wurde ein ganz anderes
System der Administration der Industrie, wodurch die rationelle
Entwickelung derselben zu voller Geltung kam, eingeführt.

Leider dauerte diese Umkehr zum Guten nicht lange und
die russische Industrie, von den alten Fesseln erlöst, wurde bald
in noch festere Bande geschlagen, indem gegen Ende des vorigen
Jahrhunderts das System des Industrieschutzes eingeführt wurde.
Es wurde nämlich im Jahre 1797 ein die Einfuhr fremder Erzeugnisse verbietender Tarif eingeführt, der bis 1816 ohne Veränderung bestand. Im genannten Jahre erschien ein neuer
Tarif, welcher die Einfuhr in einem geringen Umfange gestattete
und 1819 that man einen weiteren Schritt in der neuen Richtung.
Allein schon am 22. März 1822 verliess man dieselbe wiederum
vollständig und führte einen andern Tarif mit sehr hohen Zöllen
und vielen strengen Einfuhrverboten ein.

Es ist nicht zu leugnen, dass die russische Industrie durch
diese Massregel einen gewissen Aufschwung nahm und dass viele
Fabriken in Folge davon entstanden. Allein es zeigte sich bald,
dass das Land weit mehr Schaden als Nutzen davon hatte, denn

die künstlich erzeugten für die russischen Verhältnisse wenig passenden Industriezweige bemmnten die Entwickelang mancher anderen, welche wegen des Reichthums an vorhandenem Material einer grossen Entwickelung fähig gewesen wären, und sie führten nur zu dem Resultat, ungeheure Kapitalien in die Hände einiger glücklichen Produzenten zu führen. Die Masse der Bevölkerung musste dafür alle Erzeugnisse der Industrie ganz unverhältnissmässig theuer bezahlen. Dabei zeichneten diese sich nicht einmal durch ihre Qualität aus, denn die Fabrikanten, welche keine Konkurrenz zu fürchten hatten, fanden auch für schlechte Waaren sichern und lohnenden Absatz.

Zur Ausdehnung ihres Geschäfts begannen die Fabrikanten im Anfang der zwanziger Jahre den Handwerkern auf dem Lande einen Theil der Arbeit zu übertragen. So geschah es vom Jahre 1825 an mit dem Weben von Baumwollenwaaren und einige Jahre später mit Theilen der Tuchfabrikation, welche bis dahin in allen Details von den Fabriken selbst ausgeführt worden war. Es entstand auf diese Weise eine Art von Hausfleiss, welche allerdings mit dem von uns oben besprochenen nichts gemein hatte, indem durch jene Arbeiten die Arbeiter selbst von dem Fabrikherrn vollständig abhängig gemacht waren.

Seit den vierziger Jahren machten sich auch in Russland die Freihandelsideen geltend, und unter dem Einfluss derselben wurden die Sätze der russischen Zolltarife in den Jahren 1850, 1857 und 1859 allmählich etwas ermässigt, wodurch auch die Industrie nach und nach in natürliche Bahnen geleitet worden ist, allein ein ganz korrektes Verhältniss herbeizuführen wird erst einer späteren Zeit vorbehalten sein. Nur ganz allmählich kann Russland sich von den künstlichen Industriezweigen abwenden und ein plötzlicher Uebergang zu einem andern System würde gewiss noch schädlicher sein, als das jetzige. Die statistischen Aufschlüsse über die russische Industrie waren bis in die neuste Zeit hinein äusserst dürftig und unzureichend und erst vom Jahre 1866 an tritt hier durch die vom statistischen Zentralkomité gelieferten Mittheilungen eine Aenderung ein. Die nachstehende Uebersicht kann daher auf unbedingte Zuverlässigkeit keinen Anspruch machen, während sie andererseits doch einiges Licht auf die Entwickelung der russischen Industrie zu werfen geeignet ist.

Jahr.	Anzahl der Fabriken.	Anzahl der Arbeiter.	Produktionswerth.	
1725	233	—	—	
1761	201	—	4,200,000	Rubel.
1765	262	37,862	5,000,000	"
1778	478	50,543	16,000,000	"
1804	2,423	95,202	—	
1814	3,721	160,530	—	
1825	5,261	210,568	—	
1832	5,656	272,490	—	
1842	6,930	455,827	—	
1850	9,843	517,679	166,016,996	"
1854	9,444	459,637	151,984,942	"
1863	16,695	419,517	351,843,680	"
1864	14,839	364,320	327,676,820	"
1865	23,050	459,190	397,441,714	"
1866	84,944	919,025	650,638,062	"

Nach Gruppen geordnet vertheilten die Fabriken sich im Jahre 1866 in folgender Weise:

Industriezweig.	Anzahl der Fabriken.	Anzahl der Arbeiter.	Produktionswerth.	
Wollmanufaktur	1,831	105,135	63,746,294	Rubel.
Hanf- und Flachsmanufaktur	2,835	47,325	23,872,603	"
Baumwollenmanufaktur	3,906	147,493	150,618,307	"
Seidenmanufaktur	518	12,373	7,311,580	"
Papier	224	11,977	6,919,715	"
Talg und Wachs	2,960	19,493	38,847,714	"
Leder	5,368	24,465	26,396,081	"
Holz	3,849	15,400	9,246,434	"
Salzsiedereien	146	5,059	6,184,718	"

Industriezweig.	Anzahl der Fabriken.	Anzahl der Arbeiter.	Produktions- werth.	
Ziegeleien	5,046	31,294	6,481,264	Rubel.
Glas- und Spiegel- fabriken	273	12,214	4,999,197	"
Metall	1,739	137,270	71,628,523	"
Chemische Produkte	1,570	14,413	9,521,750	"
Taback	5,402	28,795	13,810,367	"
Mehl und Grütze	20,834	74,184	25,214,518	"
Zukerraffinaderien	408	102,034	51,741,838	"
Branntweinbren- nereien	5,397	60,603	92,967,872	"
Destillationen	5,050	14,000	15,503,064	"
Bier- und Meth- brauereien	3,060	8,928	8,713,913	"
Verschiedene	16,268	46,510	16,902,290	"
Zusammen:	84,944	919,025	650,638,062	Rubel.

I. Die Wollmanufaktur.

Die ersten Tuchfabriken wurden im Jahre 1698, als Peter der Grosse von seiner Reise in's Ausland zurückgekehrt war, in Moskau angelegt, und zwar ausschliesslich zu dem Zweck, das für die Armee nöthige Tuch herzustellen. Im Jahre 1712 wurde der Befehl erlassen, dass die Armee vorzugsweise das in diesen Fabriken verfertigte Tuch anschaffen sollte. Nach und nach wurden 30 Tuchfabriken angelegt, denen man in jeder Weise zu Hülfe kam, indem ihnen Land und Bauern zugetheilt und Vor- schüsse gewährt wurden. Das Manufaktur-Kollegium hatte die Aufsicht über diese Fabriken und ihre Lieferungen zur Armee, dann ging dieses Amt im Jahre 1775 auf das Kommissariat über, um 1796 dem neuerrichteten Manufaktur-Kollegium wieder übertragen zu werden. Als dieses 1803 definitiv aufgehoben wurde, übernahm die Expedition der kaiserlichen Oekonomie

diese Geschäfte. Weil die Tuchfabrikation sich anfangs nur sehr
langsam entwickelte, nahm die Regierung, um den Bedarf
der Armee sicher zu stellen, ihre Zuflucht zu verschiedenen
Zwangsmassregeln und verbot z. B. den Verkauf von Tuch an
Privatpersonen. Als im Jahre 1808 die Obermanufaktur-Admi-
nistration gegründet wurde, fiel jene Bestimmung hinweg, allein
um der Armee die genügende Menge von Tuch zuzuführen, wurde
nun den Fabrikanten je nach der Grösse ihres Etablissements
die Verfertigung einer gewissen Quantität desselben vorgeschrie-
ben. Erst mit dem Jahre 1822 gelangten die Fabriken dazu,
mehr als den Bedarf für die Armee anfertigen zu können; als
dann der neue Tarif eingeführt wurde, welcher die Einfuhr von
feineren Tuchsorten verbot und sehr hohe Zölle auf die übrigen
Sorten legte, wurden von Seiten der russischen Fabriken Versuche
zur Anfertigung feinerer Waare gemacht. Um diese Zeit auch
wurden die ersten Wollwäschereien und Wollsortirungsanstalten
eingerichtet.

Den kräftigsten Aufschwung aber nahm die Tuchfabrikation
in Folge des Polnischen Aufstandes im Jahre 1830. Es wan-
derten nämlich damals viele Fabrikanten aus Polen aus und liessen sich in Russland nieder, wo sie theils neue Fabriken grün-
deten, theils die Einrichtung der schon bestehenden verbesserten.
Gleichzeitig breitete sich auch die Zucht feinwolliger Schafe immer mehr im südlichen Russland und in den Ostseeprovinzen
aus, so dass die Fabriken nunmehr aus dem Inlande die besten
Rohstoffe beziehen konnten. Um die Mitte dieses Jahrhunderts
konnten einige der russischen Tuche schon mit den ausländischen
konkurriren. Im Jahre 1856 sah sich die Regierung im Stande,
alle Tuchfabriken ohne Unterschied bei der Tuchlieferung zur
Armee konkurriren zu lassen und 1866 wurde die Sorge für die
Anschaffung des Bedarfs der Armee an Tuch, welche bisher dem
Finanzministerium obgelegen hatte, dem Kriegsministerium übertragen, welches sich dieses Geschäfts ohne irgend welche künstliche Mittel zur Förderung der Tuchfabrikation entledigen kann.

Nachstehend geben wir eine Uebersicht über die allmähliche
Entwickelung der Tuchfabrikation in Russland, welche aber,

ebenso wie die oben über die Entwickelung der Industrie im Ganzen mitgetheilte Tabelle, nur als annähernd richtig angesehen werden kann.

Jahr.	Anzahl der Fabriken.	Anzahl der Arbeiter.	Produktions- werth.
1719	30	—	—
1761	36	—	548,958 Rubel.
1765	36	—	738,995 „
1776	64	—	—
1804	155	28,689	2,821,000 „
1814	235	42,364	—
1825	324	63,605	6,555,000 „
1832	451	—	—
1842	597	—	—
1850	808	103,076	32,999,785 „
1854	598	99,741	37,735,886 „
1859	711	123,660	36,724,600 „
1863	639		37,328,902 „
1864	614	92,322	42,565,118 „
1865	685	109,125	48,084,014 „
1866	1831	105,135	63,746,294 „

Von diesen 64 Millionen Rubeln kamen im gedachten Jahre ungefähr 5¹/₄ Millionen auf die Wollwäschereien, 16¹/₂ Millionen auf die Wollspinnereien, etwa 40 Millionen auf die Tuchfabriken, 400,000 Rubel auf die Teppichfabriken, 200,000 Rubel auf die Strumpfwirkereien und etwas unter 100,000 Rubel auf die Filz-fabriken.

Die verschiedenen Zweige der Wollmanufaktur können je nach den Oertlichkeiten, wo sie die grösste Ausbreitung haben, in drei Klassen eingetheilt werden, nämlich die Zweige, welche die vorbereitenden Beschäftigungen der Wollmanufaktur zum Gegenstand haben, also das Waschen, Sortiren und Spinnen der Wolle, ferner die Anfertigung gröberer Tuchsorten und endlich die Herstellung der feinen Tuche.

1. Die vorbereitenden Zweige der Wollmanufaktur.

Das Waschen und Sortiren der Wolle wird vorzugsweise in den Gouvernements Cherson, Charkoff, Simbirsk, Woronesch, Tambow und Bessarabien, das Spinnen derselben hauptsächlich in den Gouvernements Moskau, Petersburg, Livland, Wladimir, Twer, Grodno, Tula und in Polen vorgenommen.

Die russische Wolle ist im Allgemeinen nur von geringer Güte, sie ist grob, trocken, und es fehlt ihr an Weichheit und Geschmeidigkeit. Die Wolle wird meistens in unreinem, schlecht sortirtem Zustande auf den Markt gebracht und dann von den Zwischenhändlern in trügerischer Absicht verschiedenen Operationen unterworfen, namentlich auch, um grösseres Gewicht zu erzielen, mit Steinen beschwert. Die Klagen ausländischer Käufer haben in neuerer Zeit in diesem Verhältniss wohl einige Besserung hervorgebracht und namentlich veranlasst, dass im Gouvernement Cherson sehr bedeutende Wollwasch- und Wollsortirungsanstalten angelegt sind. Diese sind aber für die grosse Nachfrage noch ungenügend und die Käufer müssen noch meistens mit der in den Gouvernements Charkoff, Simbirsk, Woronesch und Tambow bereiteten Wolle vorlieb nehmen. Diese aber ist zur weiteren Fabrikation wenig geeignet und muss einem nochmaligen Reinigungsprozess unterworfen werden, welcher meistens bei den Spinnereien und Tuchfabriken selber stattfindet. Es liegt auf der Hand, dass die Fabrikation dadurch ungemein vertheuert wird, allein die meisten Producenten haben sich von diesem Verhältniss bis jetzt nicht losmachen können, weil sie bei den Zwischenhändlern Kredit erhalten, welchen sie bei den Schafzüchtern nicht bekommen würden. Nur die Moskauischen, Livländischen und Polnischen Fabrikanten, welche umfassende Wollspinnereien besitzen, haben sich mit den Schafzüchtern unmittelbar in Verbindung setzen können und nehmen die vorbereitende Behandlung der Wolle in den eigenen Etablissements vor. Auch im St. Petersburger Gouvernement nehmen die Wollspinnereien jetzt bedeutenden Aufschwung und es wird hier eine grosse Menge feinerer fremder Wolle verarbeitet.

2. Die Anfertigung der gröberen Tuchsorten.

Die Fabriken, welche sich mit der Anfertigung der gröberen Tuchsorten beschäftigen, arbeiten grösstentheils für die Armee. Dieselben befinden sich in 17 Gouvernements und es sind deren 104, nämlich im:

Gouvernement.	Anzahl Fabriken.	Gouvernement.	Anzahl Fabriken.
Simbirsk	24	Nischegorod	1
Penza	20	Kasan	1
Moskau	14	Orenburg	1
Samara	9	Smolensk	1
Tambow	8	Kaluga	1
Saratow	7	Tula	1
Riasan	5	Orel	1
Woronesch	5	Kiew	1
Grodno	4		

Fast alle diese Fabriken gehören Edelleuten und wurden ehedem durch leibeigene Arbeitskraft betrieben. Sie liegen meistens in den mittleren Gouvernements des Reichs, welche von der Wolga, der Oka und dem Don durchströmt werden. Die Zufuhr des Rohmaterials und der zur Fabrikation erforderlichen chemischen Stoffe wird dadurch wesentlich erleichtert. Die Verarbeitung von Kameelgarn geschieht namentlich in den östlich gelegenen Gouvernements dieser Gruppe.

Im Ganzen produziren diese Fabriken jährlich 13 Millionen Arschinen (à ¼ Meter)*) Tuch, wovon 9,300,000 an die Armee abgeliefert werden. Das Soldatentuch wird aus grober, schlechtsortirter Wolle verarbeitet. Man hat in neuerer Zeit Versuche gemacht es zu verbessern, und obwohl dieselben anfangs fehlschlugen, ist es jetzt verschiedenen Fabrikanten geglückt, wozu freilich eine durchgreifende Veränderung in der Fabrikation selber vonnöthen ist. Sehr zu wünschen wäre es, wenn diese Verbesserung der Waare eine allgemeine werden könnte; man wäre dann nicht fast ausschliesslich auf den Absatz an die Armee angewiesen und diese selbst auch würde besseres, festeres Tuch

*) 100 Arschinen = 71,16 Meter.

14*

bekommen. Es scheint übrigens in dieser Tuchfabrikation jetzt
ein völliger Umschwung bevorzustehen und auch die Schafzüchter
fangen an einzusehen, dass sie bei ihrer Zucht edlere Racen als
bisher anwenden müssen.

3. Die feinere Tuchfabrikation.

Die Fabriken, welche feinere Tuchsorten herstellen, liegen in
den Gouvernements Moskau, Grodno, Livland, Tscheruigoff,
St. Petersburg, Kaluga, Tula, Podolien, Kiew, Wolhynien, Esthland, Wladimir und Minsk, sowie im Königreiche Polen. Der
grösste Theil des Produkts dieser Fabriken wird im Inlande abgesetzt, doch geht auch eine bedeutende Menge desselben nach
China. Im Ganzen werden jährlich gegen 15 Millionen Arschinen (à ⁴⁄₄ Meter) Tuch produzirt. Die besten Sorten, welche
hauptsächlich in Polen, Livland, Grodno und Moskau angefertigt
werden, kosten 4 Rubel, die mittleren Sorten 2 Rubel pr. Arschin.
Mehrere Fabriken stehen in technischer Beziehung ebenso hoch
wie die besseren ausländischen und erfreuen sich eines immer
steigenden Aufschwungs. Dahingegen befinden sich die Fabriken
für die mittleren und geringeren Sorten meistens nicht in einem
zufriedenstellenden Zustande. Es liegt dies zum Theil daran,
dass die Operation der Fettung der Wolle, welche wegen der
Trockenheit der russischen Wolle von grosser Bedeutung ist,
nicht in genügender Weise vollzogen wird, weil das dazu am
meisten geeignete Baumöl sehr theuer ist und die Surrogate,
welche man statt desselben anwendet, von schädlichem Einfluss
sind auf die Qualität des Tuchs. Die grössten Fortschritte sind
in neuerer Zeit in der Herstellung der leichteren Tuchsorten
(Tricot, Kasimir, Satin), welche mit den ausländischen konkurriren können, gemacht worden. Dasselbe gilt auch von den geringeren Tuchsorten. Die Herstellungskosten des Tuchs in Russland sind aber bedeutend grösser, als die im Auslande, nämlich
um 20—30 Prozent, so dass sie allerdings des Zollschutzes bedürfen, wenn man überhaupt die Tuchfabrikation im Lande selbst
erhalten will. Die Aufhebung dieses Schutzes würde sicher den
Ruin der allermeisten russischen Tuchfabriken zur Folge haben.

Wollene und halbwollene Gewebe werden in Russland in 33 Fabriken hergestellt, welche jährlich für 1,400,000 Rubel produziren. Die Erzeugnisse derselben sind nicht so gut wie z. B. die französischen, obgleich sie fast ebenso theuer sind wie diese.

Die Teppichfabrikation geschah in Russland lange Zeit hindurch mittels Handarbeit. Jetzt giebt es 12 Teppichfabriken, welche aber noch auf ziemlich niedriger Stufe stehen und weder an Preisbilligkeit noch an Güte der Erzeugnisse mit den fremden Waaren dieser Gattung wetteifern können. Dasselbe gilt auch von der russischen Filzfabrikation.

Nach dem Produktionswerth der in ihnen vorhandenen Fabriken der Wollmanufaktur folgen die russischen Gouvernements in nachstehender Reihe auf einander:

Gouvernement.	Anzahl Fabriken.	Produktionswerth.	
Moskau	223	28,163,000	Rubel.
Polen (alle Gouvernements zusammengerechnet)	969	6,184,000	„
Grodno	95	5,315,000	„
Simbirsk	80	3,162,000	„
Cherson	15	2,927,000	„
Livland	19	2,837,000	„
Tschernigoff	22	2,480,000	„
Charkoff	16	1,855,000	„
St. Petersburg	20	1,672,000	„
Pensa	24	1,138,000	„
Tambow	16	1,000,000	„
Saratow	15	816,000	„
Kaluga	4	734,000	„
Tula	5	602,000	„
Podolien	82	572,000	„
Kiew	6	461,000	„
Woronesch	11	436,000	„
Esthland	1	412,000	„
Samara	10	400,000	„

Gouvernement.	Anzahl Fabriken.	Produktionswerth.
Riasan	11	380,000 Rubel.
Wladimir	6	305,000 "
Minsk	4	241,000 "
Wolhynien	46	222,000 "
Sibirien	6	217,000 "
Jaroslaw	3	186,000 "
Nischegorod	67	142,000 "
Smolensk	1	125,000 "
Perm	4	122,000 "
Kursk	2	111,000 "
Orel	1	109,000 "
Bessarabien	16	91,000 "
Kasan	3	80,000 "
Twer	2	60,000 "
Finnland	7	59,000 "
Poltawa	3	54,000 "
Upha	1	52,000 "
Kowno	2	10,000 "
Wilna	1	9,000 "
Taurien	14	7,000 "
Mohilew	3	5,000 "
Orenburg	4	2,000 "
Pskow	3	1,000 "
Zusammen:	1831	63,746,000 Rubel.

Ausserdem sind im Kaukasus 19 kleine Tuchfabriken, welche zusammen für ungefähr 10,000 Rubel produziren.

Der grösste Theil der russischen Wollmanufakturwaaren wird auf den Jahrmärkten im Innern des Reichs abgesetzt, auf denen nur theure ausländische Stoffe zum Verkauf kommen. Das Verhältniss zwischen den fremden und einheimischen Wollwaaren war in den Jahren 1864—66 auf den hauptsächlichsten Märkten folgendes:

	Nischnei-Nowgorod.		Poltawa.	
	Russische	fremde	Russische	fremde
	Waaren.		Waaren.	
1864	8,335,000 R.	556,000 R.	3,000,000 R.	200,000 R.
1865	9,280,000 „	570,000 „	—	
1866	10,393,000 „	514,000 „	jährlich.	
	Charkoff.		Korenaja.	
	Russische	fremde	Russische	fremde
	Waaren.		Waaren.	
1864	2,600,000 R.	455,000 R.	1,200,000 R.	—
1865	—	—	—	—
1866	2,770,000 „	430,000 „	jährlich.	

Ausserdem werden jährlich etwa für 3½ Millionen Rubel wollene Waaren nach Asien und eine ziemlich geringe Quantität derselben nach fremden europäischen Ländern abgesetzt.

Die russische Wollmanufaktur ist aber durchaus nicht im Stande den Bedarf der Bevölkerung an den wegen des Klimas so durchaus unentbehrlichen wollenen Waaren zu befriedigen. Es müssen hier daher die von den Bauern mittels Handarbeit verfertigten Waaren aushelfen. Bekannt sind namentlich die von den Bauern in den Gouvernements Jaroslaw und Kaluga angefertigten Tuche. In den Dörfern, wo diese Arbeiten in einem sehr grossen Maasstabe angenommen werden, liefern die vermögenden Bauern die Wolle entweder in rohem oder gesponnenem Zustande an die Tuchmacher. Einen Hauptzweig dieser ländlichen Wollarbeiten bilden die Strumpfwirkereien, welche namentlich in den um Moskau liegenden Dörfern und im Gouvernement Tschernigoff, vorzugsweise aber im gorochowetskischen Distrikt des Gouvernements Wladimir auf den Besitzungen der Fürstin Tscherbatowa von Bedeutung sind; auf der zuletzt genannten Stelle wurde im Jahre 1863 über eine Million Paar Strümpfe verfertigt.

In den Gouvernements Charkoff, Saratow und Tobolsk werden von den Bauern viele Teppiche, im Gouvernement Nischegorod wollene Schuhe und Hüte von Lammwolle angefertigt, und mit der Verfertigung von Filswaaren beschäftigen sich viele

Bauern in den Gouvernements Moskau (in den Dörfern Beren-
diewka und Lopata), Wladimir (im Dorfe Koischina) und im
Ravenburgschen Distrikt des Gouvernements Riasan. Tengoborski berechnete in den vierziger Jahren die Anzahl der Bauern,
die sich mit der Wollmanufaktur abgaben, zu 200,000, und da
diese Zahl eher zu- als abgenommen hat und sich der Werth der
Arbeit eines Jeden zu wenigstens 70 Rubeln anschlagen lässt,
so würde dieser im Ganzen eine Summe von 15 Millionen Rubeln ausmachen und den Gesammtwerth der russischen Wollmanufaktur jährlich auf gegen 80 Millionen Rubel bringen. Zur
Verarbeitung werden jährlich ca. 120 Millionen Pfund russischer
und 13 Millionen Pfund fremder Wolle gebraucht.

II. Die Hanf- und Flachsmanufaktur.

1. Die fabrikmässige Verarbeitung des Flachses.

Im Jahre 1866 bestanden in Russland 2225 Flachsfabriken
(worunter allein in Polen 508), welche im Ganzen für 17,300,000
Rubel produzirten, wovon 3,244,000 Rubel auf das Brechen des
Flachses, 8 Millionen Rubel auf das Spinnen desselben und
6,002,000 Rubel auf die Leinwandbereitung aus Flachs kamen.
Im Jahre 1868 war der Werth der beiden letzteren Produktions-
zweige schon auf 16 Millionen Rubel gestiegen.

Das Brechen des Flachses geschieht vorzugsweise in den
Gouvernements Pskow, Orel, Wladimir und Livland. Grösstentheils bedient man sich in dortigen Fabriken der gewöhnlichen,
auch bei den Bauern gebräuchlichen Flachsbrecher und nur in
einigen livländischen Fabriken werden Brechmaschinen angewandt, die indessen Kons-rat unvollkommen sind. Im Laufe eines
Tages kann ein Mann etwa 65 Pfund Flachs verarbeiten, wofür
er einen Arbeitslohn von 20—30 Kopeken (6—9 Silbergroschen)
erhält.

Das Hecheln des Flachses geschieht entweder bei den
Flachsspinnereien oder als Handarbeit bei den Bauern mittels ge-

wöhraftober Bürsten von Schweinsborsten. Der einzige Vortheil bei dieser sehr umständlichen Behandlungsweise des Flachses besteht darin, dass weniger Werg und Abfall dabei herauskommt und dass man von einer gewissen Quantität Flachs ungefähr die Hälfte an reinem Flachse erhält; dafür ist dieser aber nur von geringerer Güte und ohne Glanz und Geschmeidigkeit. Bei den Flachsspinnereien bedient man sich aber zum Behuf des Hechelns metallener Kartätschen oder auch besonderer Maschinen. Auf diese Weise erhält man nur $1/_3$—$1/_4$ reinen Flachs, der dafür aber von ausgezeichneter Beschaffenheit ist, während auch der Werg besser ist, als der durch Bürsten hervorgebrachte. In der letzteren Zeit fangen übrigens auch die Bauern an, sich besserer Geräthschaften beim Hecheln des Flachses zu bedienen. Die zahlreichsten Flachshechelanstalten sind in den Gouvernements Kostroma, Jaroslaw, St. Petersburg, Twer, Wladimir und Wologda.

Flachsspinnereien wurden in Russland erst seit 1850 mit Maschinen betrieben, wollten aber anfangs nicht recht in Aufnahme kommen. Namentlich fehlte es an den nöthigen Kapitalien, denn die Maschinen für die Flachsspinnerei sind bedeutend komplizirter und theurer als die für die Baumwollenspinnerei. Ausserdem erheischen die Maschinen einen Rohstoff von guter, wohlsortirter Beschaffenheit, wie er dazumal in Russland noch selten war. Da trat die amerikanische Krisis ein, welche auf die Förderung der russischen Flachsindustrie vom günstigsten Einfluss war. Bis zu jener Katastrophe ward der russische Flachs mit 10 Kopeken für das Pfund bezahlt, während nach dem Eintreten derselben der Preis auf 20—25 Kopeken stieg. Man wandte nun weit grössere Sorgfalt auf den Bau und die Behandlung des Flachses an, und so stieg die Qualität des russischen Fabrikats bedeutend. Jetzt hat man im europäischen Russland ungefähr 20 grössere Flachsspinnereien.

Das Weben des Flachses geschieht meistens an Handwebstühlen, und Maschinen kommen hier nur selten zur Anwendung. Im gegenwärtigen Jahrhundert wurden durch die rasche Entwickelung der Baumwollenmanufaktur die Flachswebereien sehr beinträchtigt, denn die erstere ist bei Weitem vortheilhafter. Während man nämlich aus einem Pud Flachs höchstens 115 Arschinen Leinwand (Nr. 34) erhält, kann man 360 Arschinen Calicot von derselben Qualität aus einem Pud Baumwolle verfertigen, und während die Quadrataraschine Flachsleinwand Nr. 34 28 Kopeken kostet, stellt sich der Preis für den Calicot nur auf 6 Kopeken. In Folge dessen gingen nach und nach viele Flachswebereien ein, bis das Eintreten der amerikanischen Krisis die Flachsindustrie in Russland wiederum zu neuem Leben erweckte. Nun hat aber schon die Nachfrage nach Flachsleinwand wiederum bedeutend nachgelassen, was übrigens zum Theil an der geringen Qualität der Waare selbst liegt.

Auch das B l e i c h e n der Leinwand geschieht in den Fabriken nicht in zufriedenstellender Weise. Gut eingerichtete chemische Bleichen giebt es nur bei wenigen derselben. In Russland hält man an der Idee fest, dass das chemische Bleichen die Leinwand verderbe, obgleich das Gegentheil zur Genüge erwiesen ist.

Nachstehende Uebersicht zeigt die Produktion an Leinwand in den verschiedenen Gouvernements.

Wladimir	3,684,500 Rubel.	Twer	548,000 Rubel.
Kostroma	3,584,000 „	Rjasan	400,000 „
Jaroslaw	2,514,750 „	Livland	304,000 „
St. Petersburg	1,144,000 „	Witebsk	68,000 „
Polen	1,013,400 „	Wiatka	60,000 „
Wologda	842,000 „	Kaluga	50,650 „
Kasan	700,000 „	Tschernigoff	44,100 „
Finnland	650,000 „	Moskau	20,000 „

Diese 16 Millionen Rubel repräsentiren eine Quantität von 42 Millionen Arschinen (28 Millionen Meter) Leinwand, was also ungefähr eine halbe Elle für jeden Bewohner Russlands ausmacht, offenbar ein ganz und gar unzureichendes Verhältniss.

2. Die Verarbeitung des Flachses mittels Handarbeit (der Bauern).

Kein Industriezweig in Russland hat einen so volksthümlichen Charakter wie dieser, und die klimatischen, sowie die

Bodenverhältnisse des Landes haben das Ihrige dazu beigetragen, denselben zu befördern. Die Masse der von den Bauern verfertigten Leinwand, die überhaupt zum Verkauf kommt, kann auf wenigstens 170 Millionen Arschinen (113 Millionen Meter) zu einem Preise von 14 Millionen Rubeln angeschlagen werden. Die Hauptstellen für diese Produktion sind die Gouvernements: Wiatka (17 Millionen Arschinen), Jaroslaw (15 Millionen Arschinen), Twer (11 Millionen), Wologda (10 Millionen), Perm (7 Millionen), Kostroma (6 Millionen), Kaluga (5 Millionen), Sibirien (4 1/2 Millionen), Orel (3 1/2 Millionen), Tambow (3 Millionen), Polen (2 Millionen) und Saratow (1 1/2 Millionen Arschinen).

Die Bauern bedienen sich bei der Verarbeitung des Flachses noch meistens der alten einfachen Geräthschaften, und erst in der Neuzeit haben sie angefangen sich geeignetere Werkzeuge anzuschaffen. Im Allgemeinen beschäftigen sich die Bauern mit der Verarbeitung des Flachses zur Winterszeit, vom November bis Anfang Mai, oder etwa 130 Tage; nur in den Gouvernements, wo die Bauern nur ein kleines Areal zu bearbeiten haben, treiben sie die Flachsindustrie nebenbei das ganze Jahr hindurch.

3. Die Hanfindustrie.

Dieselbe beschäftigt 566 Fabriken in folgenden Gouvernements:

Gouvernement.	Anzahl der Fabriken.	Produktionswerth.
Orel	197	1,905,000 Rubel.
St. Petersburg	10	1,795,000 „
Twer	26	973,000 „
Jaroslaw	4	514,000 „
Cherson	4	334,000 „
Nischegorod	11	189,000 „
Smolensk	6	160,000 „
Riasan	7	158,000 „
Perm	18	99,000 „
Jekaterinoslaw	3	67,000 „
Finnland	2	65,000 „
Archangel	12	50,000 „

Gouvernement.	Anzahl der Fabriken.	Produktionswerth.
Kursk	31	44,000 Rubel.
Tschernigoff	95	28,000 „
Wiatka	7	17.000 „
Samara	2	16,000 „
Saratow	7	14,000 „
Sibirien	22	13,000 „
Simbirsk	14	12,000 „
Im übrigen Russland	88	302,000 „
Zusammen:	566	6,755,000 Rubel.

Ausserdem befassen sich auch manche der Flachsfabriken in den Gouvernements Kaluga, Livland, Kostroma, Wologda, Moskau und Tschernigoff mit der Hanfindustrie.

Das Brechen des Hanfs wird meistens durch die Bauern oder die Käufer des Rohstoffs vorgenommen, und nur in den Gouvernements Orel und Livland geschieht diese Operation bei den Hanffabriken selber. Zum Brechen des Hanfs bedient man sich vorzugsweise noch der von Alters her üblichen hölzernen Geräthschaften, wobei man vom rohen Hanf ungefähr 60—70 Prozent gereinigten erhält. Auch das Hecheln des Hanfs geschieht noch mittels Handkraft und ganz einfachen Werkzeugen.

Die russischen Segeltuchfabriken erfreuten sich lange Zeit hindurch eines grossen Rufs im Auslande, allein dies hat in letzterer Zeit bedeutend abgenommen, weil an manchen Orten Segeltuch aus Flachs oder Baumwolle an die Stelle des hanfenen getreten ist und man überhaupt im Auslande mit dem russischen Segeltuch zu konkurriren sucht. Die wichtigsten Segeltuchfabriken befinden sich noch in dem Gouvernement Twer; an anderen Orten haben sie nur geringe Bedeutung, namentlich im Gouvernement Tschernigoff, wo sie fast nur den Charakter der Hausindustrie haben. Die früher so berühmten Segeltuchfabriken in Kaluga, welche sich der besondern Gunst der Regierung erfreuten, sind jetzt ganz in Verfall gerathen.

Ueber die Hälfte der gesammten Hanfindustrie hat die Aafertigung von Tauwerk zum Gegenstande. An Seilerwerkstätten giebt es 332, welche für 3½ Millionen Rubel Tauwerk herstellen. Davon kommen fast 2 Millionen auf das Gouvernement St. Petersburg, ½ Million auf das Gouvernement Jaroslaw und der Rest auf die Gouvernements Cherson, Nischegorod, Rjasan, Perm und Archangel. Dieser Zweig der Hanfmannufaktur erfreut sich verhältnissmässig des besten Gedeihens; dennoch ist aber auch er sehr in der Abnahme begriffen; während z. B. noch im Jahre 1850 die Ausfuhr an Tauwerk 5 Millionen Rubel ausmachte, betrug sie 1864 nur 1,465,000 Rubel.

III. Die Baumwollenmannfaktur.

Die Baumwollenindustrie begann in Russland ungefähr in der Mitte des vorigen Jahrhunderts, entwickelte sich aber rasch und nimmt jetzt den höchsten Platz in der russischen Industrie ein.

Im Jahre 1764 wurde die erste Zitzfabrik gegründet, im Jahre 1793 durch den Ausländer Lehmann die erste Baumwollenspinnerei angelegt und 1805 die Alexandrow'sche Baumwollenmannfaktur eingerichtet. Dann entwickelte sich dieser Industriezweig schnell, und zwar nicht allein in Fabriken, sondern auch auf dem Lande bei den Bauern als Nebenbeschäftigung. Vor Allem geschah dies im Dorfe Iwanow, wo unter der Leitung aus Deutschland verschriebener Meister sehr ansehnliche Quantitäten simplerer baumwollener Stoffe, wie Kattun und Zitz, hergestellt wurden.

Als im Jahre 1822 der Prohibitivtarif erlassen wurde, welcher die Einfuhr fremder Erzeugnisse mit sehr hohen Zöllen belegte, wuchs in Russland die Zahl der Baumwollenfabriken, was wiederum das Einwandern tüchtiger fremder Meister nach Russland zur Folge hatte. Den wichtigsten Fortschritt machte dieser Industriezweig, als um's Jahr 1840 in England der Entschluss gefasst wurde, die Ausfuhr von Spinnmaschinen zu gestatten. Bis

dahin hatten die russischen Fabrikanten sich mit belgischen und
französischen Maschinen schlechter Konstruktion behelfen müssen,
zu deren Aufstellung aus jenen Ländern Mechaniker gesandt
wurden, die ihr Gewerbe nicht verstanden. Einen weiteren Aufschwung nahm die russische Baumwollenindustrie, als in Folge
der Handelskrise des Jahres 1841 die Einfuhrzölle auf fremde
Baumwollenfabrikate noch erhöht wurden. Neun Jahre darauf
wurde dieser Zollzuschlag wieder fortgenommen, allein die russische Manufaktur hatte sich nun inzwischen so befestigt, dass
sie fast den ganzen Bedarf an Baumwollenwaaren im Lande
herstellig machen konnte und dass die Einfuhr fremder Erzeugnisse fast verschwindend wurde gegen früher.

So wurden eingeführt:

In den Jahren 1824—26 jährlich:

	2,500,000	Pfund	rohe Baumwolle und
	80,000,000	„	Baumwollengarn.
1844:	18,500,000	„	rohe Baumwolle und
	20,000,000	„	Baumwollengarn.
1867:	112,000,000	„	rohe Baumwolle und
	6,165,000	„	Baumwollengarn.

Jetzt befassen sich die Fabriken nur noch mit der Herstellung der feineren Baumwollenstoffe und überlassen die Anfertigung der gröberen Sorten den Bauern der nächsten Dorf-
schaften, indem sie ihnen die Aufzüge zu den Geweben liefern.
Man hat in letzterer Zeit auch den rechten Griff für das
Bleichen, Färben und Drucken bekommen, welche Operationen
früher ausschliesslich der Handarbeit auf dem Lande überlassen
waren. Mehrere der ehemaligen Werkstätten auf dem Lande,
welche diesen Zweigen der Baumwollenmanufaktur oblagen,
haben sich zu Fabriken entwickelt, welche den Vergleich mit
dem Auslande nicht zu scheuen brauchen.

Die Baumwollenspinnereien verarbeiten fast ausschliesslich amerikanische Baumwolle und nur 8—9 Millionen
Pfund asiatischer. Von der in Russland selbst produzirten Baumwolle, nämlich etwa 5 Millionen Pfund in Transkaukasien und

ca. 1 Million Pfund (1867) in Turkestan, wird die in Transkaukasien produzirte Baumwolle an Ort und Stelle zur Anfertigung
von Watte gebraucht. Mit der Zeit und wenn erst völlig geordnete Zustände in Centralasien eingeführt sind, wird die
asiatische Baumwolle gewiss ein Gegenstand hoher Bedeutung
für die russische Industrie werden.

Die Baumwollenspinnerei beschäftigt 106 Fabriken, welche
hauptsächlich in den Gouvernements Moskau, St. Petersburg und
Wladimir liegen. Das Spinnen geschieht mittels mechanischer
Spindeln, deren man im Jahre 1859 schon 1,600,000 zählte,
welche durch Maschinen von zusammen 18,160 Pferdekraft in
Bewegung gesetzt wurden.

Die in den Baumwollenspinnereien beschäftigten Arbeiter
machten 1866 eine Anzahl von ca. 25,000 aus. In dem grössten
Theile der Spinnereien der beiden Hauptstädte wird nur am
Tage, und zwar 12—14 Stunden gearbeitet; in denjenigen
Fabriken, die ununterbrochen in Thätigkeit sind, werden die
Arbeiter alle 6-8 Stunden abgelöst. Der Verdienst eines Ar-
beiters beträgt zwischen 3—10 Rubel monatlich. Bei den St.
Petersburger Spinnereien haben alle Arbeiter ohne Ausnahme
ihren Aufenthalt ausserhalb der Fabrik in gemietheten Wohnungen,
und sie gehören mit wenigen Ausnahmen der städtischen Bevöl-
kerung an. In den Fabriken der mittleren Gouvernements aber be-
steht der grösste Theil der Fabrikarbeiter aus Personen, die zur
Landbevölkerung gehören, und die in den Fabriken selbst ihre
Unterkunft haben, wo sie auch verpflegt werden, und zwar entweder durch den Besitzer selber oder indem sie Genossenschaften
(Arteln) bilden.

Die Hauptmasse des in Russland produzirten Baumwollen-
garns fällt innerhalb der groben (bis Nr. 20) und der mittleren
(bis Nr. 30) Sorten. Die vierziger Nummern, besonders beim
mittelfeinen Garn, werden von den russischen Fabrikanten schon
als solche angesehen, die sich nicht mit Vortheil herstellen lassen
und wozu man zu sehr komplizirter und kostbarer Maschinen
bedürfte. Im Allgemeinen ist sonst die technische Verarbeitung
des Rohstoffs in den russischen Fabriken recht befriedigend, und

namentlich die in der letzteren Zeit angelegten Fabriken zeichnen sich durch vortreffliche Maschinen und eine sachverständige Leitung der Arbeit aus. In diesen werden auch die allerfeinsten Sorten Garn angefertigt.

Die Baumwollenspinnereien können fast vollständig dem Bedarf der russischen Baumwollenmanufaktur Genüge leisten und nur für die feinsten Fabrikate wird ausländisches Garn eingeführt. Was die Preise des russischen Garns betrifft, so stellen sie sich gegen 30 Prozent höher als die Preise für fremdes Garn. Grösstentheils ist dies durch die Baumwollenkrise veranlasst worden, denn vor derselben waren sie fast doppelt so niedrig und hielten ungefähr gleichen Schritt mit den fremden Preisen. Leider hat das russische Garn mit der Preissteigerung nicht zugleich an Güte zugenommen, sondern es ist im Gegentheil an manchen Stellen schlechter geworden. Eine Ausnahme davon machte das rothe, sogenannte Adrianopolsche Garn, namentlich dasjenige, welches in den Astrachanschen Fabriken verfertigt wird. Dasselbe zeichnet sich auf's Vortheilhafteste durch seine Güte und Wohlfeilheit aus.

Das Weben der Baumwolle geschieht in Russland vorzugsweise mittels Handarbeit und zwar auf dem Lande bei den Bauern, denen von den städtischen Manufakturisten die nöthigen Kapitalien zur Verfügung gestellt werden.

Die Anzahl fabrikmässig betriebener Webereien in Russland beläuft sich auf 1548 mit 3000 Webstühlen; die meisten derselben befinden sich in den Gouvernements Wladimir, Kostroma, Moskau, Riasan, St. Petersburg und Twer. Die Webereien beschäftigten 1866 gegen 60,000 Menschen und produzirten für 35 Millionen Rubel.

Das Hauptfabrikat der Webereien ist Calicot, und die feineren baumwollenen Stoffe werden nur in den Moskauschen und St. Petersburgschen Fabriken, welche vorzügliche Maschinen haben, angefertigt. Die gröberen Baumwollenzeuge stehen an Güte und Preisbilligkeit nur wenig den fremden Erzeugnissen derselben Qualität nach. Auch der russische Nankin, von welchem Stoff grosse Quantitäten nach China ausgeführt werden, kann sich mit dem ausländischen messen. Die Verfertigung des Plüsches wird in Russland mit grosser Sorgfalt betrieben, und derselbe ist in Asien ein sehr gesuchter Artikel.

An Fabriken für das Bleichen, Färben und Drucken der Baumwollenzeuge giebt es in Russland 68, welche gegen 30,000 Arbeiter beschäftigen und deren Produktionswerth jährlich etwa 60 Millionen Rubel beträgt. Diese Fabriken befinden sich meistens in den Gouvernements Wladimir, Moskau, St. Petersburg und Twer, und sie bedienen sich fast ausschliesslich inländischer Fabrikate zur weiteren Verarbeitung. In den Druckereien werden doch auch grosse Quantitäten ausländischer Stoffe auf fremde Bestellung gedruckt.

In technischer Beziehung stehen die russischen Druckereien auf keiner hohen Stufe, und namentlich ist es mit der Anwendung der Chemie nur schlecht bestellt. Die russischen Fabrikanten haben nur selten die dazu nöthigen Kenntnisse und müssen mit den Anweisungen der fremden Kolonisten vorlieb nehmen, welche nicht immer die auf sie gesetzte Erwartung rechtfertigen. In den grösseren Fabriken hat man jedoch in der letzten Zeit bedeutende Fortschritte gemacht, während die kleineren, welche namentlich für die Konsumenten aus den unteren Klassen arbeiten, nur selten über die nöthigen Kapitalien verfügen und vor allen Dingen darauf bedacht sein müssen, die Waaren möglichst billig herzustellen. Bei einem Preise des Baumwollenstoffes (Calicot) von 5—5½ Kopeken für die Arschine (⅔ Meter) muss der Zitz für 7—8 Kopeken verkauft werden, und die Druckereien können also nur 2—2½ Kopeken für sich berechnen. Dennoch sind die gedruckten einfachsten Zeuge theurer als die englischen derselben Sorte, während die mittleren Sorten, welche die Hauptmasse der russischen Produktion bilden, an Preis und Güte ungefähr mit den fremden Stoffen derselben Qualität gleichen Schritt halten. Die feineren Sorten sind dagegen in Russland wiederum 15—20 Prozent theurer als die entsprechenden fremden.

Die Wattenfabriken Russlands stehen auf keiner hohen Stufe. Die Watte wird meistens aus Ausschuss-Baumwolle und mit veralteten, von den Baumwollenspinnern ausrangirten Ma-

schinen angefertigt. Es giebt ungefähr 100 Wattenfabriken in
Russland, die gegen 500 Arbeiter beschäftigen und für 500,000
Millionen Rubel Watte anfertigen. Uebrigens begnügt sich die
russische Bevölkerung mit diesem Fabrikat geringer Qualität, und
von ausländischer Watte wird sehr wenig eingeführt.

Man kann überhaupt im Allgemeinen die russische Baumwollenmanufaktur dahin charakterisiren, dass sie dem inländischen Bedarf vollkommen Genüge leistet, was auch aus dem
Umsatz auf dem Nischnei-Nowgoroder Markt hervorgeht. Derselbe betrug:

	an einheimischen Baumwollenwaaren:	an fremden Baumwollenwaaren:
1864:	14,414,000 Rubel	1,769,000 Rubel.
1865:	14,367,000 „	1,737,000 „
1866:	17,228,000 „	1,726,000 „

Fassen wir die verschiedenen Arten von Baumwollenfabriken
zusammen, so befindet sich in den einzelnen Gouvernements folgende Anzahl derselben:

Gouvernement.	Anzahl Fabriken.	Produktionswerth.
Moskau	552	65,839,542 Rubel.
Wladimir	157	37,369,360 „
St. Petersburg	51	18,625,186 „
Twer	36	11,139,604 „
Esthland	2	7,019,610 „
Königreich Polen	1688	6,692,530 „
Riasan	134	4,883,721 „
Kostroma	128	4,071,444 „
Jaroslaw	83	1,901,725 „
Livland	8	828,410 „
Finnland	16	758,702 „
Kaluga	21	522,006 „
Kaukasus	99	249,055 „
Wiatka	9	132,745 „
Kasan	6	111,075 „
Charkoff	6	102,441 „
Grodno	11	55,928 „

Gouvernement.	Anzahl Fabriken.	Produktionswerth.
Astrachan	17	45,340 Rubel.
Land der Do-		
nischen Ko-		
saken	1	30,000 „
Kiew	1	30,000 „
Kursk	3	27,250 „
Simbirsk	90	26,470 „
Perm	14	22,896 „
Jekaterinoslaw	6	19,800 „
Pskow	16	17,225 „
Witebsk	5	16,850 „
Saratow	3	16,800 „
Tula	14	14,330 „
Podollen	6	10,555 „
Cherson	4	9,714 „
Archangel	59	9,560 „
Orenburg	11	4,500 „
Bessarabien	28	4,300 „
Smolensk	25	3,417 „
Wolhynien	1	2,287 „
Wologda	11	2,149 „
Woronesch	1	700 „
Nischegorod	2	680 „
Orel	1	400 „
Zusammen:	3306	150,618,307 Rubel.

Diese Zahlen geben aber bei Weitem noch nicht den ganzen Umfang der Baumwollenmanufaktur in Russland an, denn ein ganz bedeutender Theil derselben befindet sich in den Händen der Bauern. Schon lange bevor Garnspinnereien in Russland angelegt wurden, bedienten sich die Bauern in dem ganzen rund um Moskau sich ausstreckenden Manufakturdistrikt englischen Garns zu ihren Geweben, und gegenwärtig wird der grösste Theil der in Russland gebrauchten Baumwollenstoffe geringerer Qualität von den Bauern angefertigt. An den meisten Orten bildet dieser Industriezweig die Nebenbeschäftigung der Bauern, allein es giebt auch Gegenden, wo es ihre Haupt- ja einzige Beschäftigung ist. In den inneren, dicht bevölkerten Gouvernements Russlands: Moskau, Wladimir, Twer, Kostroma, Jaroslaw und Kaluga, treiben die Bauern diesen Industriezweig in der Zeit, die sie vom Landbau erübrigen, und sind mit einem sehr geringen Verdienst zufrieden, woraus sich auch die niedrigen Preise der russischen gröberen Baumwollenzeuge erklären. Uebrigens steht die Baumwollenindustrie der Bauern an manchen Stellen in engster Verbindung mit der fabrikemäszigen Industrie und mit dem Handel, indem die Besitzer von Webereien in diesen nur den Aufzug anfertigen lassen und das also angefangene Gewebe den Bauern zur Vollendung übergeben. Andererseits giebt es Kapitalisten, welche Garn aufkaufen und dasselbe zur ersten Bearbeitung Webern übergeben, worauf die Bauern die letzte Hand an die Arbeit legen. Die Weber bilden so die Mittelspersonen zwischen den Fabriken und den Bauern. Diese Komissionäre erhalten das Garn nach Gewicht und liefern die fertige Waare auch nach Gewicht wieder ab, eine Einrichtung, die kaum zu billigen ist, da sie zu manchen Betrügereien Veranlassung bietet und bei der die eigentlichen Arbeiter, die Bauern, schlecht wegkommen. Ihr Verdienst kann durchschnittlich nur auf 15 Kopeken den Tag oder 1 Rubel die Woche angeschlagen werden, so dass die Bauern sich nur da, wo sie aus ihren Ländereien ihren Lebensunterhalt ziehen, auf diese Ordnung des Geschäfts einlassen können. Die Hauptmittelpunkte dafür bilden die Dörfer Iwanowo und Teikowo im Schuiakischen und Terino, Tortschino, Kibertschino und Kratzi im Susdalschen Distrikt. Allein im letzteren zählte man im Jahre 1864 gegen 40,000 Weber, welche ungefähr 1 Million Stück Callcot, das Stück zu 50 Arschinen (à ³/₄ Meter), anfertigten.

Im Allgemeinen muss man über die russische Baumwollenmanufaktur das Urtheil fällen, dass sie, obgleich künstlich eingeführt und gefördert, jetzt eine solche Bedeutung gewonnen hat, dass sie bei Weitem den wichtigsten Zweig der russischen Industrie bildet. Sie hat namentlich die Flachsmanufaktur überflügelt, welche einst den Hauptmanufakturzweig in Russland bildete, was zum Theil der verhältnissmässigen Kostbarkeit der zu jener erforderlichen Maschinen, zum Theil aber auch dem geringen Preisunterschiede zuzuschreiben ist, der zwischen dem rohen Flachs und den daraus verarbeiteten Stoffen besteht.

IV. Die Seidenmanufaktur.

Die erste Seidenfabrik wurde in Russland 1718 im Kaukasus angelegt; dann wurden in den Jahren 1722—24 Seidenmühlen bei Zarizyn und in Kiew, 1728 eine Seidenweberei im Dorfe Kupawina (Gouvernement Moskau) und 1740 eine solche in Astrachan gegründet. Bis zu Anfang des gegenwärtigen Jahrhunderts war die Seidenmanufaktur in Russland ohne alle Bedeutung. Seitdem hat sie aber einen erheblichen Aufschwung genommen, vornehmlich in den Gouvernements Moskau und St. Petersburg, und zum Theil auch in Livland, wo namentlich ausländische Seide verarbeitet wird. In Transkaukasien hat die Seidenmanufaktur sich neben der dortigen Produktion von Rohseide entwickelt und bildet dort einen ganz volksthümlichen Erwerbszweig.

Die Anzahl der Seidenfabriken beträgt gegenwärtig 515, welche jährlich gegen eine Million Pfund Rohseide zum Werth von 4¼ Millionen Rubeln verarbeiten. Der Werth der produzirten Seidenwaaren wird zu 15 Millionen Rubeln angeschlagen. Fast die Hälfte davon entfällt auf die 131 Fabriken im Gouvernement Moskau, während 1,160,000 Rubel auf die 245 Fabriken im Kaukasus und 375,000 Rubel auf die 10 im Gouvernement Petersburg befindlichen Fabriken kommen.

Im Kaukasus hat die Seidenmanufaktur hauptsächlich ihren Sitz in den Gouvernements Baku, Elisabethpol und Eriwan. Im Gouvernement Baku wurde sie zuerst eingeführt, und zwar als Nebenbeschäftigung von Leuten, welche Maulbeergärten hatten. Zum Spinnen der Kokons bediente man sich sehr unvollkommener Apparate. Bis jetzt hat sich darin sehr wenig geändert, und namentlich im Schemachinschen Distrikt befindet sich noch eine grosse Anzahl solcher mit den einfachsten Mitteln betriebener Seidenfabriken. Doch giebt es auch verschiedene grössere, und in der Stadt Nucha ist eine Fabrik, welche gegen 300,000 Pfund Seide verarbeitet zu einem Werth von ½ Million Rubel.

In den russischen Seidenfabriken bedient man sich zur Anfertigung der feineren Waaren italienischer Seide, welche grösstentheils schon gesponnen eingeführt wird, wohingegen man die kaukasische und persische Seide in rohem Zustande erhält. Das Spinnen der Seide geschiebt meistens bei den in den mittleren Gouvernements, namentlich Moskau, wohnenden Bauern. In der Umgegend von Bogorodsk geben diese sich doch auch mit dem Weben und Färben der Seide auf Bestellung der eigentlichen Fabriken ab. Die fabrikmässige Seidenmanufaktur erfreut sich bis jetzt nur einer geringen Ausbreitung in Russland. Die bedeutendste Fabrik ist die schon erwähnte, welche vor nicht langer Zeit in Nucha gegründet wurde. Bei dem Steigen der Preise für Rohseide im übrigen Europa hat die Einfuhr derselben in Russland in letzterer Zeit bedeutend abgenommen, während dahingegen die Ausfuhr kaukasischer Seide gestiegen ist. Dies hat auf die Seidenfabrikation in Russland keinen günstigen Einfluss gehabt und man ist an manchen Stellen zur Anfertigung von halbseidenen Stoffen übergegangen. Auf der höchsten Stufe in Russland stehen die Brokat-, Glaset- und Möbelstoffe, welche den fremden Waaren derselben Sorte nichts nachgeben; dagegen können sich die glatten russischen Seidenstoffe nicht mit den ausländischen messen.

Auf den russischen Märkten wird von den Käufern die russische Waare unbedingt der vom Auslande eingeführten vorgezogen. Ausgeführt werden russische Seidenwaaren nur nach Asien, von wo jedoch bei Weitem mehr eingeführt wird.

V. Die Papierfabrikation.

In Russland war die Papierfabrikation schon zu den Zeiten Iwan's des Schrecklichen (1533—84) bekannt, entwickelte sich aber im Lauf der Jahrhunderte nur ungemein langsam und nahm erst seit den letzten vierzig Jahren einen erheblichen Aufschwung. Erst seit dieser Zeit sind Maschinen zur Papierfabrikation eingeführt worden, während man sich an vielen Orten noch der alten unvollkommenen Geräthe bedient.

Im Jahre 1866 befanden sich in 37 Gouvernements zusammen 224 Fabriken, welche für 7,000,000 Rubel produzirten. Die meisten dieser Fabriken liegen in der Nähe der Mittelpunkte des geistigen Lebens Russlands, also der Hauptstädte. Die im St. Petersburger Gouvernement befindlichen Fabriken liefern fast ¹/₄ der gesammten Papierproduktion Russlands; fast in allen diesen Fabriken werden Maschinen angewendet und alle im Auslande erfundenen Verbesserungen alsbald auch in denselben eingeführt. Nächst dem St. Petersburger hat das Gouvernement Kaluga die meisten Papierfabriken, dann folgen Polen, Jaroslaw, Pensa, Livland, Wolhynien, Wladimir und Nowgorod. Nur in Polen und Livland wendet man Maschinen in den Fabriken an; in den übrigen Gouvernements arbeitet man mit Handkraft.

Im Ganzen muss man von der russischen Papierfabrikation sagen, dass sie sich in einem gedrückten Zustande befindet, was theils an den hohen Preisen der Lumpen, von denen grosse Quantitäten ausgeführt werden, theils und zwar hauptsächlich an dem bis jetzt noch geringen Bedarf der russischen Bevölkerung an Papier liegt. Bei einer Produktion von Papier im Werth von 6 Millionen Rubeln, und einem Durchschnittspreise von 2 Rubel für das Ries, kann man die Masse des produzirten Papiers zu etwa 3 Millionen Ries annehmen oder 1,440,000,000 Bogen, wonach also ungefähr 18 Bogen auf jeden Kopf der Bevölkerung kämen, ein Verhältniss, das im Vergleich zu dem Papierverbrauch im westlichen Europa völlig verschwindend ist.

Die übrigen Theile der Papierfabrikation, die Anfertigung
von Tapeten, Karten, Futteralen u. s. w. machen ¹/₇ der gesammten Papierfabrikation aus und werden hauptsächlich in den
Gouvernements Moskau und St. Petersburg vorgenommen.

VI. Die Verarbeitung des Holzes.

Es gehören eine Menge von Industriezweigen zu diesem Kapitel, und die Angaben über dieselben sind ungenau, weil
manche von ihnen in einigen Gouvernements zu den Nebenbeschäftigungen der Bauern oder zum Handwerksbetrieb, in anderen dagegen zum fabrikmässigen Betrieb gerechnet werden.
Wenn daher der ganze Werth des verarbeiteten Holzes zu 7½
Millionen Rubeln angeschlagen wird, so muss diese Summe als
bei Weitem zu niedrig erscheinen.

Sägemühlen befinden sich meistens in den grösseren
Handelsplätzen, nämlich St. Petersburg, Odessa, Riga und Archangel, sowie ferner in den Gouvernements Nowgorod, Olonetz
und Perm Die meisten dieser Mühlen werden durch Wasser-
kraft und nur 20 derselben durch Dampf getrieben. Im Gouvernement Jaroslaw befindet sich eine Menge kleiner Windmühlen, welche ein Sägewerk treiben. In allen Etablissements
zusammen werden jährlich 2 Millionen Bäume zersägt und der
grösste Theil der Waare wird in's Ausland, hauptsächlich nach
England ausgeführt.

Die Möbelfabrikation ist in Russland fast nur in den
grösseren Städten zu Hause. Viele Möbelfabriken in St. Petersburg, Moskau und Riga geniessen eines wohlverdienten Rufs,
wohingegen die Verfertigung von Möbeln im Innern Russlands
und in den kleineren Städten auf einer sehr niedrigen Stufe
steht. Es ist hier nicht die Rede davon irgend welche Verbesserung bei der Arbeit vorzunehmen oder auf eine gefällige Form
irgendwie Rücksicht zu nehmen. Auch die Tischlerarbeiten der
Bauern sind von der einfachsten Art. Eigenthümlich für Russ-

land sind die in den Gouvernements Perm, Nischegorod und Wladimir verfertigten, in einander zu legenden Kasten, von denen meistens acht Stück in einander gepackt werden können. Hervorzuheben ist die ländliche Möbelfabrikation im Gouvernement Wiatka, wo ganze Distrikte sich mit derselben beschäftigen. Es werden hier ausgezeichnete Sachen verfertigt, natürlich aber von den einfachsten Formen. Parketfabriken sind in den Hauptstädten, und einige derselben werden mit Dampf betrieben. Auch an manchen andern Orten giebt es kleinere, mit Handkraft betriebene Fabriken dieser Art.

Kleinere Arbeiten aus Holz werden von den Bauern in unzählbarer Menge angefertigt. Hölzerne Löffel, Messer und Gabeln kommen namentlich aus den Gouvernements Nischegorod, Kostroma und Wiatka und werden über das ganze Land verbreitet; denn fast die gesammte ländliche Bevölkerung Russlands bedient sich beim Essen hölzerner Geräthschaften. Man berechnet die Zahl der in den drei genannten Gouvernements jährlich angefertigten Löffel auf 160 Millionen, zu einem Werth von 150,000 Rubel. Hölzerne Schälchen werden in grosser Menge in den Gouvernements Wladimir, Nischegorod, Kostroma, Wiatka, Perm und theilweise auch in Astrachan — hier zunächst für die Kalmücken — angefertigt. Das Gouvernement Wiatka zeichnet sich auch darin aus, und berühmt sind namentlich die hier aus Holz verfertigten Gegenstände, auf denen eine Lage hölzerner oder metallischer Feilspäne angebracht ist.

Die Bereitung der Baumrinde zum Gerben des Leders wird namentlich in den Gouvernements Moskau, Perm und Livland vorgenommen. Die Verarbeitung des Bastes bildet meistens eine Nebenbeschäftigung auf dem Lande und ist namentlich in den Gouvernements Wiatka, Nischegorod, Kostroma, Kasan, Perm, Simbirsk, Tambow, Pensa, Minsk, Mohilew und Witebsk zu Hause. In einigen Städten giebt es besondere Fabriken für die Anfertigung von Säcken und Matten aus Bast, und die besten dieser Fabriken befinden sich in Moskau, Kasan, Kaluga und Ossa (Gouvernement Perm). An Bastschuhen werden jährlich mindestens 10 Millionen Paar verfertigt, zu welchem Behuf

40 Millionen junge Lindenbäume gefällt werden, denn zu einem
Paar Schuhe wird der Bast von vier Bäumen gebraucht.
Uebrigens wird auch eine grosse Menge von Stricken und viel
Werg aus Bast verfertigt; letzterer bildet auch einen ziemlich
bedeutenden Ausfuhrartikel.

Die Erfordernisse der Armee und der Flotte an Nutzholz
sind ziemlich bedeutend; so wird z. B. der Artillerie, zur An-
fertigung von Fuhrwerken, Laffeten u. s. w. jährlich durch feste
Lieferanten für 65,000 Rubel Holz geliefert, und der Bedarf der
Flotte an Nutzholz betrug 1866: 425,645 Rubel, 1869: 246,585
Rubel.

Die Pech- und Theersiedereien sind in Russland stets
von ungemeiner Bedeutung gewesen; der Bedarf an diesen Stoffen
ist sehr gross im Lande selber, und nicht minder erheblich ist
die Ausfuhr. Man schlägt die Menge des jährlich blos von der
ländlichen Bevölkerung bereiteten Pechs und Theers zu 330 Millionen Pfund an. Das Verfahren bei der Bereitung desselben ist
noch immer ein sehr primitives und es giebt nur wenige tech-
nisch eingerichtete Anstalten dafür. Man bedient sich meistens
ganz einfacher Gruben oder auf besondere Art eingerichteter
Oefen. Die erste Methode kommt vorzugsweise in den Gouvernements Wologda, Nowgorod, Kostroma, Archangel und Wiatka,
die letztere in den baltischen und einigen westlichen Gouvernements zur Anwendung. Der beste Theer wird in Archangel und
Wologda bereitet, wo es auch grössere Etablissements für
diesen Erwerbszweig, namentlich aber für die Bereitung von
Pech giebt.

Wenn man die Entwickelung aller Zweige der Holzfabrika-
tion und die Menge der ausgeführten Holzprodukte in Betracht
zieht, so kann der jährliche Produktionswerth der in Russland
vorgenommenen Verarbeitung von Holz zu nicht weniger als
20 Millionen Rubeln angeschlagen werden.

VII. Die Lederfabrikation.

Die Lederfabrikation gehört zu den bedeutendsten, schon seit langer Zeit in Blüthe stehenden Industriezweigen Russlands. Im 17. Jahrhundert wurden schon jährlich seewärts gegen 3½, Millionen Pfund Juchtenleder ausgeführt. Im Anfange der Regierung Peter's des Grossen wurde es zum Schutz der Lederfabriken verboten, rohe Häute an Fremde zu verkaufen; in Moskau wurde eine Schule zur Unterweisung in der Lederfabrikation gegründet, und deutsche Meister wurden in die verschiedenen Gouvernements geschickt, um die Russen in dem von ihnen bei der Lederbereitung angewendeten Verfahren zu unterrichten. Dennoch machten die Russen bei der Lederbereitung in technischer Beziehung nur sehr langsame Fortschritte und erst seit dem Anfange des jetzigen Jahrhunderts ist hierin eine Aenderung eingetreten.

Nach den Berichten des kaiserlichen statistischen Komités war der Stand der Lederfabriken im Jahre 1869 in den verschiedenen Theilen des Reichs folgender:

Gouvernement.	Anzahl Fabriken.	Produktionswerth.	
Moskau	88	4,358,351	Rubel.
St. Petersburg	63	2,120,611	„
Königreich Polen	656	2,240,388	„
Sibirien	266	1,813,975	„
Kasan	112	1,582,560	„
Wiatka	107	1,273,285	„
Orel	104	1,175,408	„
Kaluga	46	1,043,185	„
Kursk	60	1,039,000	„
Twer	101	898,722	„
Tula	29	682,329	„
Perm	462	833,410	„
Woronesch	264	654,196	„
Nischegorod	221	652,320	„

Gouvernement.	Anzahl Fabriken.	Produktionswerth.
Simbirsk	390	489,319 Rubel.
Cherson	27	483,143 „
Kostroma	22	460,000 „
Wladimir	47	396,000 „
Kiew	66	383,000 „
Riasan	43	367,940 „
Saratow	127	366,337 „
Kaukasus	206	358,117 „
Orenburg	77	320,624 „
Pskow	65	312,497 „
Jaroslaw	86	263,204 „
Jekaterinoslaw	35	225,832 „
Smolensk	46	224,051 „
Tschernigoff	139	216,715 „
Livland	5	210,065 „
Pensa	35	210,000 „
Upha	69	181,253 „
Samara	129	169,570 „
Poltawa	13	140,985 „
Mobilew	118	142,096 „
Tambow	48	126,309 „
Wologda	43	110,931 „
Taurien	28	116,832 „
Witebsk	134	113,746 „
Charkoff	16	113,606 „
Archangel	247	100,748 „
Wolhynien	130	76,578 „
Kurland	12	73,893 „
Finnland	30	68,473 „
Nowgorod	47	59,780 „
Grodno	67	44,429 „
Podolien	67	44,010 „
Wilna	29	40,912 „
Astrachan	18	31,800 „
Kowno	57	30,613 „

Gouvernement.	Anzahl Fabriken.	Produktionswerth.
Bessarabien	125	16,620 Rubel.
Olonetz	75	13,245 „
Esthland	3	9,500 „
Minsk	44	6,000 „
Land der Doni- nischen Ko- saken	34	4,096 „
Zusammen:	5590	27,696,808 Rubel.

In technischer Beziehung stand die Lederfabrikation in Russland lange Zeit hinter den anderen Industriezweigen zurück, und
noch jetzt befolgt man an manchen Orten ein veraltetes, wenig
zweckmässiges Verfahren. Eine der wesentlichsten Ursachen
dieser Erscheinung liegt darin, dass die Lederbereitung wegen
der langen Zeit, die sie in Anspruch nimmt, sehr bedeutende
Kapitalien erfordert. Allein auf der andern Seite wirken auch
andere, an den Produzenten selber liegende Ursachen, namentlich
die Unachtsamkeit beim Abziehen der Häute und die unge-
nügende Reinigung derselben. Dazu kommt dann noch ganz
besonders ein schlechtes Verfahren beim Einsalzen und Gerben
der Häute. In Russland geschieht dies nämlich einfach mittels
Aufschüttung zerriebener Baumrinde auf die Häute und Be-
giessung derselben mit Gerbestoff, welcher Prozess vier Mal
wiederholt wird. In einigen Fabriken besteht das wesentlichste
Verfahren beim Bereiten der Häute darin, dieselben im Froste
aufzuhängen, wodurch allerdings weiches, aber wenig brauch-
bares Leder erzielt wird. Auch geschieht das Gerben überhaupt
im Russland sehr langsam; man gebraucht nämlich zum Gerben
grosser Häute 2 Jahre, während man im Auslande nur 3 Monate dazu nöthig hat, und das Gerben von Kälberhäuten, die
in anderen Ländern in einigen Tagen fertig hergestellt werden,
beansprucht in Russland ebensoviele Monate.

Unter den in Russland verfertigten Ledersorten nimmt das
Juchtenleder den ersten Platz ein; es ist dies ein ächt russisches Produkt, dessen Bereitung durch den Ueberfluss des Lan-

des an Birkenholz, welches (d. h. der aus demselben gewonnene Theer) dazu unumgänglich nöthig ist, sehr gefördert wird. Die wichtigsten Juchtenfabriken sind in Arsamas, Murom, Ostaschkoff, Jaroslaw, Uglitsch, Weliki Luki u. s. w. Es werden jährlich über 8 Millionen Pfund Juchtenleder angefertigt, wovon gegen 5 Millionen Pfund rothes, welches hauptsächlich im Auslande begehrt wird. Uebrigens hat die Ausfuhr von Juchten in neuerer Zeit bedeutend abgenommen, weil man im Auslande zu manchen Gegenständen jetzt andere Ledersorten anwendet, zu denen man sonst Juchten gebrauchte.

Der in Russland fabrizirte Saffian ist von sehr guter Beschaffenheit. Moskau, Kasan, Torschka und Tula sind die Hauptproduktionsorte für denselben. Dahingegen steht die Anfertigung von Handschuhleder in Russland auf einer sehr niedrigen Stufe, und den grössten Theil desselben, der hier verarbeitet wird, bezieht man daher aus fremden Ländern.

Die Anfertigung lackirten Leders wird nur in geringem Umfange in Russland vorgenommen; für die besten Sorten bedarf man im Auslande bereiteter Felle, welche aber frisch sein müssten, während sie in gesalzenem oder trockenem Zustande eingeführt werden. Uebrigens sind die klimatischen Verhältnisse des Landes auch diesem Fabrikationszweige nicht günstig. Dagegen ist die Anfertigung von Maschinenriemen von grosser Bedeutung; was bei dieser Fabrikation an Leder abfällt, wird meistens nach dem Dorfe Kimri, dem Zentralpunkt für die Fabrikation von Fusszeug, abgesetzt.

Im Ganzen genommen ist die Lederfabrikation Russlands bis jetzt noch zu keiner genügenden Entwickelung gebracht, und der beste Beweis für die Richtigkeit dieser Behauptung ist die grosse Menge des in Russland eingeführten Leders.

Der Werth des jährlich in Russland produzirten Leders wird sehr verschieden, nämlich zu zwischen 50 und 100 Millionen Rubeln angegeben. Auf wenigstens 70 Millionen Rubel wird derselbe aber jedenfalls zu veranschlagen sein.

VIII. Die Talg- und Wachsfabrikation

Es sind diese Industriezweige von hoher Bedeutung für Russland, und es sind alle Bedingungen für eine grosse Entwickelung derselben vorhanden. An Fabriken, welche die Verarbeitung von Talg und Wachs zum Gegenstand haben, giebt es 2960, deren jährliche Produktion zu einem Werth von 39 Millionen Rubeln angegeben wird. Dabei ist übrigens zu bemerken, dass zu diesen Fabriken sowohl die Talgsiedereien als auch die Licht- und Seifenfabriken gerechnet sind, so dass also ein sehr bedeutender Theil von jener Summe zweimal aufgeführt ist. Man wird also den eigentlichen Werth der gedachten Industriezweige schwerlich höher als zu 30 Millionen Rubeln ansetzen können.

Die grösste Menge von Talgsiedereien befindet sich in den Städten St. Petersburg und Moskau, sowie in den Gouvernements Samara, Saratow, Tambow, Kursk, Charkoff, Perm und Tobolsk. Aus den genannten Gegenden werden jährlich gegen 120 Millionen Pfund Talg ausgeführt. Uebrigens stehen nur wenige dieser Siedereien in technischer Beziehung auf einer hohen Stufe, während man in den allermeisten, namentlich den kleineren, den Talg in Kesseln über einem offenen Feuer schmilzt und Knochen, sowie andere animalische Abfälle hinzuthut. Die Folge davon ist, dass der Talg weich und leimhaltig wird, dass er schnell verdirbt und zur Herstellung guter Lichter ungeeignet ist.

Die Fabrikation von Talglichtern repräsentirt einen Werth von 7 Millionen Rubeln und findet hauptsächlich in den Städten Moskau, St. Petersburg, Odessa, Charkoff, Kasan, Jaroslaw und Wologda, sowie im Gouvernement Tobolsk statt. Ausserdem geben sich fast überall auch die Bauern, namentlich in den östlichen und westlichen Gouvernements, mit der Fabrikation gegossener Lichter ab.

Seifensiedereien befinden sich in St. Petersburg, Moskau, Kasan, Nischnei-Nowgorod, Kursk, Woronesch, Orel, Pensa,

Saratow und Charkoff. Die besten Fabriken sind in den drei
erstgenannten Städten, wo die Anfertigung der feineren Seifen
in neuerer Zeit sehr bedeutende Fortschritte gemacht hat. Dahingegen ist die geringere Seife von schlechter Beschaffenheit,
was namentlich der Vermischung mit ungehörigen Stoffen zuzuschreiben ist. Es wird jährlich für 6 Millionen Rubel Seife produzirt.

Die Stearinproduktion hat sich in letzterer Zeit eines
sehr bedeutenden Aufschwungs zu erfreuen gehabt und sie repräsentirt einen Werth von jährlich 6—7 Millionen Rubeln. Die
besten Fabriken sind in St. Petersburg, Moskau, Kasan und
Odessa, von wo namentlich eine bedeutende Quantität von
Stearinlichtern in's Ausland ausgeführt wird.

Wachsfabriken, nämlich Wachsschmelzen, Wachsblei-
chereien und Fabriken von Wachslichtern befinden sich namentlich in den Gouvernements Moskau, Kursk, Woronesch, Charkoff, Kasan, Perm, Kiew, Jekaterinoslaw, sowie auch in den
Gouvernements Wladimir und Jaroslaw. Die Wachslichter werden jetzt meistens nur zum Gebrauch in den Kirchen bereitet,
denn in den Haushaltungen gebraucht man statt ihrer fast überall Stearinlichter, was natürlich auch zu der Verminderung der
Produktion jener sehr bedeutend beigetragen hat. Die Ausfuhr
von Wachslichtern in's Ausland ist äusserst gering.

IX. Die Salzsiedereien.

Die Anzahl der Salzsiedereien in Russland machte im Jahre
1866 146 aus, wovon auf das Gouvernement Perm 85, auf das
Gouvernement Archangel 36, auf das Gouvernement Charkoff 12,
auf das Gouvernement Nisobegorod 0, auf das Gouvernement Wologda 3 und auf das Gouvernement Nowgorod 1 kamen.

Die Salzsiedereien im Gouvernement Perm gehören zu den
ältesten industriellen Etablissements in Russland und bestanden
schon im 15. Jahrhundert. Das grösste Etablissement dieser Art

ist das Dedychinsche Salzwerk, ungefähr 4 Meilen von der Stadt Solikamsk. Es befinden sich hier 20 Siedereien, und es werden jährlich gegen 65 Millionen Pfund Salz produzirt. Noch bedeutender ist die Produktion in den Usolskischen und Lenwenschen Salzwerken, indem dieselbe sich jährlich auf ungefähr 165 Millionen Pfund beläuft. Am erstgenannten Orte ist die Salzlake so stark, dass sie vor dem Siedeprozess mit Wasser verdünnt werden muss, und ihr Salzgehalt beträgt von 12 bis 28%. Der durchschnittliche Preis eines Puds (33 Pfund) Salz beträgt am Produktionsort durchschnittlich ½ Rubel (ca. 14 Silbergroschen).

Im Gouvernement Archangel vollzieht sich die Salzproduktion noch in der primitivsten Weise mittels grosser eiserner Kessel und ohne jede vorgängige Reinigung der aus den Quellen geschöpften Lake. Das also gewonnene Salz ist von schmutziger Farbe und von schlechter, schwacher Qualität. Der Preis beträgt daher auch nur die Hälfte von dem, was das in Perm gewonnene Salz kostet, nämlich 25 Kopeken das Pud.

Die gesammte Quantität des in Russland in den Salzsiedereien produzirten Salzes betrug 1866 380 Millionen Pfund und machte ungefähr 30% von allem in Russland gewonnenen Salz aus, während noch in den fünfziger Jahren die Hälfte der ganzen Salzproduktion auf die Salzsiedereien kam. In der neueren Zeit aber hat namentlich die Produktion von Steinsalz zugenommen, und es ist vorauszusehen, dass nach einer genügenden Entwickelung der Kommunikationen, wodurch also der Transport des Steinsalzes aus den Bergwerken erleichtert wird, die Salzsiedereien nach und nach, vielleicht mit Ausnahme der in den nördlichsten Gouvernements befindlichen, wegen ihrer verhältnissmässig theuren Produktion des Salzes gänzlich verdrängt werden.

X. Die Ziegeleien.

Der Umstand, dass in Russland die Landbevölkerung in so hohem Grade die städtische an Zahl übertrifft, sowie dass die erstere meistentheils in hölzernen Behausungen wohnt, ist die wesentlichste Ursache der geringen Entwickelung der Ziegeleien in Russland. Im Jahre 1866 zählte man deren 5046, mit einem Produktionswerth von 6,491,284 Rubeln. Die grösste Anzahl derselben befindet sich in der Nähe der beiden Hauptstädte, sowie in den südlichen holzarmen Gouvernements Cherson, Jekaterinoslaw, Taurien und Poltawa. Die besten Ziegeleien liegen bei St. Petersburg und Moskau, wo bei denselben meistens Maschinen eingeführt sind, während in den übrigen Orten die Handarbeit die überwiegende ist. Uebrigens lassen auch die St. Petersburger und Moskauer Ziegeleien in technischer Beziehung viel zu wünschen übrig. Ihr Hauptmangel besteht in der schlechten Konstruktion der Oefen, welche eine enorme Menge Brennholz beanspruchen. Die in den übrigen Ziegeleien gebrannten Steine sind meistens von schlechter Beschaffenheit, wenn auch die Preise ziemlich hoch sind, nämlich 10—15 Rubel für das Tausend Steine. In Petersburg hat man den Versuch gemacht, das ganze Jahr hindurch Ziegel zu brennen, allein, wie es scheint, ohne günstigen Erfolg.

XI. Die Porzellan- und Faiancefabrikation.

Im Jahre 1866 gab es in Russland 85 Porzellan- und Faiancefabriken, deren gesammte Produktion sich auf circa 1½ Millionen Rubel belief. Der grösste Theil derselben liegt im Gouvernement Moskau in und bei dem Dorfe Gscheli.

Sowohl die Porzellan- als auch die Faiancefabrikation Russlands steht auf einem sehr niedrigen Standpunkte. Die Hauptmasse des angefertigten Porzellans ist das graue gschelische, welches nur von geringer Qualität ist. Von weissem Porzellan wird nur wenig produzirt und noch weniger von weisser Faiance. Die Fabrikation feinerer Sorten ist ganz unbedeutend, und was davon in Russland gebraucht wird, kommt aus dem Auslande. Selbst das beste russische Porzellan kann sich nicht mit dem fremden messen. Dazu kommt dann noch, dass das russische Fabrikat unverhältnissmässig theuer ist. Wohlfeil sind nur die aus Gschell kommenden Waaren, allein sie sind dafür auch wenig dauerhaft. Ungünstig für die Entwickelung dieses Industriezweiges ist auch der Umstand, dass die meisten Fabriken so dicht beisammen liegen. Erst in neuester Zeit ist darin eine Aenderung eingetreten. Wie ungenügend für den Bedarf der Bevölkerung die Porzellan- und Faiancefabriken sind, zeigt sich am deutlichsten darin, dass die Einfuhr an Waaren dieser Gattung aus dem Auslande so bedeutend ist. Und doch sind in Russland die Bedingungen für ein Aufblühen dieses Industriezweiges in reichem Maaze vorhanden; so namentlich die erforderlichen Rohstoffe und Brennholz, so dass es nur auf die rechte Benutzung derselben ankommt.

XII. Die Glasfabriken.

Es gab deren in Russland 1862: 273, welche für 5 Millionen Rubel produzirten. Obgleich alle Bedingungen für eine reiche Entfaltung dieses Industriezweiges, namentlich die trefflichste Pottasche zu billigen Preisen, ferner billige Arbeitskraft und Ueberfluss an Brennholz, vorhanden sind, ist derselbe in Russland doch nur zu geringer Vollkommenheit gebracht. Nur wenige Fabriken werden mit der nöthigen Sorgfalt und Umsicht getrieben, und die meisten von ihnen sind mangelhaft eingerichtet. Die Fabrikation geht nur langsam von Statten, und sie ist theurer als die ausländische, trotz des leicht zu beschaffenden Brennholzes.

Fast der vierte Theil aller Glasfabriken befindet sich in den vier Gouvernements Wladimir, Orel, Riasan und Petersburg und hauptsächlich werden hier einfache Glaswaaren angefertigt. Nur wenige Fabriken befassen sich mit der Anfertigung feinerer Sachen, weshalb solche auch meistens aus fremden Ländern für den Bedarf der Bevölkerung eingeführt werden.

An Spiegelfabriken giebt es nur sieben, und die von
ihnen gelieferten Waaren sind von geringer Beschaffenheit, was
zum Theil an dem mässigen Material, das man zur Fabrikation
gebraucht, zum Theil auch an dem Mangel der erforderlichen
technischen Fertigkeit der Fabrikanten liegt. Die Fabriken können bei Weitem nicht der Nachfrage im Lande Genüge leisten,
weshalb die Einfuhr an Spiegeln aus fremden Ländern in stetem
Wachsen begriffen ist.

XIII. Die Metallfabrikation.

Der ungleich wichtigste Zweig der Metallfabrikation ist die
Verarbeitung des Eisens. Von den 72 Millionen Rubeln, welche
den Werth der im Jahre 1866 produzirten Metallwaaren reprä-
sentirten, kamen 57 Millionen auf die Eisenindustrie, und davon
wiederum 32 Millionen Rubel auf die Eisengiessereien, der Rest
aber auf die Fabrikation von Maschinen, Instrumenten, Waffen
u. s. w.

In den verschiedenen Gouvernements war 1866 die Anzahl
der Eisengiessereien folgende:

Gouvernement.	Anzahl der Eisengiessereien.	Produktionswerth.
Perm	112	11,431,728 Rubel.
St. Petersburg	24	8,328,574 "
Königreich Polen	66	2,178,147 "
Nischegorod	62	1,325,358 "
Kaluga	16	1,282,446 "
Wiatka	18	1,060,833 "
Upba	8	1,038,908 "
Wladimir	13	740,213 "
Jekaterinoslaw	5	734,112 "
Tambow	19	667,228 "
Moskau	19	631,327 "
Orenburg	7	312,000 "
Cherson	6	284,522 "
Taurien	2	241,267 "

Gouvernement.	Anzahl der Eisengiessereien.	Produktionswerth.
Orel	8	235,969 Rubel.
Riasan	11	196,286 „
Wilna	5	186,114 „
Jaroslaw	3	156,666 „
Charkoff	6	148,541 „
Tula	7	100,650 „
Pensa	7	71,801 „
Livland	3	77,871 „
Minsk	2	74,150 „
Tschernigoff	6	62,500 „
Kaukasus	2	61,792 „
Nowgorod	5	49,946 „
Olonets	5	39,640 „
Kurland	2	37,966 „
Finnland	2	30,153 „
Wolhynien	27	25,887 „ -
Simbirsk	4	23,150 „
Poltawa	2	19,165 „
Esthland	1	10,526 „
Kiew	3	16,456 „
Woronesch	3	15,080 „
Kasan	1	14,400 „
Saratow	5	12,600 „
Kowno	1	12,000 „
Samara	5	10,256 „
Kursk	2	10,000 „
Mobilew	5	9,525 „
Podolien	2	8,140 „
Kostroma	3	6,440 „
Twer	2	4,750 „
Wologda	2	2,385 „
Archangel	2	1,969 „
Smolensk	1	500 „
Zusammen:	506	31,896,641 Rubel.

Von grösster Bedentung ist demnach dieser Industriezweig
in den Gonvernements, wo die ergiebigsten Bergwerke sind,
dann namentlich aber auch Im Gonvernement St. Petersburg,
anf welches mehr als der vierte Theil der Gesammtprodnktion
an Gusseisen fällt.

An Fabriken von Maschinen und Werkzeugen zählte Russland im Jahre 1866: 294, mit einem Prodnktionswerth von 22
Millionen Rubeln. Von dieser Summe kamen anf das Gonvernement St. Petersburg 13 Millionen, auf Polen 2 Millionen und auf
das Gonvernement Moskau 1½ Millionen. Ganz besonders entwickelten sich die Maschinenfabriken seit dem Jahre 1860,
trotzdem oder vielleicht grade weil die Einfuhr fremder Maschinen freigegeben wurde, während andererseits durch die
vielen neuen Eisenbahnanlagen, durch die Entwickelung der
Dampfschifffahrt und die vermehrte Anwendung von Maschinen
bei der Landwirthschaft der Bedarf an Maschinen bedeutend gesteigert wurde.

Nächst der Eisenindustrie ist die Verarbeitung von Kupfer
und Bronze am bedeutendsten. Der Werth der jährlich aus
diesen Metallen verfertigten Waaren beträgt 10 Millionen Rubel,
und die Hauptpunkte für diesen Industriezweig sind Tula, Moskau, St. Petersburg, Jaroslawl und das Dorf Kosloff. In Tula
zählt man über 50 Rothgiessereien, in denen vorzugsweise die
bekannten russischen Theemaschinen (Samowaro) fabrizirt werden. Die Tulaer Waaren finden in ganz Russland und in Asien
Absatz. In den übrigen Fabriken werden namentlich Thür- und
Fensterbeschläge, Ofengeschiere, Glocken u. s. w. angefertigt.

Die Fabrikation von Gold- und Silbersachen hat, wegen
des steigenden Preises der Edelmetalle, in letzterer Zeit etwas
abgenommen. Am höchsten steht die Fabrikation dieser Waaren
in Moskau, Petersburg, Odessa, Riga, Jekaterinenburg, Kostroma,
Wilna, Kasan, Nowotscherkask, Kiew, Tula und Saratow. In
Petersburg werden meistens Luxnssachen angefertigt, und in
Moskau Kirchengeräthe, Einfassungen um Heiligenbilder u. s. w.
Auch Kostroma und Tula liefern diese Sachen. In den
Städten Ustjng und Toljma im Gonvernement Wologda ist schon

seit alter Zeit die Fabrikation des Tschernet zu Hause, einer Art schwarzer Emaille mit silberner Einlage, welche ausserhalb Russlands unter dem Namen „Tulaarbeit" bekannt und sehr gesucht ist. Uebrigens werden die besten Sachen dieser Art jetzt in Moskau angefertigt, wo in den Basars eine reiche Auswahl wahrhaft schöner Sachen aus dieser Komposition zu finden ist.

Die Fabrikation von Nadeln, Draht, Blechwaaren u. s. w. repräsentirt einen Werth von jährlich 1½ Millionen Rubeln. Indessen lassen diese Fabrikate ungemein viel zu wünschen übrig und feinere Sorten müssen aus dem Auslande bezogen werden. Schon das russische Blech an sich ist von schlechter Beschaffenheit. Die wichtigsten Fabriken dieser Art befinden sich in den Gouvernements St. Petersburg, Moskau, Kiow, Kowno, Nischegorod, Orenburg, Perm und Charkoff. Ausserdem beschäftigen sich die Bauern in den Gouvernements Kostroma und Jaroslaw mit der Anfertigung kleinerer Galanteriewaaren, die zu den billigsten Preisen verkauft werden, wie z. B. ein Hundert Ringe für 20 Kopeken (5⅓ Silbergroschen), ein Paar Ohrringe 2½ Kopeken u. s. w.

XIV. Die Fabrikation chemischer Produkte.

Der Werth der jährlich erzeugten Fabrikate dieser Gattung beträgt 9½ Millionen Rubel. Es ist diese Produktion aber bei Weitem nicht genügend, um den Bedarf derjenigen Industriezweige, welche dieser Produkte bedürfen, zu genügen, weshalb jährlich eine bedeutende Quantität derselben eingeführt wird. Die chemischen Fabriken Russlands können namentlich deshalb nicht mit den fremden konkurriren, weil die Sodafabrikation durch die Accise auf Salz und Wein sehr erschwert ist.

Die Salpeterfabrikation hat vorzugsweise Bedeutung für militairische Zwecke. In früherer Zeit beschäftigte man sich mit diesem Industriezweig an vielen verschiedenen Orten in Russland, allein nach und nach gerieth derselbe in Verfall. Zur

Zeit des Krimkrieges konnten die Siedereien nicht die für den Bedarf des Heeres erforderliche Quantität Salpeter liefern, und Russland erhielt daher 6,500,000 Pfund Salpeter aus Preussen. Nach Beendigung des Krieges wurden die nöthigen Vorkehrungen getroffen, um die Erzeugung dieses Stoffs im Lande selber sicher zu stellen, und es werden jetzt jährlich ungefähr 2½ Millionen Pfund davon produzirt. Die wichtigsten Salpetersiedereien sind in den Gouvernements Simbirsk und Samara.

XV. Die Tabacksfabrikation.

Dieser Industriezweig erfreut sich eines guten Gedeihens und die russischen Tabacksfabrikate sind von recht befriedigender Güte. Es wird indessen bei der Fabrikation wohl etwas zu viel Gewicht auf das Aussehen der Waare und zu wenig auf ihre innere Qualität gelegt. Die Preise sind im Allgemeinen etwas höher als die für fremde Waaren, was grösstentheils durch die hohen Einfuhrzölle auf diesen Artikel veranlasst wird. Zur Fabrikation der feinsten Cigarren wird amerikanischer Taback gebraucht, meistens aber nur als Deckblatt, während man zur Füllung deutschen Taback aus den Gouvernements Saratow und Samara nimmt. Aus russischem Taback werden die geringeren Sorten von Cigarren fabrizirt. Zum Anfertigen der Cigarretten gebraucht man meistens türkischen, zum Schnupftaback aber vorzugsweise russischen Taback. Von hervorragender Bedeutung ist die Tabacksfabrikation nur in wenigen Gouvernements, nämlich im Gouvernement St. Petersburg mit einem jährlichen Produktionswerth von ungefähr 4 Millionen Rubeln, in den Gouvernements Cherson und Moskau mit je 1½ Millionen Rubeln, im Gouvernement Livland mit 1 Million, in den Gouvernements Kiew und Jekaterinoslaw mit etwas über ¼ Million, und in den Gouvernements Woronesch, Saratow, Charkoff und Bessarabien mit ungefähr ¼ Million Rubeln.

Die russische Tabacksfabrikation ist durchaus unzureichend

für den Bedarf der Bevölkerung. Nach den vom Finanzministerium gegebenen Mittheilungen beträgt das jährliche Produkt der Tabacksfabrikation gegen 43 Millionen Pfund. Wenn man die Zahl der Raucher im russischen Reich nur zu 10 Millionen anschlägt und annimmt, dass ein jeder von diesen nur 12 Pfund Taback jährlich verbraucht, so würde dies 120 Millionen Pfund ausmachen. Nun repräsentiren die Accise und Zölle aber nur eine Produktion von etwa 40 Millionen Pfund, und man müsste also annehmen, dass wenigstens die doppelte Quantität unverzollt, mit anderen Worten also durch Schmuggelei in's Land käme. Wie gross nun auch die Masse des eingeschmuggelten Tabacks sein mag, so würde dieselbe doch eine so enorme Höhe nicht erreichen können und ist der Grund für die Differenz zwischen der Menge des versteuerten und wirklich verbrauchten Tabacks vielmehr darin zu suchen, dass die Accise nur von dem verarbeiteten Taback, also vorzugsweise bei den Fabriken erhoben wird und dass sich demnach in manchen Gouvernements, wo die Verarbeitung des rohen Tabacks nicht auf fabrikmässige Weise vollzogen wird, wenigstens $\frac{9}{10}$ des produzirten Tabacks der Steuer entziehen. Angenscheinlich bedürfen diese Verhältnisse also dringend einer durchgreifenden Abhülfe, und während man einerseits die unverhältnissmässig hohen Zölle herabsetzen sollte, wodurch man dem Schmuggel auf's Empfindlichste träfe, so müsste man eine rationellere Besteuerung des Tabacksbaues ausfindig machen, weil man durch die jetzt bestehende Accise auf die Fabrikation nur einen verhältnissmässig geringen Theil der Konsumenten mittels der Abgabe in Mitleidenschaft zieht.

XVI. Die Mehlfabrikation.

In den verschiedenen Gouvernements des russischen Reichs gab es im Jahre 1869 folgende Anzahl *) von Mühlen aller Art:

*) Die hier aufgeführte Anzahl ist von der bei der allgemeinen Uebersicht der russischen Industriezweige angegebenen völlig abweichend; die Differenz der

Gouvernement.	Anzahl Mühlen.	Produktion.
Archangel	199	297,000 Rubel.
Bessarabien	6499	617,400 „
Wilna	715	321,700 „
Witebsk	375	390,100 „
Wladimir	2400	858,000 „
Wolhynien	2438	997,100 „
Grodno	1219	562,100 „
Land der Doni- schen Kosaken	3102	1,395,900 „
Kasan	2700	2,593,700 „
Kiew	5850	2,686,400 „
Kowno	1131	608,900 „
Kurland	503	310,600 „
Livland	1670	1,081,800 „
Minsk	1200	960,100 „
Mohilew	836	944,600 „
Moskau	404	181,800 „
Nowgorod	4855	3,037,400 „
Olonetz	245	687,800 „
Orenburg	144	62,700 „
Orel	2572	3,162,600 „
Pensa	1564	705,100 „
Perm	6609	4,307,400 „
Podolien	2800	1,949,600 „
Pskow	522	228,400 „
Riasan	1638	959,700 „
St. Petersburg	468	302,000 „
Saratow	1270	589,400 „
Simbirsk	3605	1,492,700 „
Tambow	470	211,500 „
Twer	1927	4,882,000 „
Tula	660	276,300 „

drei Jahre von 1866—69 kann jenen Unterschied nicht herbeigeführt haben, sondern es ist die Ursache dazu in den unvollständigen Angaben für das Jahr 1866
zu suchen. Uebrigens sind auch die für 1869 gegebenen nicht ganz vollständig.

Gouvernement.	Anzahl Mühlen.	Produktion.	
Charkoff	2500	1,314,400	Rubel.
Cherson	8420	4,333,600	„
Tschernigoff	8067	3,670,400	„
Estbland	861	516,600	„
Woronesch	10	279,700	„
Jekaterinoslaw	146	206,200	„
Kaluga	14	858,000	„
Kostroma	24	1,300,000	„
Kursk	115	1,456,500	„
Nischegorod	13	600,000	„
Poltawa	10	78,700	„
Samara	1	18,000	„
Smolensk	10	20,000	„
Taurien	1	45,000	„
Jaroslaw	64	2,900,000	„
Sibirien	149	221,800	„
Königreich Polen	1707	6,028,400	„
Zusammen:	80,905	61,469,900 Rubel.	

Die russischen Mühlen vermahlen das Korn meistens nur für den Bedarf der Bevölkerung, und vermahlenes Getreide wird nur in verhältnismässig geringer Menge ausgeführt. So betrug die Ausfuhr von unvermahlenem Korn im Jahre 1867 gegen 89 Millionen Rubel, während an Mehl nur für 5 Millionen Rubel ausgeführt wurde. Es wäre hier durch eine Ausdehnung der Mehlfabrikation für Russland ein ganz bedeutender Gewinn zu erzielen.

An Dampfmühlen zum Mahlen des Getreides giebt es nicht sehr viele in Russland; am häufigsten kommen sie im Königreich Polen, im Gouvernement Cherson und in den Ostseeprovinzen vor. Für die Militairverwaltung arbeiten ausser den in Nowogeorgiewsk und Brest befindlichen Dampfmühlen, welche dem Militairetat gehören, noch drei Privat-Dampfmühlen, in Petersburg, Rostow am Don und Warschau.

Wassermühlen sind in Russland vorzugsweise in den

Gegenden vorhanden, die an rinnendem Wasser Ueberfluss haben.
Uebrigens bestehen sie meistens nur aus vier Gängen und sind
in sehr verschiedener Weise, aber ohne jeglichen Aufwand von
Kunst angelegt. Nur in den baltischen Provinzen giebt es besser
eingerichtete Werke.

An Windmühlen giebt es sowohl holländische, als auch
gewöhnliche russische, d. h. solche ohne Unterbau. Wo es
Wassermühlen giebt, können die Windmühlen nur schwer mit
jenen konkurriren, weil die Bauern es vorziehen, ihr Korn auf
Wassermühlen mahlen zu lassen.

Durch thierische Kraft getriebene Mühlen sind namentlich in Neu- und Kleinrussland, wo überflüssiges Weideland vorhanden ist, in grosser Anzahl vorhanden. Ihr Betrieb ist sehr
billig, allein das in ihnen erzeugte Mehl ist von schlechter Beschaffenheit.

In vielen Gouvernements, namentlich Simbirsk, Kasan, Kursk,
Riasan und Cherson vermahlen die Bauern ihr Korn selbst auf
Handmühlen, wobei sie natürlich bei schwerer Arbeit nur
schlechtes Mehl erhalten.

Im Allgemeinen muss man über die russische Mehlfabrikation
das Urtheil fällen, dass sie noch in hohem Maaze der Entwickelung bedürftig ist. Die Zahl der Mühlen selber ist noch
durchaus unzureichend und die Folge davon ist, dass nach den
Gouvernements, wo sich viele Mühlen befinden, wie Cherson und
Tschernigoff, eine solche Menge Korn zum Vermahlen hingeführt
wird, dass die Mühlen zeitweise die Arbeit nicht bewältigen
können. Durch Transport und Zeitverlust werden auf diese
Weise grosse Kosten verursacht.

Das beste Mehl wird in den mittleren Gouvernements Orel,
Tula und Kaluga bereitet, dann von den östlichen Gouvernements
in Simbirsk und von den westlichen in Nowgorod und Twer. Im
nordwestlichen und südwestlichen Russland ist das Mehl von sehr
mässiger Beschaffenheit. Dahingegen zeichnen sich die Ostseeprovinzen, deren Getreide auch meistens von besonderer Güte ist,
durch eine gute Vermahlung desselben aus.

XVII. Die Zuckerfabrikation.

1. Die Rübenzuckerindustrie.

Dieser Industriezweig wurde in Russland erst gegen Ende des vorigen Jahrhunderts eingeführt, indem in Tula mit Unterstützung der Regierung eine Rübenzuckerfabrik angelegt wurde. Anfangs wollte die Fabrikation des Rübenzuckers nicht recht gedeihen; als dann aber auf den fremden Zucker ein sehr hoher Einfuhrzoll gelegt wurde, breitete sie sich rasch aus, und namentlich wurden vom Jahre 1838 an im Gouvernement Kiew viele neue Fabriken angelegt.

Im Jahre 1869 gab es in Russland folgende Anzahl von Rübenzuckerfabriken:

Gouvernement.	Zahl der Rubenzuckerfabriken.	Produktionssumme.	
Kiew	67	10,441,730	Rubel.
Tschernigoff	46	2,636,340	"
Charkoff	27	2,526,929	"
Podolien	36	2,144,030	"
Kursk	22	1,605,000	"
Wolhynien	6	1,139,630	"
Tambow	14	1,023,652	"
Tula	20	1,010,261	"
Woronesch	11	750,312	"
Poltawa	11	497,200	"
Orel	8	478,000	"
Bessarabien	2	120,000	"
Mohilew	5	76,732	"
Pensa	6	65,018	"
Kaluga	1	38,000	"
Minsk	2	14,000	"
Riasan	4	60,120	"
Saratow	2	8,718	"
Zusammen:	290	24,635,672	Rubel.

In den südwestlichen Gouvernements steht die Fabrikation
des Rübenzuckers am höchsten, obgleich dieselbe keineswegs
unter den günstigsten Verhältnissen hier stattfindet, denn Arbeitskraft und Brennmaterial sind knapp und theuer, der Transport
ist beschwerlich wegen der ungenügenden Kommunikationen, und
oftmals werden die Rübenfelder durch Heuschreckenschwärme
verheert. In den kleinrussischen Gouvernements sind die Fabriken
meistens nur von geringem Umfange, und in den östlichen Gouvernements geben dieselben nur einen verhältnissmässig geringen
Ertrag. In den westlichen Gouvernements ist die Fabrikation
wegen der mässigen Beschaffenheit des Bodens und des Mangels
an dem nöthigen Betriebskapital am ungünstigten gestellt. Trotzdem lässt sich nicht läugnen, dass dieser Industriezweig im
Ganzen genommen in erfreulicher Entwickelung begriffen ist. So
produzirte in den Jahren 1849—56 jede Rübenzuckerfabrik
durchschnittlich nur 182,000 Pfund Rohzucker, 1860—61 schon
330,000 Pfund, dann 1866 475,000 Pfund und 1867 635,000
Pfund.

Die Preise für russischen Zucker sind in der letzteren Zeit
bedeutend in die Höhe gegangen. So kostet in Kiew das Pfund
Rohzucker durchschnittlich 15 Kopeken, und in St. Petersburg
sogar 23 Kopeken (7 Silbergroschen), ein Preis, den man in
ganz Europa nicht wieder findet. In Folge dieser hohen Preise
ist auch der Verbrauch an Zucker seitens der Bevölkerung äusserst gering. Im Jahre 1864 betrug der Konsum an Rohzucker
ungefähr 165 Millionen Pfund, was also für den Kopf der Bevölkerung 2½ Pfund ausmacht.

2. Die Zuckerraffinerien.

Zuckerraffinerien wurden in Russland zuerst im Anfange des vorigen Jahrhunderts angelegt, und im Anfange des
jetzigen stand dieser Industriezweig in hoher Blüthe; allein als
in den vierziger Jahren sehr hohe Zölle auf fremden Rohzucker
gelegt wurden, nahm die Einfuhr desselben bedeutend ab, und
damit auch die Thätigkeit der Raffinerien. Durch die Entwickelung der Fabrikation von Rohzucker aus Rüben im Lande

selber gewannen auch die Raffinerien wieder an Ausdehnung.
Mehrere derselben sind mit Hubenzuckerfabriken vereinigt, eine
Einrichtung, die den wesentlichen Nachtheil hat, dass das gesammte Etablissement nicht das ganze Jahr hindurch in regelmässiger Thätigkeit sein kann. Die bedeutendsten Raffinerien
sind in den Gouvernements Kiew, St. Petersburg, Moskau und
Charkoff, sowie in Polen, also vorzugsweise im Innern des Reichs
und in der Nähe der Gegenden, wo der Runkelrübenbau am bedeutendsten ist, denn der im Lande fabrizirte Rohzucker ist von
den Fabriken billiger zu beziehen, als der eingeführte fremde
Rohzucker. Nur dort, wo die Transportkosten den Bezug des inländischen Zuckers sehr bedeutend vertheuern, also im Gouvernement St. Petersburg und in Polen, verarbeiten die Raffinerien ausländischen Rohzucker. Trotz des theureren Rohmaterials, dessen
sie sich bedienen müssen, können die St. Petersburger und die
polnischen Raffinerien doch ganz wohl mit den im Innern des
Reichs befindlichen konkurriren, weil sie einen sichern Absatz
für ihr Fabrikat haben, während jene ihren Zucker meistens auf
den Jahrmärkten absetzen müssen, was ihnen oft nur zum Theil
gelingt. Der Verbrauch an raffinirtem Zucker beläuft sich jährlich auf über 160 Millionen Pfund und kommen demnach ca.
2¼ Pfund auf den Kopf der Bevölkerung. An rohem und raffinirtem Zucker zusammen werden in Russland demnach jährlich
im Durchschnitt 4⅔ Pfund von jedem Individuum der Bevölkerung verbraucht.

XVIII. Die Branntweinbrennerei.

Auf die Entwickelung dieses Industriezweiges haben die verschiedenen Besteuerungsmethoden, die nach und nach zur Anwendung gekommen sind, immer einen sehr direkten Einfluss
geübt. Mit dem Jahre 1767 wurde das Verpachtungsystem eingeführt und hielt sich mit verschiedenen Modifikationen, die nach
und nach damit vorgenommen wurden, bis zum Jahre 1819. Von

da bis 1826 übernahm der Staat den Verkauf des Branntweins, worauf man wieder zur Verpachtung der Steuer zurückkehrte, welche sich nach und nach zum entschiedensten Monopol entwickelte. Erst 1863 wurde dieselbe abgeschafft und die Accise eingeführt. Die Branntweinbrennerei wurde nun zu einem freien Industriezweig, bei dem eine grosse Konkurrenz zwischen den Fabrikanten entstand. Die kleinen Brennereien mit geringem Kapital konnten diese Konkurrenz meistens nicht aushalten und sehr viele von ihnen gingen ein. So bestanden im Jahre 1859 3033 Brennereien, 1863 deren aber nur noch 1947. Der Gewinn aber, der aus diesem Industriezweig zu ziehen war, lockte viele Kapitalien nach demselben hin, so dass vier Jahre darauf schon 5337 Brennereien bestanden. In der letzten Zeit, wo das Pachtsystem herrschte, wurden jährlich gegen 55 Millionen Wedro (à 8,13 Hektoliter) produzirt, während in den Jahren 1862—64 durchschnittlich 16 Millionen Wedro erzeugt wurden.

In folgenden Gouvernements wird die grösste Quantität produzirt: Podolien (4,750,000 Wedro), Pensa (1,625,000 Wedro), Charkoff (1,607,000 Wedro), Woronesch (1,437,000 Wedro), Tschernigoff (1,266,000 Wedro), Kiew (1,050,000 Wedro) und Poltawa (1,025,000 Wedro).

Bei Weitem die grösste Quantität des in Russland erzeugten Branntweins wird aus Roggen hergestellt; der aus Kartoffeln und Malz erzeugte Branntwein macht nur etwa den fünften Theil von jenem aus. Im Jahre 1867 war das Verhältniss der zur Branntweinproduktion gebrauchten Stoffe folgendes:

Gouvernements	Roggen. Pud (à 33 Pfund).	Kartoffeln. Pud.	Malz. Pud.	Andere Kornsorten. Pud.	Zusammen. Pud.
Grossrussische	36,857,375	162,069	3,710,747	840,929	41,571,120
West- und Südrussische	18,637,464	2,956,393	2,125,839	594,448	24,314,124
Ostseeprovinzen	1,64?,587	3,828,434	733,158	442,877	6,648,056
Land der Donischen Kosaken	1,647,585	—	10,725	253,149	1,911,459
Westsibirische	1,188,736	—	94,471	134,852	1,418,059
Ostsibirische	1,010,256	2,867	35,828	1,093	1,050,044
Zusammen:	60,985,003	6,940,763	6,710,762	2,267,348	76,912,866
	79%	9%	8,7%	3%	100%

Seit Einführung der Accise betrug die Menge des jährlich erzeugten Alkohols, welcher durchschnitt-lich 9 Prozent im Branntwein ausmacht:

	Mit Accise belegt. Wedro.	Ohne Accise. Wedro.	Für industrielle Zwecke. Wedro.	Zur Ausfuhr. Wedro.	Zusammen. Wedro.
1863	27,744,124	1,144,587	12,723	15,035	28,916,469
1864	21,630,443	2,352,724	36,129	96,786	24,116,082
1865	21,492,996	2,193,470	52,756	110,229	23,849,451
1866	21,308,677	2,340,803	25,923	78,472	23,753,875
1867	23,072,500	2,068,252	2,550	78,822	25,218,144

Was den Konsum der Bevölkerung an Branntwein anbelangt, so ist derselbe seit Abschaffung des Verpachtungssystems und Einführung der Accise gestiegen, was seinen ganz natürlichen Grund in der geringeren Besteuerung des Branntweins hat. Denn während bis 1862 von jedem Wedro Alkohol eine Abgabe von 10 Rubeln zu entrichten war, beträgt die Accise durchschnittlich nur 4 Rubel 28 Kopeken vom Wedro. Uebrigens ist der Verbrauch von Branntwein sehr ungleich in den verschiedenen Theilen des Reichs, wie dies aus den nachstehenden Angaben hervorgeht. Verbraucht wurde von jedem Einwohner

durchschnittlich:	1863	1864	1867
In Grossrussland	$0_{,16}$ Wedro.	$0_{,mn}$ Wedro.	$0_{,oq}$ Wedro.
In West- und Südrussland	$1_{,n}$ „	$1_{,no}$ „	$1_{,n}$ „
In den Ostseeprovinzen	$1_{,nu}$ „	$1_{,o}$ „	$1_{,n}$ „
In dem Lande der Donischen Kosaken	$0_{,nn}$ „	$0_{,16}$ „	$0_{,nn}$ „
In Sibirien	$0_{,mb}$ „	$0_{,mn}$ „	$0_{,no}$ „
Im ganzen Reiche:	$0_{,mo}$ Wedro.	$0_{,nn}$ Wedro.	$1_{,no}$ Wedro.

Ausser der Erzeugung von Branntwein ist auch die Fabrikation anderer spirituöser Getränke von grosser Bedeutung in Russland und sie nimmt von Jahr zu Jahr zu. Hauptsächlich ist dieser Industriezweig in den Gouvernements. St. Petersburg, Saratow und Bessarabien, sowie in Polen und den Ostseeprovinzen vertreten.

XIX. Die Bier- und Methbrauerei.

Auch bei der Besteuerung der Bierbrauerei, herrschte wie bei der Branntweinproduktion bis zu den sechziger Jahren das Verpachtungssystem, welches auf jenen Industriezweig den schädlichsten Einfluss ausübte. Dann wurde im Jahre 1861 die Accise eingeführt, allein in wenig zweckmäßiger Weise und namentlich in einer ganz unverhältnismäßigen Höhe, so dass sie in den Gegenden, wo das Verpachtungssystem der Biersteuer nicht gebracht hatte, geradezu hemmend auf die Bierproduktion wirkte. Glücklicherweise wurde dieser Fehler schnell erkannt und schon im Jahre 1863 die Accise in sehr angemessener Weise geordnet, wodurch die Bierproduktion rasch neuen Aufschwung nahm, wie aus nachstehender Tabelle ersichtlich ist:

Anzahl der Brauereien:*)

	Von Bier.	Von Bier und Meth.	Von Meth.
1863	1789	123	56
1864	1482	207	112
1865	2049	235	140
1866	1955	251	143

	Quantität des gebrauten Biers und Meths. Wedro.	Ertrag der Accise. Rubel.	Werth des Produkts. Rubel.
1863	8,987,947	1,591,629	4,486,473
1864	10,836,457	1,037,365	5,418,228
1865	12,823,472	1,167,051	6,411,736
1866	16,427,826	2,135,383	8,713,913

Die Quantität des zum eigenen Gebrauch von den Bewohnern gebrauten Bieres ist in jener Tabelle nicht mit aufgeführt und beläuft sich auf wenigstens 20 Millionen Wedro jährlich, so dass die Quantität des jährlich in Russland gebrauten Bieres und Meths auf mindestens 37 Millionen Wedro zu veranschlagen ist; es würden demnach ¼ Wedro oder 4¹/₁₆ Hektoliter auf jeden Einwohner Russlands kommen. Tengoborski berechnete 1853 den jährlichen Konsum an Bier für jeden Einwohner zu 0,₇₄ Wedro, und Korsaki im Jahre 1863 zu 0,₄₄ Wedro, so dass also der Verbrauch rasch und bedeutend zugenommen hat. Dennoch ist

---

*) Die in Polen und Finnland befindlichen sind nicht in dieser Zahl enthalten.

17*

nicht in Abrede zu stellen, dass dieser Industriezweig noch bei
Weitem nicht zu einer genügenden Entwickelung gebracht ist,
und zwar weder in technischer Beziehung, noch auch was den
Konsum der Bevölkerung betrifft. Dies liegt einmal an der
Gerste, welche meistens zum Bierbrauen verwandt wird, und
welche an Güte der ausländischen weit nachsteht. Ferner ist
die Malzbereitung mangelhaft, und weil guter Hopfen theuer und
schwer zu beschaffen ist, so gebrauchen viele Brauer statt dessen
andere und zwar mitunter sehr schädliche Stoffe als Surrogat.
Wie unzweckmässig aber der Betrieb der Brauereien im Allgemeinen vorgenommen wird, geht schon aus dem Umstande
hervor, dass die russischen Brauer selten mehr als 12 Wedro
(97½ Hektoliter) aus 1 Tschetwert Getreide erhalten, während
man in anderen Ländern bis zu 20 Wedro (162½ Hektoliter)
aus dem Tschetwert gewinnt. Auch die spätere Behandlung des
Bieres ist meistens eine unangemessene, und es ist daher ganz
natürlich, dass das russische Bier an Güte dem fremden im Allgemeinen nachsteht. Die geringe Qualität des russischen Bieres
ist auch ein wesentlicher Grund des so bedeutenden, der Bevölkerung nachtheiligen Branntweinkonsums, und es steht zu hoffen,
dass bei einem sorgfältigeren Betriebe der Bierproduktion die
Bevölkerung sich mehr an den Genuss des Biers gewöhnen werde.

Die meisten Bierbrauereien befinden sich in Polen, in den
Ostseeprovinzen, den südwestlichen Gouvernements und Klein-
russland. In den beiden Hauptstädten des Reichs wird das beste
Bier gebraut und es sind hier auch die grössten Brauereien.

Die Methproduktion ist nur von geringer Bedeutung in
Russland und man kann den jährlichen Ertrag höchstens zu
350,000 Wedro berechnen, wenn man dazu die Produktion zum
eigenen Verbrauch mitrechnet. Die Hauptursache der geringen
Entwickelung dieses Industriezweiges liegt an der hohen Besteuerung desselben, indem dieselbe bedeutend höher ist, als die
des Bierbrauens. Die wichtigsten Methbrauereien sind in den
Gouvernements Petersburg und Moskau, dann in den Ostseeprovinzen und in den Wolga-Gouvernements.

Die jährliche Produktion von Bier und Meth ist nicht ge-

nügend für den Bedarf der Bevölkerung und es wird jährlich
für eine Million Rubel von diesen Getränken aus fremden Ländern eingeführt.

XX. Die Handwerke.

Der Handwerksbetrieb ist in Russland in mancher Beziehung
mit dem Fabrikbetrieb eng verbunden, und oft ist es sehr schwer,
eine bestimmte Scheidelinie zwischen beiden zu ziehen. Der
grösste Theil der Handwerker befindet sich daher auch in deu-
jenigen Gouvernements, wo die Manufaktur am meisten entwickelt
ist, nämlich in den Gouvernements Moskau, Wladimir, Orel,
Riasan, Twer und Tula und in den südlichen Gouvernements
Charkoff, Cherson, Tschernigoff, Poltawa, Jekaterinoslaw u. a. w.
Die Zahl der russischen Unterthanen, welche ein Handwerk als
Haupterwerb und nicht als Nebenbeschäftigung treiben, muss auf
mindestens ½ Million angeschlagen werden, während diese Zahl,
wenn man alle diejenigen hinzurechnet, welche als Nebenverdienst ein Handwerk treiben, zu 10 Millionen anzusetzen ist.
Davon machen die Fabrikarbeiter ungefähr den zehnten Theil
oder eine Million aus. Halten wir uns hier an die eigentlichen
Handwerker (½ Million) und schlagen wir den durchschnittlichen
Verdienst eines jeden derselben nur zu 100 Rubel im Jahre an,
so wäre dies eine Summe von 50 Millionen Rubeln, welche aber
sicher hinter dem wirklichen Verhältnisse weit zurücksteht.

In nachstehender Tabelle sind die russischen Gouvernements
nach der Grösse ihrer Betheiligung an der industriellen Produktion geordnet:

Gouvernement.	Produktionssumme. Rubel.	Prozent.
Moskau	119,182,000	17,₇₃
Petersburg	90,865,000	14,₄₈
Königreich Polen	51,589,000	7,₇₆
Wladimir	46,483,000	7,₁₆

Gouvernement	Produktionssumme. Rubel.	Prozent.
Perm	30,999,000	5_{n5}
Kiew	21,543,000	3_{n1}
Twer	17,741,000	2_{n3}
Cherson	15,707,000	2_{n1}
Charkoff	13,668,000	2_{n0}
Orel	11,873,000	1_{n2}
Livland	11,034,000	1_{n9}
Esthland	10,174,000	1_{n7}
Kursk	10,129,000	1_{n6}
Tschernigoff	9,999,000	1_{n3}
Saratow	9,537,000	1_{n6}
Woronesch	9,390,000	1_{n1}
Kostroma	9,368,000	1_{n1}
Podolien	9,293,000	1_{n2}
Riasan	9,211,000	1_{n0}
Jaroslaw	8,615,000	1_{n1}
Tambow	8,985,000	1_{n0}
Grodno	8,034,000	1_{n3}
Tula	7,178,000	1_{n0}
Nischegorod	6,777,000	1_{n4}
Kaluga	6,600,000	1_{n1}
Pensa	6,472,000	0_{n9}
Sibirische Gouvernements	6,377,000	0_{n6}
Wiatka	6,238,000	0_{n5}
Kasan	6,142,000	0_{n4}
Simbirsk	5,622,000	0_{n}
Finnland	5,149,000	0_{n9}
Kurland	5,050,000	0_{n7}
Samara	4,946,000	0_{n6}
Jekaterinoslaw	1,842,000	0_{n1}
Poltawa	4,233,000	0_{n5}
Wolhynien	4,138,000	0_{n3}

Gouvernement.	Produktionssumme. Rubel.	Prozent.
Kaukasische Gouvernements	3,993,000	0,761
Smolensk	3,446,000	0,656
Orenburg	2,898,000	0,542
Minsk	2,868,000	0,542
Bessarabien	2,866,000	0,549
Upba	2,787,000	0,541
Pskow	2,623,000	0,540
Wologda	2,455,000	0,481
Nowgorod	2,421,000	0,467
Mobilew	2,024,000	0,431
Wilna	1,770,000	0,775
Taurien	1,344,000	0,720
Witebsk	1,294,000	0,110
Archangel	1,213,000	0,110
Olonetz	1,199,000	0,113
Kowno	1,041,000	0,116
Astrachan	703,000	0,110
Land der Donischen Kosaken	558,000	0,000
Ganz Russland:	650,638,000	100

Die Gouvernements Moskau, Petersburg und Wladimir nebst dem Königreich Polen enthalten also über 47 Prozent der gesammten Fabrikthätigkeit Russlands, dann kommen 9 Gouvernements, in denen je für 10 Millionen Rubel produzirt wird und welche mit 22 Prozent an der Gesammtproduktion betheiligt sind, dann folgen 12 Gouvernements, je mit 6½ Millionen Rubeln und einer Betheiligung von 16 Prozent, darauf 11 Gouvernements nebst Finnland, dem Kaukasus und Sibirien mit je 3 Millionen Rubeln und 11 Prozent und endlich die übrigen 15 Gouvernements mit einer Betheiligung von nur 4 Prozent an der Gesammtproduktion.

Die industriellen Gouvernements bilden fünf Gruppen, nämlich die mittlere, welche die Gouvernements Moskau, Wladimir, Twer, Jaroslaw, Kostroma, Nischegorod, Riasan, Tula, Kaluga, Orel, Tambow, Saratow, Woronesch, Charkoff, Kursk und Tschernigoff umfassen, die südwestliche mit den Gouvernements Kiew, Cherson und Podolien, die westliche mit Polen und Grodno, die nordwestliche mit den Gouvernements St. Petersburg, Esthland und Livland, und die östliche, die aus dem Gouvernement Perm besteht

Die eigentliche Manufakturindustrie hat ihren Hauptsitz in den um Moskau liegenden Gouvernements der mittleren Gruppe, sowie in der nordwestlichen und westlichen Gruppe; dort konzentriren sich die Webereien, die Baumwollen-, Flachs- und Wollfabriken, welche guter Maschinen und grosser Kapitalien bedürfen. Je mehr man in der mittleren Gruppe nach dem Süden herabgeht, desto mehr verändert sich der industrielle Charakter derselben; die Fabriken werden seltener und die Rohprodukte werden nicht so fein und sorgfältig verarbeitet; hier ist der Sitz der Metall- und Lederfabriken, der Wollwäschen, Mühlen, Branntweinbrennereien und Zuckersiedereien. Diesen Charakter haben auch die südwestliche und die östliche Gruppe; während aber in der ersteren die Fabrikation von Zucker, Wolle und Branntwein vorherrscht, ist in der anderen die Verarbeitung der Metalle und die Herstellung von Talg, Leder und Salz am bedeutendsten. Die Gouvernements des Distrikts der Wolga und Kama, nämlich Penza, Simbirsk, Kasan und Wiatka, welche wenig industriell sind, können als Mittelglied zwischen der südwestlichen und östlichen Gruppe dienen, indem sie den stufenweisen Uebergang von der Woll- und Mehlfabrikation zur Talg-, Leder- und Metallfabrikation darstellen. Ebenfalls kann Finnland, und namentlich der südliche Theil desselben, zur Ergänzung der nordwestlichen Gruppe dienen, indem viele der dort getriebenen Industriezweige auch in Finnland, wenn auch nicht in so bedeutender Ausdehnung, vertreten sind.

Endlich steht der ganze Norden und Südosten des Reichs, sowie auch Kleinrussland in industrieller Beziehung bis jetzt noch auf einer sehr niedrigen Stufe, und die industrielle Thätigkeit kommt fast nur in der Form von Nebenbeschäftigungen auf dem Lande vor.

Sechster Abschnitt.

Die Kommunikationen.

Wenn man bedenkt, in wie hohem Masse die Kommunikationen zur Entwickelung eines Reiches in geistiger und materieller Beziehung beitragen, so hat man darin einen der wesentlichsten Gründe gefunden, weshalb Russland bis jetzt in so vieler Hinsicht hinter den meisten anderen Ländern Europas zurücksteht. Es giebt dann aber auch kein anderes Land, wo zur Beschaffung genügender Kommunikationen so enorme Schwierigkeiten zu überwinden sind, wie im russischen Reiche. Zwar sind in den meisten Gegenden desselben (Esthland und Orenburg ausgenommen) zahlreiche schiffbare Flüsse und Seen, welche gute Verkehrstrassen abgeben könnten; allein der russische Winter sperrt diese Wege lange Zeit hindurch, oft ein halbes Jahr, und es können folglich auch nicht so umfassende Mittel zur Verbesserung und Erweiterung dieser Verkehrswege, zum Beispiel durch Anlage von Kanälen, angewendet werden, wie dies an anderen Orten geschieht, wo ein stets ununterbrochener Verkehr die Kosten für die Vervollkommnung der Wasserkommunikationen wiederum deckt.

In ähnlicher Weise verhält es sich mit den Landwegen. Die Entfernungen sind so unverhältnissmässig gross und das Land ist an den wenigsten Stellen so dichtbevölkert, dass sich durch den Verkehr selber die Anlage guter Strassen bezahlt machen könnte. Kunststrassen sind daher erst in neuerer Zeit und in sehr ungenügendem Umfange in Russland gebaut worden.

Man sollte nun glanben, dass die eben erwähnte Schwierig-
keit, welche sich dem Ban von Chausseen und anderen Wegen
dieser Art entgegenstellt, in gleichem, vielleicht sogar in er-
höhtem Masze sich bei der Anlage von Eisenbahnen ergeben würde.
Lange Zeit hindurch scheint man auch wirklich dieser Meinung
gewesen zu sein, denn der Ban von Eisenbahnen hat in Russland
erst sehr spät und sehr zögernd stattgefunden. Allein die Annahme, dass die Eisenbahnanlagen sich in diesem Lande nicht
rentiren könnten, hat sich als vollständig falsch herausgestellt:
die Entfernungen verschwinden oder werden doch verringert
durch Anwendung des Dampfes, und der Transport ist unendlich
viel billiger, als wenn er auf den gewöhnlichen Landwegen geschieht. Die Leichtigkeit, womit der Transport zu beschaffen
ist, hat wiederum den günstigsten Einfluss auf die Produktion,
denn wo früher aus der Bearbeitung des Bodens nur ein geringer
Ertrag erzielt werden kounte, da an die Fortschaffung der Produkte nicht zu denken war, da zeigt sich jetzt die Aussicht auf
reichen Gewinn und spornt den Besitzer zu einer immer besseren
Benutzung seines Landes an. Durch die so in grossartigem
Massstabe vermehrte Produktion wachsen die Mittel des Landes,
und die Anlage neuer und immer neuer Schienenwege wird
möglich. So stehen die Eisenbahnanlagen und das Anwachsen
der Produktion in dem unmittelbarsten und engsten Zusammen-
hange, und es wird eine Zeit kommen, wo Russland sagen kann,
es sei im Besitz genügender Kommunikationen: ein Gedanke,
den noch vor zehn Jahren Niemand zu fassen wagte!
Wir wollen jetzt die verschiedenen Kommunikationen in
ihrem gegenwärtigen Bestande betrachten.

I. Die Wasserstrassen.

Alle für Fahrzeuge fahrbare Wasserstrassen Russlands
machen zusammen 30,817 Werst (33,117 Kilometer aus); davon
sind:

523½ Werst Kanäle
4945½ „ kanalisirte Flüsse und
34371 „ natürliche Wasserstrassen.

Davon gehören zum

Gebiet des Weissen Meeres:

Die nördliche Dwina	in einer Länge von			686	Werst.
Die Pinega	„	„	„	„ 436	„
Die Wytschegda	„	„	„	„ 790	„
Die Suchona	„	„	„	„ 523	„
Die Kubena	„	„	„	„ 30	„
Der Kubensche See	„	„	„	„ 60	„
Die Lusa	„	„	„	„ 650	„
Der Jug	„	„	„	„ 550	„
Die Sysola	„	„	„	„ 30	„
Die nördliche Kultma	„	„	„	„ 150	„
Der Mesen	„	„	„	„ 320	„
Die kleine Petschora	„	„	„	„ 500	„
Die Petschora	„	„	„	„ 630	„
Die Onega	„	„	„	„ 213	„

Zusammen: 5568 Werst.

Gebiet des Kaspischen Meeres.
1. Das Wolgagebiet.

Die Wolga	in einer Länge von			3360	Werst.
Der Gschat	„	„	„	„ 77	„
Die Twerza	„	„	„	„ 185	„
Der Zna	„	„	„	„ 90	„
Die Maloga	„	„	„	„ 477	„
Der Garjun	„	„	„	„ 14	„
Der Waschin-See	„	„	„	„ 3	„
Die Waltschina	„	„	„	„ 7	„
Der Tschagodotschi	„	„	„	„ 179	„
Die Schekßna	„	„	„	„ 292	„
Die Somina	„	„	„	„ 50	„
Der Somino-See	„	„	„	„ 5	„
Die Watluga	„	„	„	„ 267	„

Der Kerschenetz in einer Länge von 858 Werst.

Die Sura	„	„	„	„	740	„
Die Kadoda	„	„	„	„	105	„
Die kleine Kokschaga	„	„	„	„	265	„
Die grosse Kokschaga	„	„	„	„	225	„
Der Ilat	„	„	„	„	60	„
Die Ilesdna	„	„	„	„	20	„
Die Usta	„	„	„	„	250	„
Die Rutka	„	„	„	„	195	„
Der Ziwil	„	„	„	„	320	„
Die Swijaga	„	„	„	„	132	„
Die Kostroma	„	„	„	„	226	„
Die Kasanka	„	„	„	„	8	„
Der Alatyr	„	„	„	„	8	„
Der Tscheremschan	„	„	„	„	35	„
Die Samara	„	„	„	„	60	„
Der Karaman	„	„	„	„	39	„
Der Irgis	„	„	„	„	240	„

Zusammen: 8722 Werst.

2. Das Okagebiet.

Die Oka in einer Länge von 986 Werst.

Die Jiadra	„	„	„	„	52	„
Die Snscha	„	„	„	„	39	„
Die Ugra	„	„	„	„	196	„
Die Istra	„	„	„	„	28	„
Die Moskwa	„	„	„	„	388	„
Die Kliasma	„	„	„	„	259	„
Die Tesa	„	„	„	„	84	„
Der Zna	„	„	„	„	207	„
Die Mokscha	„	„	„	„	303	„

Zusammen: 2542 Werst.

3. Das Kamagebiet.

Die Kama	in	einer	Länge	von	1351 Werst.
Die Kolwa	"	"	"	"	100 "
Die Sylwa	"	"	"	"	30 "
Die Tschasowaja	"	"	"	"	895 "
Die Bjelaga	"	"	"	"	1424 "
Die Upha	"	"	"	"	597 "
Die Wiatka	"	"	"	"	1535 "
Die Wischera	"	"	"	"	51 "

Zusammen: 5923 Werst.

Das Gebiet des Asowschen Meeres.

Der Don	in	einer	Länge	von	1465 Werst.
Der nördliche Donetz	"	"	"	"	181 "
Der Choper	"	"	"	"	440 "
Die Wedwediza	"	"	"	"	442 "
Der Woronesch	"	"	"	"	214 "
Die Sosna	"	"	"	"	160 "

Zusammmen: 2902 Werst.

Das Gebiet des Schwarzen Meeres.

Der Dnjepr	in	einer	Länge	von	1807 Werst.
Der Sosch	"	"	"	"	336 "
Die Desna	"	"	"	"	742 "
Die Beresina	"	"	"	"	445 "
Der Roß	"	"	"	"	120 "
Die Pina	"	"	"	"	85 "
Der Pripiat	"	"	"	"	496 "
Der Stochod	"	"	"	"	125 "
Der Styr	"	"	"	"	425 "
Der Ubort	"	"	"	"	140 "
Die Jasalda	"	"	"	"	24 "
Die Slowetschen	"	"	"	"	120 "
Die Turja	"	"	"	"	173 "
Die Ikwa	"	"	"	"	94 "
Der Goryn	"	"	"	"	537 "

Der Slutsch	in einer Länge von				294	Werst.
Der Tetereff	"	"	"	"	118	"
Der Dniestr	"	"	"	"	740	"
Der Bug	"	"	"	"	132	"

Zusammen: 6953 Werst.

Das Gebiet des Baltischen Meeres.

Der westliche Bug	in einer Länge von				496	Werst.
Der Muchawetz	"	"	"	"	83	"
Der Niemen	"	"	"	"	743	"
Die Wilia	"	"	"	"	538	"
Die Tschara	"	"	"	"	168	"
Die westliche Dwina	"	"	"	"	865	"
Die Ulla	"	"	"	"	102	"
Die Kasplja	"	"	"	"	74	"
Die Obscha	"	"	"	"	106	"
Die Mescha	"	"	"	"	170	"
Der Sebesch-See	"	"	"	"	—	"
Die Narowa	"	"	"	"	53	"
Die Luga	"	"	"	"	250	"
Die Newa	"	"	"	"	66	"
Der Mga	"	"	"	"	4 1/2	"
Die Ischora	"	"	"	"	62	"
Die Tosna	"	"	"	"	9	"
Die Slawianka	"	"	"	"	4	"
Der Ladogakanal	"	"	"	"	104	"
Die Kabona	"	"	"	"	40	"
Die Lawa	"	"	"	"	45	"
Die Nasia	"	"	"	"	40	"
Der Sjad	"	"	"	"	88	"
Der Sjaskanal	"	"	"	"	10	"
Die Schaldicha	"	"	"	"	20	"
Die Wytegra	"	"	"	"	92	"
Die Tichwinka	"	"	"	"	154	"
Der Swir	"	"	"	"	201	"
Der Swirkanal	"	"	"	"	38	"

Die Swiriza	in	einer	Länge	von	2	Werst.
Die Pascha	„	„	„	„	1	„
Die Kaiwassaria	„	„	„	„	7	„
Der Wolchow	„	„	„	„	180	„
Die Wischera	„	„	„	„	7	„
Der Wischerakanal	„	„	„	„	14½	„
Der Siwarsowkanal	„	„	„	„	6	„
Die Meta	„	„	„	„	393	„
Der Ilmen-See	„	„	„	„	—	„
Der Lowat	„	„	„	„	352	„
Der Polist	„	„	„	„	165	„
Die Pola	„	„	„	„	82	„
Die Serascha	„	„	„	„	45	„
Der Polomat	„	„	„	„	42	„
Die Kunia	„	„	„	„	79	„
Der Schelon	„	„	„	„	240	„
Der Onega-See	„	„	„	„	—	„
Der Onegakanal	„	„	„	„	64	„
Der Weisse See	„	„	„	„	—	„
Der Weisse Seekanal	„	„	„	„	62	„
Die Kowacha	„	„	„	„	88	„

Zusammen: 6473 Werst.

Verbindungskanäle:

Zwischen dem Baltischen und dem Kaspischen Meere.	Der Wyschnewolotzkische	9	Werst	lang.
	Der Tischwinsche	7	„	„
	Der Marnasche	9	„	„
Zwischen dem Weissen und dem Kaspischen Meere.	Der Herzoglich Würtembergische	71	„	„
Zwischen dem Baltischen und dem Schwarzen Meere.	Der Dnjepr-Bugkanal	75	„	„
	Der Oginsche Kanal	60	„	„
	Der Beresinakanal	8	„	„

Zusammen: 229 Werst.

Auf allen den genannten Wasserstrassen zusammen wurden befördert:

274

1859	1860	1861	1862	1863
Mill. Pf.	Mill. Pf.	Mill. Pf.	Mill. Pf.	Mill. Pf.
19,400	18,539	24,045	25,599	27,803
1864	1865	1866	1867	1868
Mill. Pf.	Mill. Pf.	Mill. Pf.	Mill. Pf.	Mill. Pf.
22,592	20,323	20,403	20,527	24,192

und es betrug der Werth der transportirten Waaren:

1859	1860	1861	1862	1863
1000 R.	1000 R.	1000 R.	1000 R.	1000 R.
348,914	352,121	347,074	345,481	328,719
1864	1865	1866	1867	1868
281,768	294,930	337,246	345,486	385,217

Die verschiedenen Wasserstrassen waren in folgender Weise am Transport betheiligt:

Wasserstrassen.	Prozente des Transports nach dem Gewicht.		Prozente des Transports nach dem Werth.	
	1859—64	1865—68	1859—64	1866-68
Wyschnewol-Kanal	8,	1,	1,	2,
Tischwinscher „	2,	0,	1,	0,
Marienscher „	9,	0,	2,	1,
Ladoga-Kanal	8,	0,	0,	0,
Newa	9,	41,	11,	11,
Nördliches Kanalsystem	2,	2,	3,	4,
Dniepr-Bug-Kanal	0,	0,	1,	0,
Opinscher Kanal	0,	0,	0,	0,
Beresina „	0,	0,	0,	0,
Wolga „	24,	29,	48,	48,
Kama „	6,	0,	5,	6,
Nebenflüsse der Kama	3,	0,	2,	3,
Wetluga	1,	0,	0,	0,
Sura	1,	0,	0,	0,
Kliasma und Teza	0,	0,	0,	0,
Oka	3,	2,	3,	3,
Snscha	2,	6,	3,	4,

Wasserstrassen.	Prozente des Transports nach dem Gewicht		Prozente des Transports nach dem Werth.	
	1859—64	1865—68	1859—64	1865—68
Zon	$2{,}721$	$0{,}310$	$1{,}170$	$1{,}447$
Don	$1{,}985$	$2{,}570$	$2{,}501$	$2{,}440$
Nebenflüsse des Don	$0{,}796$	$0{,}700$	$0{,}146$	$0{,}487$
Dniestr	$0{,}859$	$0{,}700$	$0{,}854$	$0{,}745$
Dniepr	$3{,}542$	$5{,}545$	$3{,}723$	$3{,}557$
Nebenflüsse des Dniepr	$1{,}570$	$0{,}440$	$0{,}461$	$1{,}608$
Niemen	$0{,}986$	$0{,}277$	$0{,}791$	$0{,}883$
Dwina	$0{,}905$	$1{,}140$	$2{,}741$	$2{,}726$
Kaslin	$1{,}907$	$0{,}700$	$1{,}706$	$0{,}790$
Narowa	$1{,}140$	$0{,}111$	$0{,}730$	$0{,}720$
Zusammen:	$100{,}00$	$100{,}00$	$100{,}00$	$100{,}00$

Die Dampfschifffahrt auf den obengenannten Wasserstrassen hat sich von 1853 bis 1868 auf mehr als das Vierfache gesteigert. Es gab dort nämlich:

1853: 142 Dampfschiffe. 1863: 455 Dampfschiffe.
1858: 240   „   „   1864: 466   „   „
1859: 358   „   „   1865: 489   „   „
1860: 412   „   „   1866: 513   „   „
1861: 407   „   „   1867: 529   „   „
1862: 439   „   „   1868: 567   „   „

Im Jahre 1868 war die Dampfschifffahrt auf den verschiedenen Wasserstrassen folgende:

Flussgebiet.	Passagierböte. 60 mit 4150 P. K.	Gemischte. 16 mit 1470 P. K.	Hugürböte. 281 mit 25,980 P. K.	Zusammen. 357 mit 31,600 P. K.
Wolga	3 » 80	—	28 » 1,481	31 » 1,561
Schekana	12 » 612	8 » 416	30 » 1,862	50 » 2,890
Dniepr	2 » 60	—	—	2 » 60
Niemen	7 » 364	—	5 » 118	12 » 482
Westliche Dwina	6 » 344	1 » 170	12 » 533	19 » 1,047
Don	—	—	—	—
Embach und Na-rowa	1 » 40	1 » 50	1 » 70	3 » 160
Wirzlerff-See	—	—	1 » 2	1 » 2
Nördliche Dwina	2 » 27	5 » 330	2 » 95	9 » 452
Suchona und Wo-logda	—	2 » 120	—	2 » 120
Onega	—	—	3 » 115	3 » 115
Newa	18 » 827	6 » 280	14 » 559	38 » 1,666
Kowscha	—	—	2 » 57	2 » 57
Wolchow	6 » 242	—	2 » 80	8 » 322
Weichsel	5 » 230	—	4 » 252	9 » 452
Zusammen:	122 mit 6976 P. K.	39 mit 2836 P. K.	365 mit 31,202 P. K.	546 mit 41,014 P. K.

Im asiatischen Russland war 1868 folgende Anzahl von Dampfschiffen:

Flussgebiet.	Passagierböte.	Gemischte.	Bugsirböte.	Zusammen.
Ob	—	20	—	20
Jenisei	—	2	—	2
Lena	—	2	—	2
Baikal-See	— `	2	—	2
Amur	9	13	4	26
Sulphan	—	—	1	1
Syr-Darja	—	—	5	5
Zusammen:	9	39	10	68

II. Die Landstrassen.

Erst im Jahre 1816 wurde der Gedanke, Kunststrassen in Russland zu bauen, ernstlich in Anregung gebracht. Um die nöthigen Gelder zu beschaffen, erhob man von allen Bauern des gesammten Reichs (mit Ausnahme von Grusien und Bessarabien) eine jährliche Steuer von 25 Kopeken pr. Kopf und von den Kaufleuten einen Zuschlag von 25%, auf die von denselben zu entrichtenden Abgaben. Diese Steuern ergaben ungefähr 5,240,000 Papierrubel und es wurde nun zur Anlage von Kunststrassen geschritten, zu welchem Behuf man 1817 zwei Arbeiterbrigaden bildete. Die erste Chaussee, welche gebaut wurde, war die zwischen Petersburg und Moskau, in einer Länge von 677½ Werst (775 Kilometer) und 50 Jahre später betrug die Länge der gesammten russischen Chausseen 6824 Werst (7800 Kilometer).

Die Einnahme an Chausseegeldern war seit 1835 folgende:

Chausseen	Länge in Werst.	1835—39. Rubel.	1840—44. Rubel.	1845—49. Rubel.	1850—54. Rubel.	1855—59. Rubel.	1860—64. Rubel.	1865—68. Rubel.
Petersburg-Moskauer	677¼	100,463	228,643	354,420	146,087	70,539	46,387	26,368
Petersburg-Kownoer	698¼	—	43,121	41,235	108,971	105,134	15,281	7,246
Nische-goroder	331¼	—	—	88,979	140,972	150,390	71,975	18,049
Sergiu-howsche	92	—	—	21,215	29,372	30,590	29,068	19,818
Jaros-lawsche	247¾	—	—	35,339	72,778	84,913	62,681	40,951
Moskau-Warschauer	1001¾	—	—	19,055	84,317	127,411	106,488	92,524
Tulasche	77	—	—	37,415	44,059	38,922	36,081	33,162
Schell-kowsche	12	—	—	220	333	595	676	?
Kiewsche	797½	—	—	4,714	18,626	21,148	55,814	84,436
Biassanobe	174½	—	—	9,675	54,004	68,471	59,900	13,263
Tula-Orelsche Nowgorod-	167½	—	—	36,978	48,914	40,670	34,929	49,763

Pskowsche	120 1/4	—	—	—	16,729	17,494	4,250	3,658
Bobruisker	105 3/4	—	—	—	10,496	7,523	1,267	?
Smolenskische	41	—	—	—	28,831	?	10,664	33,657
Orel-Kursker	147 3/4	—	—	—	2,474	49,569	38,416	34,014
Witebsk-Smolenskische	224 1/2	—	—	—	—	19,990	18,322	8,091
Riga-Tauroggensche	155 3/4	—	—	—	—	6,686	10,188	5,537
Kiew-Brester	560	—	—	—	—	16,824	37,503	30,539
Kursk-Charkoffer	209	—	—	—	—	23,347	49,436	31,879
Woronescher	275 1/4	—	—	—	—	10,732	19,377	15,016
Orel-Briansker	246	—	—	—	—	?	?	?
Pskow-Rigaer	232	—	—	—	—	—	5,659	4,843
Narwaer	141	—	—	—	—	—	5,472	11,888
Ilinsche	20	—	—	—	—	—	—	3,814
Zusammen:	6914 1/2	100,463	271,764	649,345	807,583	896,938	719,539	570,350

Die seit dem Ende der funfziger Jahre stufenweise Abnahme im Ertrage der Chausseegelder hat ihren ganz natürlichen Grund in der stets zunehmenden Entwickelung der Eisenbahnen, wodurch der Verkehr diesen zugeführt wurde. Während die Einnahme von der Werst Chaussee im Jahre 1855 noch zu 217 Rubeln berechnet werden konnte, ergab sie 1868 nur noch 80 Rubel.

Uebrigens konnten selbst in den für den Chausseeverkehr günstigsten Jahren die Einnahmen in keiner Weise die zum Unterhalt der Strassen erforderlichen Ausgaben decken. So betrugen beispielsweise im Jahre 1863 bei einer Einnahme von 1,236,302 Rubeln von 665½ Werst

	Im Ganzen.	Im Durchschnitt für die Werst.
Die Bruttoeinnahme	599,413 Rubel.	90,oo Rubel
Die Kosten für die Steuererhebung	91,786 „	13,ni „
Die reine Einnahme	507,627 Rubel	76,ns Rubel
Die Unterhaltungskosten	2,688,659 „	404,oo „

III. Die Eisenbahnen.

Es giebt wohl kein Land, für welches die Entwickelung des Eisenbahnnetzes in solchem Grade eine Lebensfrage bildet, wie Russland. Der natürliche Reichthum des Landes ist an den meisten Stellen erst zur Geltung zu bringen durch die Möglichkeit eines sicheren, leichten Transportes, der wesentlichsten Bedingung für den Absatz. Es ist daher begreiflich, dass sowohl die Regierung, als auch die Bevölkerung selber mit allem Eifer sich die Förderung des Eisenbahnwesens angelegen sein lässt.

Die erste Eisenbahn wurde in Russland zwischen St. Petersburg und Zarskoselo 1838 in einer Länge von 25 Werst angelegt; dann vergingen 7 Jahre bis zur Eröffnung einer neuen Strecke, nämlich von Warschau bis Rogowa auf der Linie Warschau-Wien. Im Jahre 1853 betrug die Länge der russischen Eisenbahnen erst gegen 1000 Werst und in den nächsten zehn Jahren kamen nur ungefähr 100 Werst hinan. Die Einwirkungen des Krimkrieges machten sich hier besonders stark geltend. Vier Jahre später wurde schon das zweite und im Jahre darauf das dritte Tausend Werst erreicht. Dann kam abermals aus Anlass des letzten Polnischen Anfstandes eine schwache Bauperiode und erst 1866 waren 4000 Werst Eisenbahnen fertig gestellt. Am 1. Jannar 1871 waren folgende Bahnen im Betriebe.

I. Staatsbahnen.	Länge.	Eröffnung der ersten Strecke und der ganzen Linie.
1. Helsingfors-Tawastehns	103 Werst	1862
2. Moskau-Kursk	502,₄ „	1866 - 68
3. Elisabethgrad-Krementschng	134,₄ „	1869
4. Terespol-Brest mit Zweigbahn	8 „	1869
5. Finnländische	345 „	1870
Summa:	1093 Werst	

II. Privatbahnen.	Länge.	Eröffnung der ersten Strecke und der ganzen Linia.
6. St. Petersburg-Zaroskoss-losche	25 Werst	1838
7. Warschau-Wiener	325 „	1845 - 59
8. St. Petersburg-Moskaner	604 „	1847—51
9. St. Petersburg-Warschauer	1207 „	1853 - 62
10. St. Petersburg-Peterhofer	51 „	1857—64
11. Moskan-Nischnci-Nowgoroder	410 „	1861 - 62
12. Riga-Dünaburger	204 „	1861
13. Wolga-Don	73 „	1862
14. Moskau-Riasaner	242,, „	1862—70
15. Moskan-Jaroslawler	260 „	1862—70

II. Privatbahnen.	Länge.		Eröffnung der ersten Strecke und der ganzen Linie.
16. Warschau-Bromberger	138	Werst	1863—67
17. Woronesch-Rostower	161	„	1863—70
18. Lodzer Fabrikbahn	26	„	1866
19. Dünaburg-Witebsker	243	„	1866
20. Riasan-Koslower	198	„	1866
21. Warschau-Terespoler	194	„	1866—68
22. Rjäsobk-Morschansker	121	„	1867
23. Koslow-Woronescher	168	„	1868
24. Orel-Grjäsische	283	„	1868—70
25. Schnja-Iwanowosche	84	„	1868
26. Orel-Witebsker	488	„	1868
27. Kursk-Kiewer	438	„	1868—70
28. Riga-Mitauer	39	„	1868
29. Kursk-Charkoff-Asoffer	763	„	1869
30. Grjäsi-Zarizyner	298,₇	„	1869—70
31. Koslow-Tambower	67,₄	„	1869
32. Kiew-Brester	278	„	1870
33. Odessascho mit Zweigbahn	690,₈	„	1865—70
34. Nowotorschok	32	„	1870
35. Rybinsk-Bologoje	280	„	1870
36. Charkoff-Krementschuger	112	„	1870
37. Tambow-Saratower	110	„	1870
38. Moskau-Brester	392	„	1870
39. Baltische	388,₄	„	1870
40. Skopinsche	43	„	1870
Zusammen:	9438,₃	Werst.	

Die Länge aller Bahnen zusammen machte 1871 also 10,531,₂ Werst (12,006 Kilometer) aus.

Die Anlagekosten der einzelnen Bahnen betrugen folgende Summen:

Bahn.	Anlagekosten.	pr. Werst.
St. Petersburg-Moskauer	90,159,497 Rubel.	119,271 Rubel.
Moskau-Kursker	52,738,080 „	104,951 „
Warschau-St. Petersburger	125,946,718 „	104,347 „
Terespol-Brester	830,700 „	99,366 „
St. Petersburg-Peterhofer	4,882,258 „	95,918 „
Tambow-Koslower	6,096,000 „	90,310 „
Moskau-Nischnei-Now-goroder	36,340,020 „	88,634 „
Kursk-Charkoff-Asoffer	64,855,000 „	85,000 „
Orel-Grilsische	23,934,528 „	84,574 „
Orel-Witebsker	40,855,354 „	83,905 „
Moskau-Riasansche	18,090,537 „	78,659 „
Riasan-Koslower	14,922,183 „	75,258 „
Koslow-Worouescher	12,285,892 „	74,069 „
Grilsi-Zarisyuer	42,868,364 „	72,782 „
Riga-Düuaburger	13,390,978 „	68,260 „
Riga-Milauer	2,652,000 „	68,000 „
Sebuja-Iwauowsche	5,618,418 „	66,846 „
Moskau-Jaroslawler	4,307,881 „	65,271 „
St. Petersburg-Zarskoso-losche	1,575,827 „	63,033 „
Wolga-Don	4,595,871 „	62,957 „
Woroueseh-Koslower	4,689,600 „	60,123 „
Rjaschsk-Morschauaker	7,190,400 „	59,243 „
Warschau-Wiener	19,112,771 „	58,815 „
Elisabethgrader	7,605,159 „	58,524 „
Kursk-Kiewer	25,085,115 „	57,168 „
Düuaburg-Witebsker	12,942,985 „	53,262 „
Warschau-Terespoler	9,372,688 „	48,312 „
Warschau-Bromberger	6,214,119 „	44,867 „
Lodzer Fabrikbahn	1,148,700 „	41,181 „
Helsingfors-Tawastahus	3,678,375 „	35,666 „
Finnländische	11,237,637 „	35,117 „

Die Einnahmen und Ausgaben der verschiedenen Bahnen stellte sich in den Jahren 1869 und 70 wie folgt:

I. Einnahmen.

Bahn.	Im Jahre 1869.		Im Jahre 1870.		Differenz für 1870.
	Im Ganzen Rubel	Pr. Werst Rubel	Im Ganzen Rubel	Pr. Werst Rubel	Rubel.
St. Petersburg-Moskauer	16,478,771	27,283	16,497,916	27,314	+ 19,148
Moskau-Riassaner	4,539,089	23,111	8,018,236	20,457	− 520,853
St. Petersburg-Zarskoeloische	451,687	18,067	477,442	19,094	+ 25,755
Riasan-Koslower	3,548,744	17,896	3,030,434	15,383	− 518,310
Moskau-Nischnei-Nowgoroder	6,366,621	16,016	6,028,330	14,703	− 538,291
Moskau-Jaroslawler	778,689	11,780	1,725,081	6,610	Die ganze Strecke erst ¹⁹/₇ 70 eröffnet.
Moskau-Kursker	5,880,030	11,702	6,626,498	13,200	+ 746,468
Warschau-Wiener	2,677,003	8,248	3,017,581	9,203	+ 340,578
St. Petersburg-Peterhofer	407,098	7,998	457,560	9,151	+ 50,462
Riga-Dünaburger	1,518,919	7,446	2,003,022	9,918	+ 484,103
Wolga-Don	513,966	7,064	571,042	7,833	+ 56,176
St. Petersburg-Warschauer	8,513,401	7,053	9,682,960	8,188	+ 1,039,559
Dünaburg-Witebsker	1,584,282	6,520	1,927,107	7,930	+ 342,825
Koslow-Woronescher	930,118	5,563	707,175	4,567	− 162,943
Orel-Witebsker	2,613,032	5,355	3,390,682	6,984	+ 777,630

II. Ausgaben.

Bahn.	Im Jahre 1869.		Im Jahre 1870.		Prozent der Einnahmen
	Im Ganzen Rubel	Pr. Werst Rubel	Im Ganzen Rubel	Pr. Werst Rubel	1869. 1870.
Rischki-Morschansker	641,244	3,262	433,217	3,903	— 158,027
Odessaer	2,651,398	4,936	4,853,127	6,788	+ 2,191,729
Warschau-Bromberger	674,427	4,987	823,554	5,071	+ 149,227
Kursk-Kiewer	2,055,296	4,981	2,759,083	6,271	+ 733,787
Kursk-Charkoff-Asoffer	355,604	4,410	4,215,367	5,517	Erst ²⁴/₁₂ 69 eröffnet.
Woronesch-Rostower	333,103	4,271	450,432	5,775	+ 117,321
Riga-Mitauer	164,398	4,216	188,232	4,826	+ 23,634
Lodzer Fabrikbahn	86,815	3,339	94,827	3,647	+ 8,012
Orel-Grittsische	318,361	3,091	870,970	3,078	Die ganze Bahn erst ⁹/₂ 70 eröffnet.
Warschau-Terespoler	533,553	2,858	817,848	4,222	+ 264,295
Tambow-Koslower	—	—	229,933	3,380	—
Grittel-Zarizyner	28,109	140	587,251	2,922	Erst ²⁴/₁₂ 69 eröffnet.
St. Petersburg-Moskau	6,263,553	13,081	7,130,097	11,905	50,₁₈ 43,₉₁
Moskau-Rissauer	1,715,189	8,733	1,709,499	8,704	37,₇₉ 42,₉₄

286

Bahn.	Im Jahre 1869. Im Ganzen. Rubel.	Pr. Werst. Rubel.	Im Jahre 1870. Im Ganzen. Rubel.	Pr. Werst. Rubel.	Prozent der Einnahmen. 1869.	1870.
St. Petersburg-Zarskoeloesche	235,577	10,143	268,133	10,725	56,14	56,14
Riasan-Koslower	1,551,385	7,823	—	—	43,71	—
Moskau-Nischnei-Nowgoroder	3,227,171	7,871	3,659,041	8,925	49,14	60,70
Moskau-Jaroslawler	231,772	3,508	688,393	2,561	29,70	39,74
Moskau-Kursker	2,967,495	5,005	—	—	50,47	—
Warschau-Wiener	1,321,729	4,072	1,392,036	4,282	49,81	46,13
St. Petersburg-Peterhofer	277,648	5,455	285,518	5,716	68,70	62,40
Riga-Dünaburger	996,064	4,483	1,199,713	5,881	65,87	59,80
Wolga-Don	452,947	6,204	525,859	7,203	87,10	82,70
St. Petersburg-Warschauer	5,283,331	4,377	7,527,513	6,237	62,05	76,14
Dünaburg-Witebsker	814,465	3,352	1,086,998	4,470	51,41	56,40
Koslow-Woronescher	686,101	4,103	604,473	3,598	73,10	78,10
Orel-Witebsker	1,489,155	3,052	2,353,863	4,825	56,70	69,43
Ritschk-Morschansker	620,980	5,115	480,791	3,973	96,04	99,70
Odessaer	1,731,654	3,229	2,828,404	3,696	65,43	58,70
Warschau-Bromberger	593,682	4,302	728,256	5,280	84,70	88,43
Kursk-Kiewer	1,016,085	2,413	1,118,167	2,541	49,44	40,80
Kursk-Charkoff-Asoffer	531,551	4,219	3,774,123	4,940	95,75	89,43
Woronesch-Koslower	275,901	3,537	310,600	3,982	82,05	69,14

Riga-Mitauer	123,604	3,174	137,275	3,538	76,050 / 72,040
Lodzer Fabrikbahn	57,989	2,230	65,940	2,536	08,050 / 60,040
Orel-Griäsische	307,868	2,989	797,836	2,819	96,571 / 91,040
Warschau-Terespoler	385,778	1,992	460,889	2,328	69,040 / 56,043
Tambow-Koslower	—	—	282,057	4,148	— / 122,040
Grätei-Zarizyner	30,665	163	434,849	2,263	109,038 / 74,043

Die nachstehende Tabelle zeigt die Höhe der von der Regierung gewiesen Bahnen gewährten Zinsengarantie und der aus diesem Anlass in den Jahren 1868 und 69 geleisteten Zahlung.

Bahn.	Länge.	Summe der gewährten Garantie.		Wirklich geleistete Zahlung.	
		1868. Rubel.	1869. Rubel.	1868. Rubel.	1869. Rubel.
St. Petersburg-Moskauer	604 Werst	3,136,275	6,039,301	—	—
St. Petersburger-Peterhofer (Krasnoselo)	12,15 "	25,391	25,391	3,606	926
St. Petersburg-Warschauer und Moskau-Nischnei-Nowgoroder (Grosse Eisenbahngesellschaft)	1617 "	6,545,118	6,545,118	1,751,302	—
Riga-Dünaburger	204 "	389,477	388,477	160,807	169,271
Wolga-Don	73 "	243,750	243,750	243,750	180,738

Bahn.	Länge.	Summe der gewährten Garantie.		Wirklich geleistete Zahlung.	
		1868. Rubel.	1869. Rubel.	1868. Rubel.	1869. Rubel.
Moskau-Rjasaner	196 Werst	514,245	514,245	—	—
Warschau-Bromberger	138 „	236,514	236,514	65,590	205,078
Dünaburg-Witebsker	243 „	826,044	826,044	523,844	415,368
Riasan-Koslower	198 „	763,228	763,228	—	—
Warschau-Terespoler	194 „	446,611	446,611	448,608	425,375
Lodzer Fabrikbahn	26 „	63,700	63,700	48,281	16,537
Rißelsk-Moroschansker	121 „	356,945	356,945	371,579	276,306
Orel-Witebsker	488 „	195,920	1,906,250	—	1,656,250
Schuja-Iwanowsche	84 „	70,588	242,015	—	162,766
Koslow-Woronescher	168 „	477,752	521,184	—	654,851
Grätni-Jeletzer	103 „	134,652	400,618	—	181,906
Riga-Mitauer	39 „	14,978	134,810	—	116,387
Im Ganzen:	4,508.46 Werst	13,440,188	16,634,201	3,617,367	4,461,661

Von 1861 an betrugen die Zinsengarantien und die wirklich geleisteten Zahlungen folgende Summen:

Jahr.	Länge der Bahnen. Werst.	Zinsengarantie. 964,260 Rubel.	Geleistete Zahlung. 840,943 Rubel.	Prozent der Garantie.
1861	971½ Werst.			87,$_{90}$
1862	2023½,2 „	6,117,141 „	5,552,890 „	90,$_{73}$
1863	2161½ „	6,020,488 „	6,053,124 „	92,$_{04}$
1864	2240¼ „	6,892,458 „	5,908,489 „	86,$_{03}$
1865	2240½ „	6,927,761 „	5,927,208 „	86,$_{01}$
1866	2816½ „	7,520,068 „	4,768,620 „	63,$_{41}$
1867	3021½ „	8,900,226 „	4,668,013 „	52,$_{45}$
1868	4508½ „	13,440,188 „	3,617,367 „	26,$_{91}$
1869	4508½ „	18,654,201 „	4,461,661 „	23,$_{92}$
Zusammen:		75,735,811 Rubel.	41,820,327 Rubel.	55,$_{78}$

Für 1870 beanspruchten an Prozenten der gewährleisteten Staatsgarantie:

Orel-Witebsker Bahn	100 %	Warschau-Terespoler Bahn	70,$_{89}$ %
Smolensk-Brester Bahn	100 „	Orel-Gräsische Bahn	66,$_{73}$ „
Baltische Bahn	100 „	Riga-Mitauer-Bahn	59,$_{63}$ „
Kiäschk-Morschansker Bahn	99,$_{44}$ „	Dünaborg-Witebsker Bahn	54,$_{88}$ „
Warschau-Bromberger Bahn	93,$_{40}$ „	Schuja-Iwanowsche Bahn	53,$_{99}$ „
Lodzer Fabrikbahn	78,$_{48}$ „	Grosse Russische Eisenbahngesellschaft	47,$_{89}$ „
Koslow-Woronescher Bahn	76,$_{47}$ „	Wolga-Donbahn	23,$_{48}$ „
Kursk-Charkoff-Asoffer Bahn	74,$_{80}$ „		

Keinen Zuschuss verlangten die Moskau-Rjasaner, die Rjasan-Koslower und Riga-Dünaburger.

Was die Frequenz der Bahnen anbelangt, so betrug dieselbe in den Jahren 1868 und 69 wie folgt:

Bahn.	Zahl der beförderten Personen.			Beförderte Güter in Pud (à 33 Pfund).		
	1869	1870	Differenz für 1870	1869	1870	Differenz für 1870
St. Petersburg-Moskauer	1,446,868	1,498,060	+ 51,194	87,086,157	85,128,941	— 1,957,216
St. Petersburg-Warschauer	1,065,254	1,192,146	+ 126,892	44,444,342	58,048,028	+ 13,603,686
St. Petersburg-Peterhofer	975,884	1,046,967	+ 71,083	1,796,042	2,514,461	+ 718,419
Moskau-Kursker	949,221	1,030,308	+ 81,087	36,580,144	43,085,189	+ 6,505,045
St. Petersburg-Zarsko-selosche	902,091	929,156	+ 27,065	915,349	910,031	— 5,318
Warschau-Wiener	895,134	1,018,619	+ 123,495	40,002,078	47,586,116	+ 7,584,038
Moskau-Nischnsd-Now-goroder	874,616	887,673	+ 13,057	51,472,482	48,214,482	— 3,258,000
Moskau-Rjasansche	672,605	702,673	+ 30,068	51,528,854	48,130,218	— 3,398,636
Moskau-Jaroslawler	644,982	765,097	+ 120,115	16,209,251	23,213,397	+ 7,010,146
Odessasche	465,578	691,397	+ 225,819	30,262,585	49,774,082	+ 19,511,497
Rjasan-Koslower	322,290	287,971	— 34,309	44,603,207	34,293,063	— 10,300,144
Warschau-Bromberger	312,120	318,315	+ 6,195	12,986,243	16,637,960	+ 3,651,717
Orel-Witebsker	269,264	296,309	+ 27,045	22,938,547	33,456,138	+ 10,519,591
Kursk-Klewsche	259,775	313,578	+ 53,803	7,206,046	10,126,988	+ 2,920,932

Grischewka-Ilinskower	236,061	369,054	+112,993	17,249,088	13,025,170	−4,224,494
Riga-Dünaburger	239,759	252,853	+13,094	15,188,016	24,186,825	+8,998,209
Dünaburg-Witebsker	209,700	242,742	+33,042	13,937,894	20,393,201	+6,455,307
Riga-Mitauer	197,527	220,758	+23,231	1,909,835	2,567,230	+757,395
Warschau-Terespoler	194,079	259,168	+64,489	5,054,848	8,407,174	+3,352,326
Koslow-Woronescher	179,116	224,251	+45,135	15,237,063	12,038,851	−3,178,212
Kursk-Charkoff-Asoffer	138,006	738,268	+598,262	2,156,444	19,630,925	+17,474,477
Scbuja-Iwanowroscbe	123,446	132,841	+9,375	5,112,195	5,600,318	+488,123
Lodzer Fabrikbahn	100,352	103,652	+5,720	3,723,736	4,019,925	+506,189
Riaschsk-Morschanaker	89,589	82,414	−7,095	11,891,006	7,260,995	−4,330,011
Orel-Griiasiche	83,172	174,085	+90,913	5,786,966	11,745,663	+5,958,697
Wolga-Don	23,963	23,932	+31	12,735,834	13,684,478	+948,444
Kiew-Hroster	—	173,026	—	—	5,280,434	—
Tambow-Saratower	—	157,597	—	—	6,930,569	—
Rybinsk-Bologoje	—	114,845	—	—	4,401,932	—
Tambow-Koslower	—	108,443	—	—	3,564,834	—
Moskau-Brester	—	103,428	—	—	1,728,124	—
Grifel-Zarissyn	—	102,518	—	—	7,052,997	—
Baltische	—	35,899	—	—	769,040	—
Nowolomchok	—	35,426	—	—	809,086	—
Zusammen:	11,900,612	14,638,936	+2,736,273	557,717,574	674,665,866	+116,948,292

Siebenter Abschnitt.

Der Handel.

Man muss, um die russischen Handelsverhältnisse genügend
würdigen zu können, keinen allgemein europäischen Maasstab an
dieselben legen und Vergleiche ziehen wollen, die leicht zum
Nachtheil Russlands ausfallen würden. Man muss immer be-
denken, dass Russland im eigentlichsten Sinne des Worts ein
noch unentwickeltes Land ist, sowohl was den Boden, als auch
was die Bevölkerung betrifft. Diese hat noch bei Weitem
nicht die Bedürfnisse, welche den westeuropäischen Nationen
zur anderen Natur geworden sind. Die Nachfrage nach den sogenannten Luxusartikeln, welche im Westen Europas selbst der
Unbemittelte nicht entbehren zu können glaubt, ist in Russland
daher noch auffallend gering, was übrigens im Wesentlichen
auch darin begründet ist, dass man dort noch nicht so weit gekommen ist, eine genügende Menge dieser Artikel gegen Lan-
desprodukte einzutauschen zu können. Die reichen natürlichen
Hülfsquellen des Landes werden wegen unzureichender Kapitalien
und wegen des Mangels einsichtiger Benutzung noch bei Weitem
nicht in dem Maaze ausgebeutet, wie sie dies sein könnten, ohne
dass man sie irgendwie zu stark in Anspruch nähme. Es ist
oft die Aeusserung gethan worden, dass die Russen eine sehr
grosse Zukunft hätten. So ist es auch. Wir reden hier nicht
von der politischen — das ist unsere Sache nicht — aber dass
den Russen eine grosse kommerzielle Zukunft bevorsteht, kann
keinem Zweifel unterliegen. Je mehr die Bevölkerung West-

europas zunimmt und je mehr Land jährlich dem Ackerbau entzogen wird, um zu industriellen Zwecken gebraucht zu werden, desto mehr wird auch die Nachfrage nach russischem Korn steigen. Bei einer rationellen Benutzung des Bodens aber — die, wenn auch langsam, in Russland immer mehr Eingang gewinnt — kann die jährliche Kornproduktion wohl auf das Doppelte gegen die jetzige gesteigert und Russland dadurch zur wahren Kornkammer Europas werden.

Schon jetzt besteht der Hauptreichthum Russlands in rohen und halbbearbeiteten Produkten, und der Handel dreht sieh also vorzugsweise um dieselben. Die Rohprodukte werden in den grossen Handelsplätzen angesammelt und dort werden auch die bedeutendsten Umsätze gemacht. Ein Theil bleibt an Ort und Stelle, ein Theil der Waaren wird in's Innere gebracht, wo man deren bedarf, und ein anderer Theil endlich geht nach den Häfen, um in's Ausland ausgeführt zu werden. Ebenso geschieht es auch mit den halbverarbeiteten Produkten. Dahingegen werden die Erzeugnisse der Industrie und der Handwerke aus den Gegenden, wo diese ihren Hauptsitz haben, auf die Jahrmärkte gebracht, wo sie in die Hände der Aufkäufer übergehen, um von diesen endlich an die Konsumenten zu gelangen. Auf diese Weise bewegen sich die Rohprodukte aus den verschiedenen Gegenden des Reichs zn den grossen Handelsplätzen, um dann ausgeführt zu werden; die Fabrikate aber gehen von den Messen wiederum in's Reich zurück.

Der Umstand, dass die wichtigsten Theile der Industrie in wenigen Mittelpunkten konzentrirt sind, während doch wiederum bei den einzelnen Industriezweigen selbst eine sehr ausgedehnte Arbeitstheilung stattfindet, die ungeheuren Entfernungen, die geringe Dichtigkeit der Bevölkerung, die ungenügenden Kommunikationen, der Mangel an Kapitalien, dies Alles giebt dem russischen Handel ein eigenthümliches Gepräge, wie man es in keinem anderen Lande wiederfindet. Wirklicher Handelsplätze, wo der Handel sich in der Weise, wie er sich im übrigen Europa entwickelt hat, vollzieht, giebt es in Russland nur wenige, nämlich Moskau, Petersburg, Riga und Odessa, sowie einige andere minder wichtige Punkte. Im Uebrigen dienen zur Vermittelung des Umsatzes die Jahrmärkte, welche sonst ganz unbedeutende Orte, Städte sowohl wie Dörfer, für eine kurze Zeit in die grossartigsten Verkehrsplätze verwandeln. Auf diesen Jahrmärkten finden fast alle Operationen des Grosshandels statt; hier gehen die Waaren aus den Händen der Fabrikanten und Ankäufer in die der Verhändler, der sogenannten städtischen Kaufleute über; hier versehen sich die Fabrikanten mit den Stoffen, welche sie für ihr Geschäft bedürfen, hier vollziehen sich Abrechnungen, Uebereinkünfte und Börsenoperationen aller Art, hier endlich treten die Konsumenten in unmittelbare Berührung mit den Produzenten. Ausser den Jahrmärkten sind noch für den Absatz namentlich von Landprodukten die Bazare in den Städten und Dörfern von Bedeutung; hier werden enorme Vorräthe von Getreide angesammelt und von den Landwirthen an die Kornhändler abgesetzt.

So trägt namentlich der russische Binnenhandel einen periodischen, nomadenhaften Charakter und die Kaufleute und ihre Agenten haben keinen bestimmten Wohnsitz, sondern sind in beständiger Bewegung von einem Platze zum andern.

I. Das Handelspersonal.

Die Zahl der beim Handel beschäftigten Personen betrug im Jahre 1867 über 600,000, nämlich:

Kaufleute erster Gilde	3,476
Kaufleute zweiter Gilde	66,752
Detailhändler erster Klasse	8,904
Detailhändler zweiter Klasse	96,392
Kleinhändler	188,318
Hausirer	13,633
Fabrikanten, die zugleich im Detail verkaufen	42,415
Handlungsdiener	181,584
Zusammen:	601,174

Der Mangel an Kapitalien und die verhältnissmässig hohen
Preise der russischen Erzeugnisse haben den Kredit beim Handel in einer Weise entwickelt, welche von den im übrigen
Europa in dieser Beziehung herrschenden Grundsätzen völlig ab-
weicht. Der russische Fabrikant oder Kaufmann giebt nicht
selten einem ihm völlig unbekannten Käufer einen Kredit, der
die baaren Einkäufe, welche dieser bei ihm machte, um mehr
als das Zehnfache übersteigt, wobei der Kredit noch dazu kaum
durch irgend welche Formalitäten gesichert ist. Der Kaufmann
verliert seinen Abnehmer nach dem Kauf vollständig aus den
Augen und trifft ihn erst nach langer Frist auf einem verab-
redeten Punkte, wo ein Jahrmarkt abgehalten wird, wieder. Die
einzige Sicherheit ist der unbescholtene Name des Kunden, denn
ein Missbrauch des Kredits wird leicht bekannt, und der Käufer,
welcher sich dessen schuldig machte, wird keinen Kredit wieder
bekommen. Selbstverständlich ist es übrigens, dass der Kaufmann sich die auf Kredit abgegebenen Waaren höher berechnet,
als beim Verkauf gegen baares Geld, und es giebt so auf den
Jahrmärkten förmliche Kreditpreise. Der Kredit wird entweder
auf ein Jahr oder auf die Zeit, die zwischen den verschiedenen
Messen liegt, abgegeben, so zum Beispiel von der Nischnei-Nowgoroder bis zur Irbitschen, oder von der Charkoffschen bis zur
Iljinschen Messe. Uebrigens hat das Kreditgeben in der letzten
Zeit bedeutend abgenommen und namentlich sind die Fristen
sehr eingeschränkt worden. Die Fabrikanten lassen überhaupt
ihre Erzeugnisse selten auf Kredit ab, zumal wenn sie sich ihre
Rohprodukte selbst für baares Geld einkaufen sollen.

Einer der allerwichtigsten Zweige des russischen Handels
ist der Getreidehandel. Der Ackerbau ist in Russland nicht
in den Händen weniger grosser Gutsbesitzer, sondern die überwiegende Masse der Bevölkerung ist für eigene Rechnung daran
betheiligt. Es ist einleuchtend, wie umständlich die Ansamm-
lung der unzähligen Masse verschiedener kleiner Quantitäten
Getreide, die von den Bauern produzirt werden, für den grossen
Getreidehandel wäre. Dieser bedarf daher der Vermittelung durch
Zwischenhändler, welche das Korn oft in den kleinsten Partien

aufkaufen. Diese Zwischenhändler bilden einen förmlichen Stand in der Bevölkerung unter verschiedenen Benennungen in den verschiedenen Gegenden, während im westlichen Theil des Reichs die Juden diesen Geschäft ausschliesslich in Händen haben.

Jeder von diesen Zwischenhändlern hat gemeiniglich seinen bestimmten Distrikt, der aus mehreren Dörfern besteht. Hier ist er auf's genaueste mit allen Einwohnern und allen ihren Bedürfnissen bekannt. Er versorgt sie mit allem Nöthigen, kennt ihre Familienverhältnisse und steht ihnen mit Rath und That bei Zur Zeit der Ernte findet er sich regelmässig in den verschiedenen Orten ein, kauft alle Erzeugnisse auf, welche die Bauern ablassen wollen, und giebt ihnen andere Waaren oder auch baares Geld dafür. Auch Kredit räumt er gern ein. wenn das von ihm Gelieferte den Betrag des Angekauften übersteigen sollte. Natürlich bezahlt er sehr niedrige Preise, allein er betrügt seine Kunden nicht und ist immer darauf bedacht, ihnen die Kaufbedingungen möglichst leicht zu machen. Uebrigens befinden sich die Bauern ganz und gar in den Händen dieser Zwischenhändler, denn wenn sie es versuchen wollten, ihre Waaren einmal selbstständig, z. B. auf den Jahrmärkten, abzusetzen, so würden sie es dort mit einer anderen Klasse von Aufkäufern zu thun bekommen, von denen sie sicher übervortheilt würden.

Im ganzen westlichen Theil des Reichs ist der Kleinhandel ausschliesslich in den Händen der Juden, und es treten bei diesem Verhältnisse Erscheinungen hervor, welche dasselbe vom volkswirthschaftlichen Standpunkte aus ebenso eigenthümlich wie bedenklich machen. Die Juden erscheinen selbst auf den im Innern des Reichs abgehaltenen Jahrmärkten, obgleich ihnen das Handeltreiben hier verboten ist, und trotzdem wird ein grosser Theil des Umsatzes dort durch ihre Vermittelung abgeschlossen. An den Orten aber, wo sie das Recht zum Handeltreiben haben, bringen sie dem Umsatz einen förmlich fieberhaften Charakter bei. Der Verkauf wird hier in jeder erdenklichen Form betrieben, vom Grosshandel herab bis zum Hausiren. Um das Magazin eines jeden Grosshändlers wogt ein ganzer Schwarm

von Abnehmern, welche nun die Waare wieder im Detail an den
Mann zu bringen suchen. Die Juden stehen unter sich in der
engsten Verbindung und unterstützen einander gegenseitig,
wobei sie sich von der übrigen Bevölkerung soviel wie möglich
unabhängig zu machen suchen. So haben sie ihre eigenen Bankiers, ihre eigenen Makler und Kommissionaire, ja selbst eigene
Fuhrleute. Die Kommissionaire und Agenten, welche die Vermittelung zwischen dem Grosshändler und den Produzenten
bilden, sind über das ganze Land verbreitet und immer in der
angestrengtesten Thätigkeit, und durch ihre Hülfe wird auch die
Ueberführung der Waaren von den Märkten im Innern des Reichs
nach den Hanpthandelsplätzen bewirkt.

Diese Kommissionaire kaufen die Erzeugnisse überall im
Lande auf und schicken sie nach den durch ihre Handelshäuser
ihnen bezeichneten Orten. Dabei senden sie an diese Häuser
fortwährend genaue Berichte ein über den Stand der Ernten,
die Preise der verschiedenen Produkte, sowie über günstige oder
ungünstige Aussichten in Betreff vorzunehmender Handelsopera-
tionen.

Die Kommissionaire erfreuen sich bei ihren Auftraggebern
eines ganz bedeutenden und dabei rein persönlichen Kredits.
Hunderttausende werden ihnen baar oder mittels Anweisung
auf die lokalen Kapitalisten zur Verfügung gestellt, und zwar
ohne die mindeste Garantie von ihrer Seite. Den grössten Theil
des Jahres bringen diese Leute auf Reisen und auf Besuchen
bei den ihnen bekannten Produzenten, namentlich Gutsbesitzern
zu. Einmal im Jahre kehren sie heim zu ihrer Familie und ihren
Handelspatronen und legen ihnen persönlich Rechenschaft ab über
die inzwischen abgeschlossenen Geschäfte. Ihr Verdienst besteht
meistens in einem halben Prozent von dem, was sie kaufen, und
in einem Prozent von dem, was sie verkaufen.

Die Anzahl christlicher Kaufleute im westlichen Russland ist
sehr beschränkt und der von ihnen erzielte Umsatz verhältnissmässig nicht bedeutend. Sie handeln meistens mit den vom
Nischnei-Nowgoroder Jahrmarkt und von Moskau kommenden
Waaren, während der lokale Handel fast ausschliesslich von

den Juden betrieben wird. Diesen Monopol, welches die jüdische
Bevölkerung fast von jeder anderen Beschäftigung abhält — denn
man findet nur wenige Handwerker unter derselben — übt
einen sehr ungünstigen Einfluss auf das Land und auch auf die
Juden selber aus. Sie beherrschen nämlich die gesammte land-
wirthschaftliche Produktion und geben ihr eine künstliche Richtung.
Die Preise hängen ganz von ihrer Willkür ab, und dieselben
sind daher in der Regel weit niedriger, als es das Gedeihen der
Landwirthschaft erforderte. Diese kann also zu keiner rechten
Entwickelung gelangen, sondern hält sich nur mit Mühe aufrecht. Andererseits nimmt aber die jüdische Bevölkerung stets
bedeutend zu, und es entsteht bei dem geringen Zuwachs an
Produzenten allmählich ein immer grösseres Missverhältniss
zwischen diesen und den Käufern. Bei der verhältnissmässig
geringen Quantität von Waaren, welche zum Verkauf gelangen
und der Masse von Kaufleuten geht die Waare durch eine
Menge von Händen, bis sie zum Konsumenten gelangt, der sie
wiederum unverhältnissmässig theuer bezahlen muss. An und
für sich ist also die Differenz zwischen dem ursprünglichen Ein-
kaufs-. und dem schliesslichen Verkaufspreise gross genug; allein
weil zu Viele dabei verdienen sollen, fällt für Keinen etwas Er-
hebliches ab, und es stehen sich im Grunde genommen Alle
schlecht dabei, die Konsumenten sowohl, wie die Vermittler und
und die Produzenten. Ein sprechender Beweis für die Richtigkeit dieser Behauptung, soweit sie die Zwischenhändler betrifft,
ist die ausserordentliche Dürftigkeit des grössten Theils der
jüdischen Bevölkerung.

II. Der Binnenhandel Russlands.

Wenn auch natürlich ein bedeutender Theil des russischen
Binnenhandels ein durchaus lokales Gepräge trägt und direkt
vermittelt wird, so wird doch der wesentlichste Theil desselben
auf indirektem Wege durch Vermittelung der Jahrmärkte zum

Abschluss gebracht, und es haben diese darum für Russland eine
so enorme Wichtigkeit So lange noch die Kommunikationen so
ungenügend entwickelt sind, wie jetzt, und so lange noch sowohl
Fabrikanten wie Kaufleuten das nöthige Kapital mangelt, sind
die Jahrmärkte oder Messen auch unentbehrlich, obgleich andererseits durchaus nicht zu leugnen ist, dass durch dieselben ein
ausserordentlich grosser Verlust an Zeit und Kräften bewirkt
wird, wodurch die Waaren natürlich im Preise steigen, dass die
Waaren selber durch den endlosen Transport verschlechtert werden und dass endlich die Preise den ärgsten Schwankungen
ausgesetzt sind von einem Jahr zum andern. Die Kaufleute berechnen nämlich bei Feststellung der Preise für die Waaren alle
ihre Ausgaben, welche ihnen auf den verschiedenen Jahrmärkten,
die sie besuchen, das Jahr hindurch erwachsen werden, und die
Verkaufspreise fallen danach natürlich sehr verschieden aus.
Dabei tritt dann nun noch als Folge dieses Verhältnisses die
eigenthümliche Erscheinung hervor, dass man dieselbe Waare
gleich theuer in Nischnei-Nowgorod, oder in Irbit, oder in Charkoff oder auch in Moskau bezahlen muss, obgleich die Transportkosten nach diesen verschiedenen Plätzen doch höchst verschieden sind. Diese sind aber, wie gesagt, schon ein für allemal
für das ganze Jahr berechnet. Ein solcher Zustand ist auf die
Dauer nicht möglich, und er wird auch von selber aufhören,
wenn in den von uns betonten Verhältnissen erst eine Veränderung vorgegangen ist. Es bezieht sich das von uns Gesagte
übrigens lediglich auf die grösseren Jahrmärkte (Messen) Russlands, deren es verhältnissmässig nur wenige giebt, während
dahingegen die Anzahl der kleineren Jahrmärkte, wo die Produzenten ihre Waaren unmittelbar absetzen, eine sehr bedeutende ist.

Die Zahl der genannten Jahrmärkte in den verschiedenen
Gouvernements ist folgende:

Gouvernement.	Anzahl der Jahrmärkte 1863	1864	Davon hatten einen Umsatz von über 1 Million Rubel.	von über ½ Million Rubel.	von über 100,000 Rubel.	Waarenzufuhr. In 1000 Rubeln 1863	1868	Davon verkauft. 1863	1868
Archangel	16	18	1	1	1	2,328	2,312	1,993	1,820
Astrachan	51	50	1	1	7	4,373	5,635	733	2,588
Bessarabien	27	32				181	305	126	151
Wilna	58	65			1	367	367	117	187
Witebsk	42	42		1	7	949	878	370	464
Wladimir	26	26			2	2,518	2,826	1,275	1,172
Wologda	161	216			1	2,458	2,221	1,009	1,198
Wolhynien	199	177			1	1,020	625	608	204
Woronesch	380	406	4		11	6,170	18,043	2,609	9,805
Wiatka	65	147		1	6	3,031	3,750	1,468	1,870
Grodno	105	149			1	947	370	533	235
Land der Donischen Kosaken	147	162	2		5	18,216	16,945	17,575	7,359
Jekaterinoslaw	423	357	2	4	19				
Kasan	83	43				566	1,316	222	435
Kaluga	118	113			1	841	946	400	479
Kiew	141	146	1	1		4,712	6,697	3,796	2,847

Gouvernement.	Anzahl der Jahrmärkte. 1863	1868	Davon hatten einen Umsatz von über 100,000 Rubel	von über ½ Million Rubel	von über 1 Million Rubel	Waarenzufuhr. In 1000 Rubeln 1863	1868	Davon verkauft. In 1000 Rubeln 1863	1868
Kowno	58	98	1	—	—	059	260	159	136
Kostroma	56	70	—	—	—	1,016	1,317	635	682
Kurland	62	63	2	—	—	177	1162	112	151
Kursk	354	376	2	—	1	3,817	7,482	5,857	4,300
Livland	58	54	—	—	—	1,262	1,310	430	620
Minsk	150	158	2	—	—	174	1161	112	180
Mohilew	73	74	—	1	—	1,342	1,774	674	1,026
Moskau	125	166	1	—	1	804	818	417	434
Nischegorod	51	63	9	—	—	101,186	126,041	70,857	104,506
Nowgorod	54	109	5	—	—	1,286	959	422	345
Olonetz	28	67	19	—	—	1,071	4,280	626	717
Orenburg	103	80	2	—	—	3,683	1,420	5,773	1,310
Orel	73	78	4	—	—	968	1,210	385	635
Penza	44	56	12	—	2	1,778	2,412	793	644
Perm	191	280	—	—	2	59,360	34,270	19,780	17,900
Podolien	126	125	10	—	3	3,064	3,104	897	1,456
Poltawa	451	448				40,494	35,050	23,119	20,958

Pskow	40	31	—	—	2	951	720	399	811
Riasan	57	100	—	6	—	639	1,606	319	648
Samara	167	135	2	—	11	10,956	9,981	3,716	4,940
St. Petersburg	84	54	—	4	1	674	603	409	403
Saratow	122	122	1	1	1	5,092	5,074	2,238	2,822
Simbirsk	53	71	—	—	6	4,781	7,931	4,074	4,940
Smolensk	27	133	1	1	—	444	585	239	366
Taurien	74	89	—	3	7	3,493	7,740	1,026	3,346
Tambow	189	169	—	1	7	5,286	5,717	2,184	2,215
Twer	151	163	—	—	2	2,124	2,179	1,036	1,407
Tula	104	109	1	—	—	506	887	269	389
Upha	?	64	5	3	—	?	3,367	?	4,291
Charkoff	602	697	3	—	1	43,937	57,004	24,634	43,492
Cherson	135	155	1	—	10	7,487	16,150	4,027	10,632
Tschernigoff	216	226	—	—	—	3,189	9,408	4,214	5,482
Esthland	30	83	1	—	1	478	512	301	408
Jaroslawl	88	93	—	—	2	3,980	4,080	1,826	2,416
Zusammen:	6,030	6,780	65	29	162	362,447	458,688	242,634	305,182

Auf nachstehender Tabelle geben wir den Werth der den acht grössten russischen Messen im Jahre 1864 zugeführten Waaren in 1000 Rubeln an:

Russische Erzeugnisse.	Nischnei-Nowgorod.	Irbit.	Poltawa.	Charkoff. H drei König-Messe.	Uriupinsk.	Charkoff. H. Jung-fran-Messe.	Elisabeth-grad.	Korsk.
Baumwollenwaaren	20,475	8,400	4,618	918	1,003	1,449	1,500	672
Wollenwaaren	13,300	3,600	4,466	1,062	940	693	700	700
Hanf und Flachswaaren	3,696	1,020	1,146	711	750	413	600	281
Seidenwaaren	6,230	1,837	1,003	1,203	989	764	500	460
Pelzwaaren	6,600	3,465	744	71	81	100	10	225
Lederwaaren	4,776	5,611	722	1,330	967	352	202	116
Eisen- und Stahlwaaren	6,715	2,006	961	412	786	552	40	190
Kupfer- und Bronzewaaren	532	850	130	95	61	—	—	64
Kleine Metallwaaren	4,037	2,040	2,723	211	97	769	690	500
Porzellan- und Faience	2,123	390	62	127	60	44	10	35
Getreide	6,894	1,300	—	185	216	26	36	18
Verschiedene Esswaaren	2,117	301	71	251	45	60	100	72
Fische	2,904	137	1,044	10	223	7	—	4
Spezereien	—	—	47	170	75	150	200	72
Getränke	1,651	375	—	13	50	7	—	8
Holzwaaren	2,988	320	550	—	56	—	201	56
Zucker	2,242	700	170	341	275	965	—	222
Taback	1,407	355	119	75	—	6	—	6
Rindvieh und Pferde	70	43	268	40	357	24	471	180
Verschiedenes	9,178	2,266		202	162	313	36	128
Im Ganzen:	97,015	35,616	18,843	7,469	7,083	7,096	5,266	4,089

Fremde Erzeugnisse aus Europa:	Nischnei-Nowgorod.	Irbit.	Poltawa.	Charkoff. II. Drei-König-Messe.	Uriupiusk.	Charkoff. II. Jung-frau-Messe.	Elisabeth-grad.	Kursk.
Baumwollenwaaren	1,720	280	—	108	10	—	455	320
Wollenwaaren	674	175	164	40	70	—	200	180
Flachs- und Hanfwaaren	1,625	—	380	30	15	—	197	210
Seidenwaaren	921	81	600	34	6	—	200	310
Getränke	630	—	47	10	1,900	—	—	49
Kolonialwaaren	1,316	269	—	3	56	—	—	404
Spezereien	4,040	193	—	1	68	—	—	98
Verschiedene Waaren	770	—	491	304	39	—	427	60
Zusammen:	11,696	998	1,682	528	2,161	—	1,479	1,630
Fremde Erzeugnisse aus Asien: Thee und andere chinesische Waaren	9,151	1,700	135	136	60	89	—	62
Baumwolle, sowie Erzeugnisse aus Baumwolle und Wolle	3,288	200	31	17	2	31	8	18
Sonstige Waaren	4,674	108	213	50	—	10	30	115
Zusammen:	17,113	2,008	379	203	68	130	39	195
An Waaren überhaupt im Jahre 1868:	125,824	38,622	20,999	5,260	9,315	7,226	6,772	6,914

III. Der Handel Russlands mit dem Auslande.

Die geographische Lage Russlands ist der Entwickelung seines auswärtigen Handels nicht günstig. Weit abwärts gelegen von den Haupthandelsstrassen der Welt kann Russland nicht in dem Maaze wie die am Mittelländischen und am Atlantischen Meere liegenden Länder die Rolle des Vermittlers beim Austausch der Produkte der verschiedenen Himmelsstriche und Kontinente übernehmen. Nur für Asien könnte Russland den Vermittler abgeben, allein die asiatischen Länder, die in dieser Beziehung in Betracht kommen könnten, sind von Russland durch wenig bevölkerte Landstriche mit geringer Vegetation und schwierigen Kommunikationen getrennt. Deshalb besteht der auswärtige Handel Russlands fast ausschliesslich in dem Austausch der eigenen Rohprodukte und halbverarbeiteten Erzeugnisse gegen fremde Manufaktur- und sonstige Waaren, die für den unmittelbaren eigenen Konsum bestimmt sind. Der Transithandel und die Verarbeitung fremder Rohprodukte zum Absatz in fremden Ländern erfreuen sich nur einer sehr geringen Entwickelung.

Diese Beschränktheit des auswärtigen russischen Handels ist wesentlich auch durch die ungünstige Lage der natürlichen Kommunikationswege Russlands bedingt. Russlands vorzüglichste Wasserstrasse, die Wolga, fällt in ein eingeschlossenes Bassin und ihre Verbindung mit dem Meer wird durch völlig unzureichende Kanäle unterhalten. Die übrigen Wasserstrassen sind noch schlechter. Die baltischen Häfen, welche den Abnehmern des russischen Getreides — England, Preussen und Holland — am nächsten liegen, sind nur im Sommer zugänglich. Die Landstrassen gestatteten bis in die neueste Zeit hinein keinen weiten Transport. Dazu kam dann noch bis zur ersten Hälfte des gegenwärtigen Jahrhunderts das Prohibitivsystem, welches in Russland lange Zeit hindurch geherrscht hat, sowie die daraus fliessenden Monopole und Privilegien zum Schutz der einheimischen Industrie.

Wenn durch dieses System auch in gewisser Weise das vorgesteckte Ziel erreicht wurde, so musste dasselbe doch auf den auswärtigen Handel hemmend einwirken, da es die Zufuhr vieler Artikel entweder ganz verbot oder sie mit hohen Zöllen belastete und den Handel so fast auf den Absatz russischer Erzeugnisse beschränkte. Aber auch dieser Absatz wurde natürlicherweise beeinträchtigt, denn der Handel wendet sich mit Vorliebe solchen Punkten zu, wo sowohl Kauf als auch Verkauf, also ein vollständiger Austausch stattfinden kann, während er dahingegen die Stellen vermeidet, wo nur gekauft werden kann, wo also der leichte Absatz der eigenen Erzeugnisse gehindert ist. Im ersten Falle decken Kauf und Verkauf sich gegenseitig und daraus erwächst ganz natürlich der Kredit; im zweiten Fall aber ist die Differenz mit baarem Gelde auszugleichen und der Kredit, der mächtigste Hebel des Handels, ist ausgeschlossen.

Aus allen diesen Ursachen hat Russlands Handel mit dem Auslande sich nur langsam entwickeln können, und auch noch im gegenwärtigen Augenblick spielt derselbe im wirthschaftlichen Leben Russlands eine weit geringere Rolle, als dies in anderen Ländern der Fall ist.

In den Jahren 1859—68 stellte sich der Handel Russlands mit den verschiedenen Staaten Europas und mit Nordamerika wie folgt: *)

*) Die Zahlen geben Tausende von Rubeln an.

Land		1859	1860	1861	1862	1863	1864	1865	1866	1867	1868
England	Ausfuhr	76,966	85,066	70,323	82,480	56,979	87,416	86,159	101,952	107,0h3	103,445
	Einfuhr	45,454	43,619	47,731	36,513	42,664	52,910	44,744	59,854	75,287	79,961
	Zusammen	121,720	128,695	124,934	118,773	99,543	140,326	118,903	161,206	182,930	184,406
Preussen	Ausfuhr	16,528	19,929	19,995	23,674	23,728	24,442	27,633	28,897	30,190	36,132
	Einfuhr	25,143	35,214	26,180	87,131	30,524	35,286	60,611	69,783	93,079	106,852
	Zusammen	41,671	55,143	46,175	56,005	31,248	59,724	78,244	98,620	122,769	142,980
Frankreich	Ausfuhr	12,544	12,071	20,012	11,596	11,178	14,526	15,698	18,794	17,651	20,089
	Einfuhr	10,419	11,782	12,019	10,531	9,352	9,923	9,744	10,224	14,689	12,702
	Zusammen	24,963	24,653	32,031	21,807	20,530	24,669	25,452	27,022	32,320	33,691
Holland	Ausfuhr	7,361	9,897	9,134	5,891	4,549	6,316	5,027	5,553	7,608	4,110
	Einfuhr	6,221	6,813	7,420	6,130	9,892	6,023	4,849	10,569	4,974	3,886
	Zusammen	13,582	16,700	16,554	11,030	15,441	12,839	9,376	16,122	12,582	7,996
Oesterreich	Ausfuhr	6,641	8,064	5,813	5,763	5,018	6,871	7,146	8,033	5,247	8,754
	Einfuhr	6,774	7,923	6,771	6,771	5,098	7,949	5,870	6,458	12,750	10,785
	Zusammen	13,415	13,987	13,573	12,546	10,046	14,320	13,016	14,491	19,997	19,544
Türkei	Ausfuhr	7,095	8,410	8,737	5,347	9,812	7,851	7,264	9,106	5,496	7,494
	Einfuhr	6,043	6,766	6,109	5,892	5,202	4,278	5,139	3,876	5,316	6,292
	Zusammen	13,138	15,176	12,846	10,939	14,514	12,129	12,303	13,071	11,252	13,786
Italien	Ausfuhr	8,805	3,852	3,762	4,747	9,349	4,571	5,735	5,891	3,865	3,064
	Einfuhr	4,112	5,434	5,091	3,966	4,091	4,323	6,862	5,454	2,898	2,813
	Zusammen	12,917	9,248	9,430	5,713	4,440	7,894	12,097	11,845	6,763	5,879
Nord-amerika	Ausfuhr	2,113	2,251	648	1,136	1,534	916	1,296	1,433	1,848	535
	Einfuhr	8,849	5,596	3,841	849	277	1,202	1,226	2,247	4,604	3,877
	Zusammen	10,962	7,777	4,679	1,985	1,911	2,118	2,522	3,680	6,467	4,412
Uebrige Staaten	Ausfuhr	12,052	27,719	17,443	28,324	15,078	13,499	18,566	19,189	26,343	29,018
	Einfuhr	23,368	23,816	24,399	19,180	21,650	21,779	6,548	7,288	20,314	29,082
	Zusammen	35,920	51,635	41,844	47,404	36,728	35,278	23,114	26,477	46,677	51,895
Im Ganzen	Ausfuhr	149,395	175,180	130,659	104,920	128,894	164,908	154,316	194,938	205,906	209,840
	Einfuhr	176,187	148,898	142,750	123,513	197,663	146,173	130,693	178,196	232,891	255,181
	Zusammen	325,582	323,089	303,409	295,303	236,519	310,086	283,118	373,134	441,097	464,721

In den Jahren 1859—67 war der Handel Russlands mit den verschiedenen asiatischen Ländern folgender:

Land		1859	1860	1861	1862	1863	1864	1865	1866	1867
China	Ausfuhr	5,940	5,887	4,970	4,507	3,418	3,704	5,05?	6,145	6,094
	Einfuhr	7,574	7,126	7,773	9,185	7,459	8,067	5,247	5,357	3,071
	Zusammen	13,514	12,993	12,743	13,694	10,876	9,771	10,360	10,478	9,165
Buchara	Ausfuhr	1,291	1,628	1,808	3,127	2,944	4,856	3,251	877	4,310
	Einfuhr	1,150	1,535	1,469	2,741	3,841	6,864	3,890	3,464	6,115
	Zusammen	2,441	3,163	3,275	5,866	6,865	11,522	6,141	4,331	10,425
Khiwa und Turkhand	Ausfuhr	518	88	251	147	44	85	1,522	4,753	5,968
	Einfuhr	902	2,770	937	941	695	851	816	1,561	2,386
	Zusammen	1,414	2,430	1,168	808	739	912	2,338	6,304	8,354
Kirgisische Steppe	Ausfuhr	2,996	2,894	2,444	2,209	1,774	1,783	7,484	5,209	6,359
	Einfuhr	5,697	5,548	4,655	5,560	4,404	4,193	4,604	4,618	4,944
	Zusammen	8,333	8,436	6,391	7,762	6,518	5,975	8,966	9,770	10,708
Persien	Ausfuhr	1,816	1,094	1,370	1,116	1,104	1,409	1,717	1,748	1,317
	Einfuhr	3,874	3,734	3,025	4,152	4,538	4,458	4,770	3,571	3,565
	Zusammen	5,042	4,857	4,998	5,368	5,656	4,848	6,496	4,970	4,883
Turkei	Ausfuhr	1,107	1,590	1,697	2,151	3,476	2,957	4,165	3,634	3,580
	Einfuhr	1,958	2,157	2,052	2,278	2,127	2,786	3,691	4,553	4,584
	Zusammen	3,060	3,767	3,649	4,378	5,603	6,759	7,998	8,069	7,574
Die übrigen Länder	Ausfuhr	1	211	818	58	865	843	787	546	4
	Einfuhr	304	187	424	347	672	396	229	83	68
	Zusammen	305	398	1,043	406	1,261	1,348	1,014	631	72
Im Ganzen	Ausfuhr	12,996	12,582	13,058	13,508	13,701	15,636	17,994	21,869	24,639
	Einfuhr	21,404	28,122	22,180	24,876	23,966	27,812	23,539	23,716	29,836
	Zusammen	36,350	30,574	35,196	38,184	37,667	48,130	41,318	48,500	54,975

Aus der ersten der vorstehenden Tabellen ist ersichtlich, dass der Handel Russlands mit europäischen Ländern in dem Dezennium von 1859—1868 um mehr als 62 Prozent zugenommen hat. Es hat wohl kein regelmäziges Steigen stattgefunden, sondern es zeigte sich von 1859 — 1864 im Gegentheil fast eine regelmäzige Abnahme, die aus der damaligen sehr prekairen politischen Situation zur Genüge zu erklären ist. Von 1846 bis 1851 belief sich der gesammte Handelsumsatz Russlands mit dem übrigen Europa nur auf 120—170 Millionen Rubel, nachdem er in den vorhergehenden 15 Jahren fast konstant jährlich ungefähr 100 Millionen ausgemacht hatte. Dann stieg der Umsatz im Jahre 1852 plötzlich auf 243 Millionen Rubel und machte auch im folgenden Jahre noch 227 Millionen Rubel aus. Es wurde dieses Steigen ausschliesslich durch die bedeutend gesteigerte Ausfuhr, hauptsächlich an Korn hervorgebracht, denn während der Werth der Ausfuhr 1851 nur noch 84 Millionen Rubel betragen hatte, hob er sich 1852 auf 160 Millionen und betrug 1853 noch 137¾ Millionen Rubel; die Einfuhr aber stieg 1852 nur um 2 Millionen Rubel, um das nächste Jahr sogar um 6 Millionen herabzugehen. Im ersten Jahre des Krimkrieges repräsentirte der gesammte russische Handel mit Europa nur 108 Millionen Rubel und fiel im folgenden Jahre sogar auf 81 Millionen. Aber 1856 ergab sich dann ein Umsatz von 252 Millionen Rubeln, also um 9 Millionen mehr, als bis dahin die höchste Handelsbewegung betragen hatte; dann folgten 1857 und 58 mit einem Umsatz von resp. 285 und 261 Millionen Rubeln, um in den nächsten sechs Jahren sich in der schon oben geschilderten Weise zu stellen. Bis 1868 entwickelte sich der russische Handel dann in ganz ausserordentlicher Weise.

Der Handel mit Asien machte in den Jahren 1820—40 fast konstant die Summe von 10—15 Millionen Rubeln aus. Im Jahre 1841 stieg der Umsatz dann plötzlich auf 26½ Millionen Rubel und hielt sich auf dieser Höhe mit geringen Schwankungen bis nach Beendigung des Krimkrieges. Im Jahre 1857 betrug der Gesammtwerth der ein- und ausgeführten Waaren 31¼ Millionen Rubel, und von da an stieg der Umsatz mit einer merkwürdigen Regelmäzigkeit, so dass er 1866 schon 46½ Millionen Rubel betrug. Im Jahre 1867 hob er sich sogar auf 54 Millionen Rubel.

Wenn man unsere obige Tabelle über den asiatischen Handel betrachtet, so wird man sehen, dass der Handel Russlands mit China in den 9 Jahren von 1859—1867 um fast 4 Millionen Rubel abgenommen hat, während der Handel mit Persien nur um 1½ Millionen und der Umsatz zwischen Russland und der asiatischen Türkei um 3½ Millionen Rubel zugenommen hat. Es würde also, wenn sich der Handel Russlands in Asien, wie dies vor noch nicht langer Zeit der Fall war, fast nur auf die drei genannten Länder beschränkt hätte, derselbe in der letzteren Zeit fast gar keine Fortschritte gemacht haben. Nun zeigt aber der Umsatz im Jahre 1867 im Vergleich mit demjenigen von 1859 einen Zuwachs von achtzehn Millionen Rubeln, ein Zuwachs, der fast ausschliesslich also auf Zentralasien fällt, mit dem vor Kurzem noch eine regelmäzige Handelsverbindung gar nicht möglich war. Es scheint uns dies ein recht deutlicher Beweis zu sein für die Berechtigung Russlands, in denjenigen Regionen Mittelasiens, wo bis jetzt noch die Bevölkerung und die sogenannten Regierungen geordneten Zuständen abhold gewesen sind, die Möglichkeit eines regelmäszigen Verkehrs anzubahnen, und wir können darin in der That so wenig eine Bedrohung der englischen Besitzungen in Indien sehen, dass wir es vielmehr als ein grosses Glück für diese betrachten würden, wenn die russische Macht in Asien so weit ausgedehnt würde, dass Indien statt halb barbarischer Völkerstämme eine von einer energischen Regierung zu geordneter Thätigkeit angehaltene Bevölkerung zu Nachbarn bekommen würde. —

Wir wollen jetzt die einzelnen Waaren, welche Gegenstand des russischen Handelsumsatzes sind, etwas näher betrachten.

A. Die Gegenstände für den russischen Handel in Europa.

1. Gegenstände für die Ausfuhr.

a) Getreide.

Von 1800—1813 machte die jährliche Ausfuhr an Korn im Durchschnitt 1,719,820 Tschetwert, von 1814—23 im Durchschnitt 2,115,000, von 1824—33: 2,305,000, von 1834—43: 2,250,000, von 1844—53: 5,536,000 Tschetwert aus. Der Krimkrieg brachte dann fast einen gänzlichen Stillstand für mehrere Jahre, worauf die Kornausfuhr von 1858—1865 fast konstant 8—10 Millionen Tschetwert betrug; 1866 stellte sich dieselbe auf 12,678,000, 1867 auf 16,208,000, 1868 auf 19,219,311 Tschetwert.

Was nun die verschiedenen Getreidearten betrifft und die Richtung, nach welcher sie ausgeführt werden, so gingen in den Jahren 1866—68 durchschnittlich:

Von 100 Tschetwert
allen ausgeführten
Getreides, über:

	An Weizen.	Roggen.	Hafer.	Gerste.
Das Weisse Meer (Archangel)	$0_{,09}$ %	$10_{,14}$ %	$74_{,16}$ %	$0_{,09}$ %
Das Baltische Meer	$16_{,0}$ „	$27_{,14}$ „	$43_{,18}$ „	$6_{,17}$ „
St. Petersburg	$19_{,13}$ „	$35_{,18}$ „	$40_{,7}$ „	$0_{,73}$ „
Riga	$0_{,70}$ „	$6_{,18}$ „	$73_{,14}$ „	$20_{,90}$ „
Das Schwarze und das Asowsche Meer	$78_{,18}$ „	$10_{,17}$ „	$3_{,14}$ „	$5_{,91}$ „
Odessa	$75_{,17}$ „	$7_{,17}$ „	$5_{,13}$ „	$3_{,18}$ „
Die Landgrenze	$42_{,13}$ „	$38_{,71}$ „	$9_{,11}$ „	$4_{,14}$ „
Zusammen:	$56_{,13}$ %	$19_{,13}$ %	$16_{,11}$ %	$3_{,90}$ %

Von 100 Tschetwert
allen ausgeführten

Getreides, über:	An Kukuruz.	Mehl.	Sonstiges Korn.
Das Weisse Meer (Archangel)	$0_{,01}$ %	$14_{,45}$ %	$0_{,14}$ %
Das Baltische Meer	$0_{,00}$ „	$5_{,45}$ „	$0_{,16}$ „
St. Petersburg	$0_{,00}$ „	$3_{,13}$ „	$0_{,16}$ „
Riga	$0_{,01}$ „	$0_{,10}$ „	$0_{,0}$ „
Das Schwarze und das Asowsche Meer	$1_{,11}$ „	$1_{,11}$ „	$0_{,11}$ „
Odessa	$3_{,17}$ „	$8_{,13}$ „	$0_{,15}$ „
Die Landgrenze	$0_{,12}$ „	$1_{,1}$ „	$4_{,11}$ „
Zusammen:	$0_{,8}$ %	$2_{,19}$ %	$0_{,19}$ %

Auf die verschiedenen europäischen Staaten kam von je
100 Tschetwert des aus Russland ausgeführten Getreides folgender
Antheil:

Land.	Weizen.	Roggen.	Hafer.	Gerste.
England	$48_{,14}$ %	$14_{,10}$ %	$76_{,15}$ %	$41_{,15}$ %
Preussen	$9_{,17}$ „	$56_{,11}$ „	$4_{,14}$ „	$6_{,10}$ „
Frankreich	$19_{,10}$ „	$0_{,15}$ „	$8_{,15}$ „	$3_{,15}$ „
Oesterreich	$2_{,10}$ „	$3_{,10}$ „	$3_{,14}$ „	$4_{,11}$ „
Schweden und Nor- wegen	$0_{,14}$ „	$2_{,14}$ „	$0_{,11}$ „	$1_{,11}$ „
Italien	$9_{,10}$ „	$0_{,13}$ „	$1_{,10}$ „	$0_{,14}$ „
Türkei	$8_{,10}$ „	$0_{,14}$ „	$0_{,11}$ „	$1_{,10}$ „
Holland	$0_{,11}$ „	$15_{,10}$ „	$2_{,15}$ „	$37_{,11}$ „
Die übrigen Länder	$2_{,10}$ „	$7_{,10}$ „	$2_{,10}$ „	$3_{,11}$ „

Land.	Mehl.	Kukuruz.	Von allen Sorten zusammen.
England	$14_{,15}$ %	$85_{,13}$ %	$47_{,10}$ %
Preussen	$0_{,15}$ „	$0_{,10}$ „	$14_{,11}$ „
Frankreich	$1_{,10}$ „	$6_{,10}$ „	$13_{,10}$ „
Oesterreich	$3_{,10}$ „	$6_{,15}$ „	$2_{,11}$ „
Schweden und Nor- wegen	$37_{,10}$ „	$0_{,10}$ „	$1_{,10}$ „

Land.	Mehl.	Kukurus.	Von allen Sorten zusammen.
Italien	0,₅₅ %	0,₇₇ %	5,₄₉ %
Türkei	:₈₈ ,,	0,₅₆ ,,	5,₅₅ ,,
Holland	0,₅₆ ,,	0,₅₅ ,,	5,₅₅ ,,
Die übrigen Länder	3,₅₅ ,,	0,₅₅ ,,	3,₅₅ ,,

Aus den vorstehenden Tabellen ist ersichtlich, dass die Kornanfuhr aus Russland in einem steten, fast ganz regelmässigen Steigen begriffen ist, dass Russland dem europäischen Getreidemarkt also nicht etwa blos, wenn hie und da Missernten eingetreten sein sollten, und daher nur in aussergewöhnlichen Fällen, sondern jährlich stets und zwar in wachsendem Maaze aushilft.

Sowohl für Russland selber, welches dadurch einen stets gesicherten Absatz für seine Bodenerzeugnisse hat, sowie auch für diejenigen Länder Europas, die einen regelmässigen Zuschusses an Getreide bedürfen, ist dieses Verhältniss eine Sache von der höchsten Wichtigkeit, und es ist daher auch ein sehr grosser Theil von Europa direkt dabei interessirt, dass Russlands Produktionskraft, namentlich in Bezug auf den Landbau, möglichst gefördert werde. Die Fortschritte, die Russland auf dem wirthschaftlichen Gebiet in neuerer Zeit gemacht hat, müssen also auch ausserhalb Russlands mit Befriedigung aufgenommen werden.

b) Flachs und Hanf.

Die Ausfuhr von Flachs, welche im Anfange des Jahrhunderts nur etwa 50 Millionen Pfund ausmachte, stieg in den zwanziger und dreissiger Jahren auf 75 Millionen, in den vierziger Jahren auf 100 Millionen, in den funfziger Jahren auf 125 Millionen Pfund, betrug dann im Quinquennium von 1862—66 durchschnittlich 158 Millionen und 1867—68 durchschnittlich 163 Millionen Pfund. An Flachsheedem Werg sind seit 1840 jährlich etwa 20 Millionen Pfund ausgeführt worden, während der Export von Fabrikaten aus Flachs von Jahr zu Jahr ungemein schwankend gewesen ist, niemals aber eine grosse Bedeutung gehabt hat; in den Jahren 1867—68 betrug er durchschnittlich 255,000 Pfund.

Die Ausfuhr von Hanf ist sich seit dem Anfang dieses Jahrhunderts bis auf jetzt fast ganz gleich geblieben und hat jährlich im Durchschnitt 95 Millionen Pfund betragen. Dahingegen ist der Export von hanfenem Werg von 1820 bis jetzt von 4½ Millionen auf 1,815,000 Pfund gefallen. Wiederum ist die Ausfuhr von Hanffabrikaten in den letzten fünfzig Jahren von etwa 60,000 Pfund auf 12½ Millionen Pfund gestiegen.

Auf die europäischen Länder und Europa vertheilt sich die Ausfuhr jener Produkte in den letzten Jahren wie folgt:

Land.	Flachs.	Werg und Fabrikate von Flachs.
England	75,₀ %	78,₈ %
Schweden und Norwegen	1,₁₄ ,,	1,₀ ,,
Holland und Belgien	5,₈₀ ,,	3,₀ ,,
Preussen	9,₄₈ ,,	12,₀ ,,
Dänemark	1,₃₁ ,,	0,₈₁ ,,
Frankreich	6,₀₀ ,,	1,₁₇ ,,
Hansestädte	0,₆₇ ,,	1,₃₄ ,,
Nordamerika	0,₃ ,,	0,₉ ,,

Land.	Hanf.	Werg von Hanf.	Fabrikate von Hanf.
England	65,₀₀ %	19,₄₈ %	93,₄₃ %
Schweden und Norwegen	8,₉₉ ,,	4,₉₁ ,,	0,₉₀ ,,
Holland und Belgien	6,₇₆ ,,	1,₉₆ ,,	1,₁₁ ,,
Preussen	3,₉₃ ,,	59,₄₆ ,,	1,₃₁.₉
Dänemark	3,₇₀ ,,	4,₃₄ ,,	0,₁₆ ,,
Frankreich	5,₁₁ ,,	1,₇₀ ,,	0,₄₈ ,,
Hansestädte	3,₉₆ ,,	0,₇₉ ,,	1,₇₀ ,,
Nordamerika	2,₃₁ ,,	2,₃₁ ,,	0,₀₀ ,,

c) Flachs- und Hanfsamen und Hanföl.

Die Ausfuhr von Flachssamen ist seit vierzig Jahren um mehr als das Dreifache, mit fast regelmässiger Zunahme angewachsen und betrug in den Jahren · 1867 —68 durchschnittlich 2,200,000 Tschetwert. Die Menge des ausgeführten Hanfsamens überstieg nur im Quinquennium 1842—46: 100,000 Tschetwert, während sie in den folgenden zwanzig Jahren nicht die Hälfte davon betrug und sich erst in den Jahren 1867—68 wieder auf 69,000 Tschetwort hob. Der Export von Hanföl dagegen ist in der letzteren Zeit sehr bedeutend gestiegen, und während er von 1840—66 jährlich kaum 4 Millionen Pfund ausmachte, betrug er in den beiden folgenden Jahren etwas über 15 Millionen Pfund.

Die europäischen Länder und Nordamerika betheiligten sich an der Einfuhr der gedachten Produkte in folgender Weise:

Land.	Flachssamen.	Hanfsamen.	Hanföl.
England	65,₁₂ %	18,₁₅ %	11,₇₁ %
Schweden und Nor-			
wegen	1,₇₂ „	0,₇₁ „	18,₁₅ „
Holland und Belgien	16,₁₅ „	42,₇₁ „	5,₃₄ „
Preussen	9,₇₆ „	2,₇₆ „	25,₇₁ „
Dänemark	1,₁₁ „	0,₇₁ „	7,₁₆ „
Frankreich	6,₁₃ „	34,₁₀ „	0,₁₀ „
Hansestädte	9,₁₅ „	0,₁₆ „	22,₁₇ „
Nordamerika	0,₁₀ „	0,₁₁ „	8,₇₆ „

d) Talg.

Es ist dieser Artikel stets von grosser Wichtigkeit für den russischen Handel gewesen, hat aber doch jetzt nicht mehr solche Bedeutung wie früher. Von 1800, wo der Export von Talg gegen 56 Millionen Pfund ausmachte, stieg derselbe ganz regelmässig bis 1830, wo er mit 140 Millionen Pfund den Höhepunkt erreichte. Dann nahm die Ausfuhr wieder stufenweise ab, so dass sie 1868 nur 80 Millionen Pfund mehr betrug. Die Ursachen dieser Abnahme sind die Konkurrenz Amerikas und Australiens bei diesem Artikel, sowie auch der Umstand, dass man statt Talg jetzt vielfach Kokus- und Palmenöl gebraucht. Von der gesammten Ausfuhr an Talg gingen in dem Quinquennium 1863—68 nach England 75,₇₇ %, nach Frankreich 6,₇₇ %, nach Preussen 4,₁₁ %, nach der Türkei 3,₁₆ %, nach Schweden und Norwegon 2,ₖ⁰/ₙ, nach den Hansestädten 1,₉ %, nach Holland und Belgien 1,₁₅⁰,₀, nach Oesterreich 1,ₕ⁰ᵤ und nach den übrigen Ländern 2,₃ %ₙ.

e) Holz.

Die Ausfuhr an Holz steigt fast mit jedem Jahre und wird je nach der fortschreitenden Entwickelung der Kommunikationen eine immer grössere Bedeutung erlangen. Von 1827—31 betrug der Export jährlich im Durchschnitt 2,343,000 Rubel, von 1832—36: 2,476,000 Rubel, von 1837—41: 2,704,000, von 1842—46: 2,939,000, von 1857—61: 5,288,000, von 1862—66: 7,766,000, dann im Jahre 1867: 10,651,000 und 1868: 12,521,000 Rubel.

Der bei Weitem grösste Theil des ausgeführten Holzes nimmt seinen Weg über das Baltische Meer oder auf dem Niemen und der Weichsel, und nur der neunte Theil desselben geht über das Weisse Meer.

Nach den verschiedenen europäischen Ländern betrug die Ausfuhr, wie folgt:

	1828—32	1846—50	1857—61	1862—66	1868
England	57,₇⁰₀	50,₇⁰₀	42,₁⁰₀	39,₃ %ₙ	35,₁₅⁰ᵤ
Preussen	26,ₐ ₙ	21,₁₃ ₙ	32,₄ ₙ	37,₁₄ ₙ	43,₁ ₙ
Holland und					
Belgien	5,₆₈ ₚ	13,₁₀ ₙ	10,₅₄ ₚ	10,₁₁ ₙ	9,₂₄ ₙ
Frankreich	1,₁₃ ₙ	4,₆₄ ₙ	7,₅ₐ ₋	4,₁₁ ₙ	8,₁₁ ₙ
Dänemark	7,₀ ᵣ	5,₁₀ ₛ	2,₁₃ ₙ	3,₄₇ ₙ	0,₄ ₙ
Die übrigen					
Staaten	2,₁₁ ₙ	5,₁₃ ₙ	5,₁₃ ₙ	5,₁₃ ₙ	2,₁₁ ₙ

f) Wolle.

Dieser Artikel nimmt jetzt den dritten Platz in der Reihe der Ausfuhrgegenstände ein und beträgt 9°/₀ der Gesammtausfuhr. Bis zum Ende der zwanziger Jahre war der Export an Wolle nur gering und überstieg kaum 2 Millionen Pfund. Dann aber hob er sich rasch, und kurz vor dem Ausbruch des Krimkrieges machte er schon das Zehnfache von jener Zahl aus. Von 1857—61 betrug die Ausfuhr im Durchschnitt jährlich 32,600,000

Pfund, von 1862—66: 30,270,000 Pfund und 1868: 31,878,000
Pfund. Die verschiedenen europäischen Länder bezogen in dem
letzten Quinquennium von der aus Russland ausgeführten Wolle
folgende Antheile: England 59,r°/o, Deutschland 16,₁%. Oesterreich 14°,₈, Frankreich 5°'₈, Türkei 4"/₀, Holland und Belgien
0,₉₉%. Im Anfang der funfziger Jahre wurden nach England nur
etwa 43°/₀ ausgeführt und ist jene Zunahme der Ausfuhr nach
diesem Lande um so bemerkenswerther, wenn man bedenkt,
welch' bedeutende Konkurrenten Russland hier an Australien und
Afghanistan, von woher die Wolle über Indien eingeführt
wird, hat.

g) Rindvieh, Fleisch und Butter.

In den Jahren 1851—53 betrug der Werth der Ausfuhr an
Rindvieh und Fleisch nur 1,264,800 Rubel im Durchschnitt jährlich, und machte auch im nächsten Quinquennium nur wenig
mehr aus. Von 1862—66 repräsentirte die Ausfuhr aber schon
einen Werth von 2,043,049 Rubel jährlich; 1867 wurden für
5,000,123 Rubel, und 1868 für mehr als 8 Millionen Rubel ausgeführt.

Die Ausfuhr an Butter aus Russland ist verhältnissmässig
nur unbedeutend, was wohl hauptsächlich daran liegt, dass sie
hinsichtlich ihrer Qualität nicht mit den besseren Sorten des
Auslandes konkurriren kann. Indessen hat der Export dieses
Artikels in der letzteren Zeit doch bedeutend zugenommen, und
während er 1853 nur 1½ Millionen Pfund betrug, war derselbe
1868 doch schon auf das Vierfache gestiegen.

Das ausgeführte Rindvieh geht meistens nach Preussen,
Oesterreich und der Türkei, wobei auf die beiden ersteren Länder etwa je 45%, auf die letztere 10% kommen. Nach Griechenland, dem übrigen Deutschland und England wird nur sehr wenig
ausgeführt.

b) Pferde.

Es wurden davon im Quinquennium von 1858—62 im Durchschnitt jährlich für 389,000 Rubel, im nächsten Quinquennium
aber für 490,976 Rubel jährlich ausgeführt. Eine gesteigerte
Ausfuhr zeigte sich namentlich in den Jahren 1864—66, wo der

319

Werth derselben durchschnittlich 565,000 Rubel betrug, wohl aus
Anlass der kriegerischen Begebenheiten in diesen Jahren oder
den Vorbereitungen dazu. Im Jahre 1868 stieg der Werth der
Ausfuhr auf 803,820 Rubel, ohne dass ein besonderer Grund
dazu sich anführen liesse. Die meisten russischen Pferde gehen
nach Preussen, Oesterreich und den Donaufürstenthümern.

i) Häute und Leder.

Der Werth der Ausfuhr von diesen Waaren beträgt jetzt
etwa 1½ Millionen Rubel, während derselbe vor 30—40 Jahren
das Doppelte ausmachte. Unverarbeitete Häute bilden den
Haupttheil des Exports und betragen 76%, von demselben, auf
gewöhnliches Leder kommen 18%, auf Juchten 6%.

Nach den verschiedenen Ländern Europas gingen 1868:

	Häute.	Leder.
Preussen	23,5 %,	31,8 %,
England	21,8 „	32,8 „
Türkei	17,5 „	8,8 „
Oesterreich	15,15 „	1,0 „
Hansestädte	8,4 „	12,4 „
Frankreich	7,5 „	0,1 „
Holland und Belgien	0,8 „	1,8 „

Der Rest entfällt in kleinen Partien auf die übrigen Länder.
Seit den funfziger Jahren hat die Ausfuhr nach England um
15%, wegen der Konkurrenz Südamerikas in dieser Branche, abgenommen.

k) Rosshaare und Borsten.

Der Werth der ausgeführten Waaren dieser Gattung betrug
im Quinquennium 1858—62 im Durchschnitt jährlich 2,552,842
Rubel, im nächsten Quinquennium 3,864,179 Rubel, während die
Ausfuhr des Jahres 1868 diese Summe um fast 100,000 Rubel
überstieg.

l) Fische und Kaviar.

Die Ausfuhr von Fischen und Fischpräparaten aus Russland
ist verhältnissmässig sehr gering, während Russland vielleicht
dasjenige Land Europas ist, welches den grössten Reichthum an
schönen, schmackhaften Fischen hat. Der Grund zu dieser ge-

ringen Ausfuhr mag zum Theil an dem ungemein grossen Bedarf
der russischen Bevölkerung selber — welche wegen der Fasten
in 169 Tagen des Jahres kein Fleisch essen darf — liegen;
allein ein Hauptgrund ist die schlechte Behandlung des Produkts,
wodurch es zur Ausfuhr ungeeignet wird. Während Russland
das ganze übrige Europa mit gesalzenen und getrockneten
Fischen versehen könnte, führt es deren sogar selbst von Nor-
wegen ein. Uebrigens ist die Ausfuhr in der letzteren Zeit etwas
gestiegen. Während sie nämlich von 1625—50 nur einen Werth
von 2—300,000 Rubel repräsentirte, stieg sie im Quinquennium
1849—53 auf durchschnittlich 363,000 Rubel im Jahre, von
1858—62 auf 425,000 Rubel, von 1863—67 auf 641,300 Rubel
und betrug 1868: 577,000 Rubel. Wenn die Bevölkerung diesem
Erwerbszweige grössere Aufmerksamkeit schenken will, so kann
dem Lande daraus eine bedeutende Einnahmequelle erwachsen.

Der bei Weitem grösste Theil der Ausfuhr fällt auf den
Kaviar. In den zwanziger Jahren war das Verhältniss des ausgeführten Kaviar zu dem der exportirten Fische wie 57 zu 10,
während es jetzt wie 100 zu 10 ist. Von dem Kaviar geht der
rothe fast ausschliesslich nach der Türkei, der schwarze zur
Hälfte eben dahin, während der vierte Theil nach Preussen und
der Rest nach dem übrigen Europa in kleinen Partien ausgeführt wird.

m) Eisen.

Während die Ausfuhr von Eisen am Schluss des vorigen
Jahrhunderts fast 300 Millionen Pfund ausmachte, nahm sie von
da mit einer merkwürdigen Regelmäszigkeit ab; die jährliche
Durchschnittsausfuhr betrug nämlich:

1800 – 04 : 69,960,000 Pfund	1834—38 : 45,804,000 Pfund
1805 – 09 : 63,070,000 „	1839—43 : 33,667,000 „
1810 — 14 : 62,876,000 „	1844 – 48 : 25,311,000 „
1815 – 23 : 41,283,000 „	1849 — 53 : 24,485,000 „
1824 – 28 : 43,758,000 „	1858 — 59 : 17,589,000 „
1829 – 33 : 47,784,000 „	1866 — 68 : 13,629,000 „

An dieser stufenweisen Verminderung der Ausfuhr ist in
erster Reihe die steigende Entwickelung der Eisenproduktion im

westlichen Europa Schuld. Dazu kommt dann noch die grosse Bedrängniss, in der sich wegen der im Kapitel über die russischen Bergwerke geschilderten Verhältnisse die Eisenproduktion gegenwärtig in Russland befindet. Dass überhaupt noch eine Ausfuhr an Eisen stattfindet, liegt einzig und allein an der vorzüglichen Güte verschiedener Sorten des russischen Eisens, wodurch es für einige Industriezweige unentbehrlich wird. Von dem in den Jahren 1868-69 ausgeführten Eisen gingen 57,₁¹°/₀ nach England, 25,₄°/₀ nach Nordamerika, und 5,₂°/₀ nach der Türkei.

n) Kupfer.

Die Ausfuhr dieses Metalls ist im Laufe der Jahre eine sehr unregelmäszige gewesen. So betrug sie 1819: 3,861,000 Pfund, 1820—23: 12,485,000 Pfund, 1824—33: 6,435,000 Pfund, 1834—38: 7,882,000 Pfund, 1839—43: 3,564,000 Pfund, 1844—48: 3,168,000 Pfund, 1849—53: 7,302,000 Pfund, um dann 1858—59 auf 1,815,000 Pfund und 1866—68 gar auf 188,000 Pfund zu fallen. Die wesentlichste Ursache für diese enorme Abnahme der Ausfuhr ist auch der mächtige Aufschwung, den die Produktion dieses Metalls in der letzten Zeit im Auslande gewonnen hat. Von dem in den Jahren 1866 68 ausgeführten Kupfer gingen 36,₇°/₀ nach Preussen, 29,₄°/₀ nach dem übrigen Deutschland, und 23,₆°/₀ nach England.

o) Hanf- und Flachsgewebe.

Die Ausfuhr dieser Gegenstände betrug von 1824—28 im Durchschnitt jährlich 3,130,800 Rubel, 1849—53: 1,411,000 Rubel und 1866—68: 883,000 Rubel. Auch hier hatte die Konkurrenz des westlichen Europa den wesentlichsten Einfluss auf die Abnahme des Exports.

Dahingegen steht es mit der Ausfuhr von Tauwerk günstiger; denn während dieselbe 1849—53 im Durchschnitt jährlich 1,182,000 Rubel ausmachte; stieg sie 1863-67 auf 1,369,714 Rubel. Davon kamen auf Preussen und das übrige Deutschland 30%, auf England 27°/₀, auf die Türkei und die Donaufürstentümer 30°/₀ und auf Amerika 9°/₀.

p) Pelzwerk.

Der Werth des jährlich ausgeführten Pelzwerks hat in den letzten 10 Jahren durchschnittlich die Summe von 11—1200,000 Rubeln betragen.

2. Gegenstände für die Einfuhr aus dem übrigen Europa.

a) Baumwolle und Baumwollenwaaren.

Diese bilden den wichtigsten Einfuhrartikel Russlands. Der Import von Baumwolle erreichte übrigens schon 1858 seinen Höhenpunkt mit 92,200,000 Pfund und nahm in den nächstfolgenden Jahren etwas ab, um 1862 auf 14.650,000 Pfund herabzusinken. Dann aber nahm der Import wieder fast ebenso schnell zu und machte 1867 83,690,000 Pfund aus, während er für 1868 um ein Geringes zurückging. Fast ganz ebenso stellte sich die Sache mit dem Import von Baumwollengespinnsten. Derselbe betrug 1859 4,191,000 Pfund, hatte seinen niedrigsten Stand im Jahre 1861 mit 1,475,000 Pfund und stieg dann bis 1867 fast genau auf dieselbe Höhe wie 1859; wohingegen er für 1868 nur 3,795,000 Pfund betrug. In diesem Jahre kamen von der importirten Baumwolle $47_{,4}$% aus England, $46_{,9}$% aus Deutschland und 5% direkt aus Amerika, während im Dezennium 1847—57 die Einfuhr aus England 75%, die aus Amerika 13% und die aus Deutschland nur ein ganz geringes Quantum ausmachte. An Baumwollenwaaren wurden 1868 eingeführt: aus Deutschland für 2,221,978 Rubel, aus England für 619,378 Rubel, aus Oesterreich für 431,724 Rubel, aus Frankreich für 128,880 Rubel, aus der Türkei für 20,105 Rubel und aus Rumänien für 7,982 Rubel.

b) Metalle.

Die Einfuhr der verschiedenen Metalle in Russland stellte sich im Dezennium 1859—68 wie folgt:

	1859—61.	1862—64.
Gusseisen	14,308,000 Pfund.	25,113,000 Pfund.
Roheisen	26,334,000 „	93,192,000 „
Stahl	1,881,000 „	1,452,000 „

	1859—61.		1861—64.	
Kupfer	875,000	Pfund.	1,593,000	Pfund.
Zinn	1,478,000	„	1,471,000	„
Quecksilber	81,248	„	73,293	„
Blei	15,048,000	„	13,266,000	„
Zink	281,938	„	340,527	„
	1865—67.		1868.	
Gusseisen	29,238,000	Pfund.	61,479,000	Pfund.
Roheisen	186,450,000	„	239,293,000	„
Stahl	3,927,000	„	6,006,000	„
Kupfer	2,957,000	„	6,138,000	„
Zinn	1,640,000	„	1,759,000	„
Quecksilber	103,257	„	113,553	„
Blei	14,124,000	„	12,804,000	„
Zink	1,016,928	„	2,862,321	„

Der grösste Theil des eingeführten Eisens, nämlich ungefähr
63%, kam aus England, dann aus Belgien 18%, aus Deutschland
11% und aus Schweden und Spanien je 2%. Das Kupfer kam
fast ausschliesslich aus England, und vom importirten Zinn kamen
56% ebendaher, während die Einfuhr von diesem Metall aus
Holland 17% und aus Deutschland 10% ausmachte. Auch das
Quecksilber kam fast ausschliesslich aus England. An der Einfuhr von Blei betheiligten sich England mit 55%, Deutschland
mit 19%, Frankreich mit 14%, Spanien mit 7%, Holland mit
4% und Schweden mit 1%. Vom Zink kam fast das ganze
eingeführte Quantum aus Schweden.

c) Maschinen und Modelle.

Bis zum Jahre 1862 überstieg der Werth der eingeführten
Maschinen stets den Werth der im Lande selbst verarbeiteten
um ein Bedeutendes. Nur die Zeit während des Krimfeldzuges
machte darin natürlich eine Ausnahme. Seit 1863 gewann aber
die inländische Industrie die Oberhand, so dass bis 1868 der
Werth der eingeführten Maschinen nur mehr etwa den dritten
Theil des Werthes der im Lande erzeugten ausmachte. Im Jahre
1868 wurden für 16,044,000 Rubel Maschinen eingeführt. Davon

21*

kamen auf England 7,952,000, auf Preussen 7,541,000, auf Oesterreich 372,000 und auf Frankreich 219.000 Rubel.

d) Metallwaaren

Der Bedarf an Metallwaaren in Russland ist seit der Entwickelung der Eisenbahnen in einem ganz bedeutenden Grade gestiegen, und während bis 1865 jährlich nur für ungefähr 4 Millionen Rubel eingeführt wurden, stieg die Einfuhr im Jahre 1868 fast auf 19 Millionen Rubel. Auf die verschiedenen Länder vertheilte sie sich wie folgt:

England	10,715,887 Rubel.		Deutschland	174,727 Rubel.
Preussen	3,033,341 "		Holland	123,184 "
Belgien	2,157,631 "		Türkei	116,326 "
Oesterreich	889,617 "		Schweden und	
Hansestädte	718,927 "		Norwegen	14,980 "
Frankreich	678,586 "		Rumänien	12,574 "

e) Pflanzenöl.

Die Einfuhr von Pflanzenöl nimmt von Jahr zu Jahr zu, und während sie vor vierzig Jahren nur 6½ Millionen Pfund betrug, stieg sie in den Jahren 1866-68 auf 33 Millionen. An der Einfuhr betheiligten sich Deutschland mit 31,₄%, Spanien mit 20°₀. Italien mit 18,₄°₀, die Türkei mit 11%, Oesterreich mit 6,₁°₀. England mit 4,₄%, Griechenland mit 3,₄% und Frankreich mit 3,₄%.

f) Früchte.

Auch bei diesem Artikel hat eine ganz bedeutende Steigerung der Einfuhr in den letzten vierzig Jahren stattgefunden, und während sie in den Jahren 1824—28 durchschnittlich 1,275,000 Rubel im Jahr betrug, stellte sie sich 1868 auf 6,060,800 Rubel. Die Länder, aus denen Russland Früchte bezieht, sind Italien, die Türkei und Frankreich.

g) Wolle und Wollenwaaren.

An roher Wolle wird verhältnissmässig nur sehr wenig in Russland eingeführt. Der Import von Wollengarn betrug 1868 5,702,000 Pfund und ist derselbe seit dem Anfang der fünfziger Jahre um das Dreifache gestiegen. Die Einfuhr von Wollenwaaren hat sich seit jener Zeit vervierfacht und betrug 1868 ungefähr 1,994,010 Pfund zu einem Werth von 6,195,704 Rubeln; davon kamen auf: Preussen 3,971,043 Rubel. Frankreich 299,019 Rubel.

Dänemark	2,048,811	„	Deutschland	240,696	„
England	849,590	„	Türkei	18,752	„
Oesterreich	757,097	„	Rumänien	10,696	„

b) Seidenwaaren.

Die Einfuhr von Seidenwaaren hat im letzten Dezennium keine sehr bedeutenden Fortschritte gemacht; in den Jahren 1859—61 betrug sie 350,526 Pfund jährlich im Durchschnitt, 1862—64: 299,976 Pfund, 1865—67: 269,181 Pfund und 1868: 419,562 Pfund.

i) Hanf- und Flachssamen.

Seit dem Anfang der fünfziger Jahre hat in diesem Artikel eine ganz bedeutende Steigerung des Imports stattgefunden. Damals betrug derselbe jährlich etwas über ¼ Million Rubel; im Quinquennium 1858—62 war der Werth der Einfuhr schon auf 2,280,588 Rubel im Durchschnitt jährlich gestiegen, machte dann im Quinquennium 1863—67: 2,588,000 Rubel und im Jahre 1868 sogar 4,471,000 Rubel aus. Davon kamen auf:

Preussen	3,222,381	Rubel.	Frankreich	31,845	Rubel.
Oesterreich	667,689	„	Holland	10,788	„
England	441,274	„	Belgien	9,172	„
Das übrige			Türkei	5,587	„
Deutschland	82,764	„			

k) Fische.

Wir haben schon oben bei Besprechung der Ausfuhr die Ursachen der geringen Wichtigkeit angegeben, welche die Ausfuhr an Fischen für Russland hat. Um so bedeutender ist die Einfuhr, welche sich völlig regelmässig von Jahr zu Jahr zu immer grösserem Umfange entwickelt. Am Ende der zwanziger Jahre betrug sie gegen 600,000 Rubel, erreichte in der Mitte der dreissiger Jahre die erste, im Anfange der fünfziger die zweite, im Anfange der sechziger die dritte und um die Mitte der sechziger Jahre die vierte Million; 1868 betrug sie 4,734,543 Rubel. Davon kamen auf:

Schweden und		Türkei	45,610 Rubel.
Norwegen	2,635,016 Rubel.	Oesterreich	18,893 „
Preussen	1,286,538 „	Holland	14,444 „
Frankreich	490,612 „	Die übrigen	
England	216,922 „	Länder	26,508 „

l) Taback.

Der Import von Taback ist sich seit dem Anfang der funfziger Jahre ungefähr gleich geblieben und hat fast immer jährlich 4—5 Millionen Pfund betragen. Davon kamen 1868 aus Deutschland 51%, aus der Türkei 34%, aus England 7%, aus Holland und Belgien 5%, und aus Frankreich und Griechenland 3%.

m) Salz.

Trotz seines Reichthums an Salz führt Russland doch jährlich ein sehr grosses Quantum davon ein, und zwar zum Theil aus dem Grunde, weil ein grosser Theil des russischen Gebiets ausländischen Salzproduktionsstätten näher liegt, als den einheimischen. Dass der Bedarf an Salz im Laufe der Jahre in so hohem Masze gestiegen ist, liegt ganz natürlich an der Zunahme der Bevölkerung und dem gesteigerten Verbrauch bei der Landwirthschaft. In den Jahren 1824—26 stellte sich die Einfuhr auf 11,220,000 Pfund, 1839—41 auf 155,529,000 Pfund und 1866-68 auf 337,425.000 Pfund. In den letztgenannten Jahren kamen von dem eingeführten Salz 39,3% aus England, 29,3% aus Preussen, 22,1% aus Oesterreich und 0,1% aus Spanien.

n) Steinkohlen.

Die Einfuhr von Steinkohlen ist sich im letzten Dezennium so ziemlich gleich geblieben, indem der Werth derselben sich innerhalb 2—3 Millionen Rubel bewegte. Nur 1864 wurde diese Summe fast um das Doppelte überschritten. Von den eingeführten Steinkohlen kamen 1868 80% aus England, 17% aus Preussen und 3% aus Oesterreich.

327

B. Russlands Handel mit Asien.

1. Gegenstände für die Ausfuhr.

a) Baumwolle und Baumwollengarn.

Im Jahre 1867 wurden davon für 1,979,805 Rubel ausgeführt, während der durchschnittliche Werth der im Quinquennium von 1858—62 ausgeführten Baumwolle nur 307,567 Rubel betrug. Die Ausfuhr ist in 10 Jahren also bis zum Sechsfachen gestiegen. Es gingen von den exportirten Waaren nach:
der Türkei für 1,076,812 Rubel. der Kirgisen-
Buchara „ 517,850 „ steppe für 49,566 Rubel.
Taschkent „ 252,968 „ Persien „ 1,588 „
Chiwa „ 80,506 „

b) Baumwollenzeug.

Im Jahre 1867 wurden davon für 11,896,746 Rubel ausgeführt, gegen 3,962,163 Rubel im Quinquennium 1858—62 im Durchschnitt. Es gingen von den 1867 exportirten Waaren nach:
Taschkent für 3,857,000 Rubel. Chiwa für 245,000 Rubel.
der Kirgisen- China „ 878,000 „
steppe „ 3,845,000 „ Persien „ 154,000 „
Buchara „ 2,810,000 „ der Türkei „ 8,000 „

Der grösste Theil der nach Mittelasien ausgeführten Baumwollenwaaren besteht aus Kattun; der bedeutende Absatz, den diese Waaren hier gefunden haben, ist um so bemerkenswerther, als sie sowohl mit der Konkurrenz der einheimischen Industrie, als auch mit der Einfuhr aus dem englischen Ostindien zu kämpfen haben.

c) Wolle.

Es wurden 1867 von diesem Artikel für 410,790 Rubel ausgeführt, oder sieben Mal mehr, als von 1858—62 jährlich im Durchschnitt. Im Quinquennium von 1863—67 betrug die Ausfuhr durchschnittlich 732,173 Rubel, also fast noch einmal soviel als in dem letzten Jahre des Quinquenniums. Dieser Ausfall scheint übrigens ganz zufällig gewesen zu sein, denn 1868 war der Export wieder sehr bedeutend gestiegen (genaue Angaben fehlen). Fast das ganze Quantum der 1867 ausgeführten Wolle, nämlich 1,373,193 Pfund, ging nach der Türkei, während Buchara nur 10,692 Pfund und Taschkent 165 Pfund erhielt.

d) Tuch.

Im Jahre 1867 betrug der Werth des nach Asien ausgeführten Tuchs 2,889,312 Rubel, oder etwas mehr als die Durchschnittssumme in den Jahren 1862—67, sowie als auch die des vorhergehenden Quinquenniums. Der allergrösste Theil des exportirten Tuchs geht nach China, indem es nämlich als Tauschmittel für Thee, statt des Geldes dient. In der neuesten Zeit hat sich dies aber verändert, und der Einkauf von Thee geschieht jetzt mittels Geldes. Es war jenes Verhältniss auch in der That ein höchst sonderbares, denn es musste das Tuch den Chinesen in Kiachta billiger überlassen werden, als dasselbe von den Fabriken geliefert werden konnte, worauf die Kaufleute natürlich ihre Theepreise wiederum um so viel höher ansetzten. Wenn aber das Tuch aufhören wird als Tauschmittel zu dienen, so wird auch voraussichtlich die Ausfuhr von Tuch nach China erheblich abnehmen, denn an und für sich kann es auf dem chinesischen Markt mit dem englischen Tuch nicht konkurriren.

e) Metalle.

Die Ausfuhr verschiedener Sorten Metalle betrug 1867 am Werth 830,332 Rubel oder ungefähr das Doppelte des Durchschnittswerths in den Jahren 1858—62. Von der genannten Summe entfiel auf Eisen 324,044 Rubel und auf Kupfer 466,561 Rubel. Namentlich die Ausfuhr dieses letzteren Metalls hat zugenommen, denn von 1858—62 betrug der Durchschnittswerth des ausgeführten Kupfers nur 120,000 Rubel. Auf den Export des Jahres 1867 entfielen für Persien 514,470 Pfund, für Taschkent 190,890 Pfund, für Buchara 177,441 Pfund, für die Türkei 154,539 Pfund, für China 26,410 Pfund, und für die kirgisische Steppe 12,243 Pfund. Von Eisen gingen 1867 nach Persien 3,896,521 Pfund, nach Buchara 1,608,714 Pfund, nach Taschkent 1,215,003 Pfund, nach der kirgisischen Steppe 374,913 Pfund, nach der Türkei 23,562 Pfund, nach Chiwa 17,523 Pfund und nach China 12,408 Pfund.

f) Metallwaaren.

Der Export von Metallwaaren hat sich in dem Decennium von 1858—67 wenig verändert, und es repräsentirte derselbe 1867 einen Werth von 674,281 Rubeln. Dass der Konsum dieser Gegenstände nicht gestiegen ist, rührt wesentlich davon her, dass die nomadisirende Bevölkerung Mittelasiens sich so gut wie möglich mit weniger kostbarem Geräth behilft. Von den 1867 ausgeführten Metallwaaren gingen nach:

Buchara für 103,000 Rubel. Taschkent für 91,000 Rubel.
der Kirgi- China „ 24,000 „
sensteppe „ 162,000 „ der Türkei „ 12,000 „
Persien „ 121,000 „ Chiwa „ 10,000 „

g) Getreide.

In den Jahren 1862-67 wurde jährlich im Durchschnitt ungefähr für 775,000 Rubel Getreide ausgeführt, oder etwa für 100,000 Rubel mehr, als durchschnittlich im vorhergehenden Quinquennium. Der grösste Theil des Getreides (Weizen oder Kukuruz) wurde nach der Türkei und der Kirgisensteppe ausgeführt, während nach Centralasien Nichts kam.

h) Pelzwerk.

Im Jahre 1867 wurde für 464,209 Rubel Pelzwerk ausgeführt, und zwar meistens nach China. Die Ausfuhr dieses Artikels hat übrigens sehr abgenommen, denn in der Mitte der fünfziger Jahre betrug sie noch weit über eine Million.

i) Häute.

Der Export derselben ist unbedeutend, hat sich aber im letzten Decennium auf demselben Höhe — etwa 100—150,000 Rubel — erhalten, wovon das Meiste nach Persien ging.

k) Leder.

Im Jahre 1867 wurde für 470,362 Rubel davon ausgeführt, was ungefähr drei Mal soviel ausmacht, als der Durchschnittswerth im Quinquennium 1858—62. Die Steigerung trat mit dem Jahre 1864 ein, d. h. als der mittelasiatische Markt den Russen geöffnet wurde; es gingen nach 57% den 1867 ausgeführten Leders dahin, und der grösste Theil des Restes nach China. Von Juchten wurde 1867 für 658,068 Rubel (etwa 100,000 Rubel mehr als im Quinquennium 1858—62 durchschnittlich), meistens nach der kirgisischen Steppe, exportirt, während China das Uebrige erhielt.

1) Seide.

Die Ausfuhr dieses Artikels ist von 1858—68 ungemein schwankend gewesen; so betrug der Werth derselben 1858: 160,591 Rubel, 1860: 1,175,280 Rubel, 1862: 1,302,875 Rubel, 1864: 2,086,728 Rubel, 1866: 1,683,659 Rubel, 1867: 203,963 Rubel und 1868: 1,026,324 Rubel. Fast das ganze ausgeführte Quantum ging nach Persien. Die Ausfuhr von Seidenwaaren ist sehr gering.

m) Zucker.

Davon wurde 1867 für 204,572 Rubel ausgeführt, oder ungefähr doppelt soviel als durchschnittlich in den Jahren 1858—62. Nach der kirgisischen Steppe kamen davon 78%, der Rest nach Centralasien.

Die Ausfuhr anderer Waaren machte 1867 zusammen nur die Summe von 1,655,766 Rubeln aus, was fast genau dem Durchschnittswerth für 1862—67 entspricht, während es denselben für das vorhergehende Quinquennium um das Dreifache übertrifft.

2. Gegenstände für die Einfuhr aus Asien.

a) Rindvieh und Hausthiere.

Es wurde davon im Jahre 1867 für 3,178,207 Rubel eingeführt, eine Summe, die nur ganz unbedeutend höher ist, als die Durchschnittssumme für 1863—67. Dahingegen betrug der Werth des Exports im vorhergehenden Quinquennium durchschnittlich ½ Million Rubel mehr. Von den eingeführten Thieren kamen über 90% von der kirgisischen Steppe.

Der Werth der nach Russland eingeführten Pferde ist nicht mehr bedeutend und erreichte selten die Summe von 200,000 Rubeln; es ist der Werth in der für 1867, jedoch nicht in der für 1858—62 angegebenen Summe enthalten.

b) Baumwolle und Baumwollengarn.

Die Einfuhr dieser Artikel hatte 1867 einen Werth von 7,088,590 Rubel, oder ungefähr 2 Millionen mehr, als in den beiden vorhergehenden Jahren; seit 1858 war der Werth um das Siebenfache gestiegen. Diese bedeutende Steigerung der Einfuhr an Baumwolle ist zum grossen Theil der durch den Bürgerkrieg in Amerika gehemmten Einfuhr aus jenem Lande zuznschreiben. Von der aus Asien eingeführten Baumwolle (Garn machte nur 5% der gesammten Einfuhr aus) kamen 66,75% von Buchara, 18% von Persien, 11% von Chiwa und 4,5% von Taschkent.

c) Baumwollenwaaren.

Im Jahre 1867 betrug die Einfuhr davon 4,762,015 Rubel, während sich die durchschnittliche Einfuhr im Quinqueunium 1863—67 auf 3,008,976 Rubel und im Quiuqueunium 1858—62 auf 2,959,579 Rubel belaufen hatte. Der allergrösste Theil dieser Waaren ist aber nicht asiatischen, sondern europäischen Ursprungs und wird von europäischen Häfen nach Trapezunt gebracht. Von da gelangen sie theils durch die Türkei, theils durch Persien an die russisch-asiatische Grenze.

d) Häute und Leder.

In diesem Artikel zeigte sich 1867 eine geringe Abnahme gegen die vier vorhergehenden Jahre, und während der Werth des Import im Quinqueunium 1858—62 fast eine Million Rubel jährlich betragen hatte, stellte er sich im gedachten Jahre nur auf 668,293 Rubel. Davon kamen auf die Kirgisische Steppe 67%, auf China 12%, auf Persien 11%, auf Buchara 6%, auf Chiwa 2,5% und auf die Türkei 1,5%. Leder machte übrigens nur 15% der Einfuhr aus.

e) Pelzwerk.

Im Jahre 1867 betrug die Einfuhr davon 1,010,856 Rubel, während im vorhergehenden Dezennium der Werth desselben sehr wechselte, ohne doch jene Summe wesentlich zu überschreiten. Zu bemerken ist, dass zu diesem Artikel auch Schaffelle gerechnet werden, welche den bei Weitem grössten Theil davon ausmachten. Uebrigens entzieht sich der Pelzwerkhandel, namentlich was die Ausfuhr anbelangt, zum grossen Theil gänzlich der Kontrolle, da jener Handel besonders zwischen der Grenzbevölkerung, bei welcher das Pelzwerk die Rolle des Werthmessers vertritt, sehr lebhaft betrieben wird.

f) Seide.

Der Werth der Einfuhr von Seide in Russland betrug 1867 1,516,586 Rubel, oder beinahe dreimal so viel als im Quinquennium 1858—62. In den Jahren 1865 und 1866 war der Werth sogar noch geringer, als in jener Zeit, während er 1867 so plötzlich stieg. Dies wurde ganz besonders durch die Anlage von Seidenspinnereien in den centralasiatischen Städten durch russische Fabrikanten bewirkt. Fast 82% der 1867 eingeführten Seide kam aus Buchara und beinahe der 'ganze Rest aus Persien.

g) Seidenwaaren.

Die im Jahre 1867 eingeführten Seidenwaaren, welche fast ausschliesslich aus Persien kamen, hatten einen Werth von 463,094 Rubeln. In den vorhergehenden Jahren war das Verhältniss fast ganz ebenso.

h) Wolle.

Der Werth der 1867 eingeführten Wolle betrug 1867 268,000 Rubel. In den vier vorhergehenden Jahren wurde ungefähr ebenso viel eingeführt, wohingegen sich der Import gegen den des Quinquenniums 1858—62 um das Dreifache gehoben hatte. Fast alle Wolle kam aus der kirgisischen Steppe und nur ein kleiner Theil aus Taschkent.

i) Wollenwaaren.

Die Einfuhr dieses Artikels ist sich in dem Dezennium 1858—67 ziemlich gleich geblieben, und betrug jährlich etwa ½ Million Rubel. Es kamen davon 40% von Persien, 37% aus der Türkei und 19% aus der kirgisischen Steppe.

k) Getreide.

An Getreide wurde 1867 für 215,094 Rubel eingeführt, welche Summe auch in den vier vorhergehenden Jahren un-

gefahr erreicht wurde, während die jährliche Durchschnitts-
einfuhr im Quinquennium 1858-62 sich nur auf 100,000 Rubel
belief. Der grösste Theil des Getreides wurde aus Persien und
der Türkei zugeführt.

l) Früchte.

Der Werth der im Jahre 1867 eingeführten Früchte betrug
1,184,539 Rubel, was dem Durchschnittswerth für die jährliche
Einfuhr im Quinquennium 1858—62 entspricht. Dahingegen
war dieselbe in den folgenden Jahren eine sehr viel geringere.
Von den Früchten kamen 70% aus Persien, 15% aus Taschkent
und 11% von der Türkei.

m) Thee.

Die Einfuhr von Thee im Jahre 1867 repräsentirte einen
Werth von 5,107,286 Rubeln. In den vier vorhergehenden
Jahren war der Werth um eine halbe Million geringer, allein
im Quinquennium 1858—62 jährlich um 2,350,000 Rubel grösser.
Diese Abnahme bei der Einfuhr erklärt sich ganz einfach aus
dem Umstande, dass im Jahre 1863 der Import von Thee über
die europäische Westgrenze Russlands freigegeben wurde, während dies sonst verboten war. In kurzer Zeit überflügelte
nun die europäische Einfuhr von Thee (welcher wir hier Er-
wähnung thun wollen), die asiatische, die sich fast ausschliesslich über Kiachta vollzog, wie die nachstehende Uebersicht
zeigt.

	Einfuhr über Kiachta.	Einfuhr über die Westgrenze.	Zusammen.
1864	12,124,000 Pf.	6,715,500 Pf.	18,839,500 Pf.
1865	11,695,200 „	11,761,200 „	23,456,400 „
1866	11,922,900 „	12,173,700 „	24,096,600 „
1867	14,216,400 „	15,361,500 „	29,577,900 „
1868	10,992,300 „	17,681,400 „	28,673,700 „

Wir haben schon oben erwähnt, dass der Handel über
Kiachta bis vor einigen Jahren noch vollständig den Charakter
eines Tauschhandels hatte. Mehrere Manufakturzweige — in
der Nähe von Moskau — waren gerade darauf basirt. Da nun
die Produzenten bei jenem Tauschhandel ihre Waaren unter

dem Produktionswerth abgeben mussten, suchten sie Entschädigung dafür is hohen Theepreisen, weshalb der Thee auch verhältnissmässig in Russland sehr theuer war. Das ganze Verhältniss war also eigentlich nur auf den Schutz einiger Industriezweige berechnet, die ohne denselben kaum hätten existiren können.

n) Taback.

Im Jahre 1867 betrug der Werth der Einfuhr davon 396,281 Rubel, und war derselbe in den vier vorhergehenden Jahren ungefähr ebenso gross, während im Quinquennium 1858-62 durchschnittlich nur für 140,000 Rubel eingeführt wurde. Der bei Weitem grösste Theil des Tabacks kam aus der Türkei und nur 4—5% aus Persien.

o) Farbenstoffe.

Die Einfuhr dieses Artikels der beinahe ausschliesslich aus der Türkei kommt, hat in den Jahren 1858—67 fast durchgängig jährlich 100,000 Rubel ausgemacht.

An sonstigen Waaren wurden im Jahre 1867 für 1,632,562 Rubel eingeführt, während 1858 nur die Hälfte dieser Summe erreicht wurde; eine Steigerung der Einfuhr fand fast von Jahr zu Jahr statt.

Die wichtigsten Ausfuhrartikel aus Russland nach Asien sind also Baumwollenwaaren (ungefähr die Hälfte der ganzen Ausfuhr), Baumwollengarn und Tuch, während die wichtigsten Einfuhrartikel aus Asien in roher Baumwolle, Thee, Seide, Vieh und Früchten bestehen.

www.ingramcontent.com/pod-product-compliance
Lightning Source LLC
Chambersburg PA
CBHW021113270326
41929CB00009B/858